石鸥 主编

石鸥 编著

# 百年中国教科书图文史

## 1840—1949

## 历史

SPM 南方传媒
全国优秀出版社
全国百佳图书出版单位
广东教育出版社
·广州·

**图书在版编目（CIP）数据**

百年中国教科书图文史：1840—1949. 历史 / 石鸥
主编、编著. -- 广州：广东教育出版社，2024. 10.
ISBN 978-7-5548-6427-2

Ⅰ. G423.3-092

中国国家版本馆CIP数据核字第2024TK6909号

**百年中国教科书图文史　1840—1949　历史**
BAINIAN ZHONGGUO JIAOKESHU TUWENSHI　1840—1949　LISHI

出　版　人：朱文清
丛书策划：李朝明　卞晓琰
项目负责人：林检妹　黄　倩
责任编辑：林晓珊　梁添玥
责任校对：伍智慧
责任技编：杨启承
装帧设计：邓君豪
出版发行：广东教育出版社
　　　　　（广州市环市东路472号12—15楼　邮政编码：510075）
销售热线：020-87615809
网　　址：http://www.gjs.cn
邮　　箱：gjs-quality@nfcb.com.cn
发　　行：广东新华发行集团股份有限公司
印　　刷：广州市岭美文化科技有限公司
　　　　　（广州市荔湾区花地大道南海南工商贸易区A幢）
规　　格：889 mm×1194 mm　1/16
印　　张：16.5
字　　数：330千
版　　次：2024年10月第1版
　　　　　2024年10月第1次印刷
定　　价：188.00元

如发现因印装质量问题影响阅读，请与本社联系调换（电话：020-87613102）

# 导　论

**小课本，大启蒙，大学问，大政治。**

需要构建中国特色的课本的学问——教科书学。

教科书学只能建立在多领域、多维度研究成果基础上，尤其是建立在教科书文本丰富、教科书发展史得到基本梳理、教科书理论研究成果突出、教科书使用研究取得明显进展等基础上。

很显然，教科书发展史的研究是重要维度。教科书发展史就是教师教什么、学生学什么的历史，就是教育教学内容的历史，就是一代又一代的先辈对后辈的期望的历史。这种历史的研究，要依赖过往人们的教育活动所保留下来的实物或遗存来进行。本套教科书图文史就是注重遗存的教科书实物的体现——聚焦于1840—1949年我国教科书文本实物。

## 一

19世纪中叶以来，中华大地风起云涌，巨大裂变在社会的各个领域发生。1862年京师同文馆的成立与大量洋务学堂的创办，标志着我国古代教育的开始退出和新式教育逐渐兴起。新式教育能否成功，很大程度上取决于能否提供适应时代的新式教科书。一代开眼看世界的知识分子行动起来，新式教科书如雨后春笋般涌现，新知识、新思想、新观念如开闸之水，轰然涌入古老的中国。中国传统的知识系统为西方以近代学科为分类标准构建起来的新知识系统所冲击，中华民族壮丽的启蒙大幕徐徐拉开，中国近现代教科书事业也走上了一条可圈可点之路。

教科书是时代的镜子。1840—1949年中国近现代教科书发展历程，折射出中国艰难曲折的变革之路、复兴之路。教科书的发展史，就是中华文明的进步史，是中国社会的变迁史，是中华民族的心灵史。

### （一）西学教科书的引进时期

大约处于19世纪中至19世纪末这一时期。科举时代，没有近代意义的新式教育和新式学堂，只有启蒙教育和科举预备教育，学生初学"三百千千"，进而学"四书五经"，我们称之为"教材"，但不是现代意义上的教科书。现代意义的教科书是从19世纪后期开始，伴随着新式学堂而逐渐发展起来的。当时大量西学教科书被教会学校和洋务学堂引进，拉开了中国现代教科书发展的帷幕。这一过程表现出如下基本特征：

第一，现代教科书处于萌芽阶段。作为教科书，这些西式教材的基本要素不全，没有分年级编写，基本上还没有使用"教科书"一词，多用"读本""须知""入门""课本"等来命名。不仅"教科书"文本还未出现，即便现代意义的"科学"也没有找到恰当的名称，所以当时出现了不少类似于"格致""格物""火学""汽学""名学""计学"等教材。这些教材整体上处于前教科书阶段，或现代意义的教科书的萌芽阶段。

第二，教科书多从西学编译而来，且多出现在科学技术领域。这些西式教材主题多为洋务运动中最急迫需要的知识类型，如工兵、制造、天文、算学等，同时也适应了当时洋务学堂的教学需要。教材的编译和出版多与教会的印刷机构以及洋务运动的教育与出版机构相关，如墨海书馆、美华书局、京师同文馆、江南制造局翻译馆等。西式教材的编译者主要由中国学者和欧美传教士共同组成。

第三，教科书与一般科技类西学书籍没有明显界限，广泛流布于社会和学堂。19世纪中晚期的中国，从国外译介的西学著作和教材几乎是相同的，没有本质区别。它们既是开明知识分子了解西学的门径，也被充作教会学校和早期新式学堂的教学用书，甚至中国一些地方的书院也多以它们为教材。

### （二）自编教科书的兴起与蓬勃发展时期

这一阶段起始于19世纪末南洋公学自编教科书，止于清朝终结。这是教科书的引进与自编自创结合、引进逐渐为自编自创所取代的阶段，是教科书涉及学科基本齐全的阶段，也是教科书要素日益完整的阶段。这一时期产生的教科书，我们一般称为"新式教科书"，以区别于前一阶段的以翻译为主的"西式"或"西学"教科书。有学者认为，"西学"与"新学"二词意义相仿，但新学在1894年后方见盛行。西学更重在引进之学[1]，新学则已经有国人自动、主动建设，用本国语言消化的味道了[2]。这很能够说明近代西式和新式教科书的微妙区别。这一时期的标志性事件是我国第一个近代学制的颁布，延续1300多年的科举制度的废除，以及第一套现代意义的教科书产生。这一时期教科书发展的主要特征是：

第一，学堂自编教科书不断涌现。伴随着科举制的取消，新式学堂迅猛出现，对新式教科书的需求激增，以南洋公学、上海澄衷蒙学堂、无锡三等公学堂等为代表的学堂自主编写的教科书影响大、使用范围广，逐渐打破了编译的西学教科书垄断的格局。

第二，我国最早的现代意义的教科书产生。适应1904年《奏定学堂章程》的正式实施，中国第

---

[1] 王尔敏. 中国近代思想史论[M]. 北京：社会科学文献出版社，2003：18.

[2] 孙青. 晚清之"两政"东渐及本土回应[M]. 上海：上海书店出版社，2009：12.

一套现代意义的教科书——《最新教科书》（商务印书馆1904年版）出版发行，紧接着由清学部编撰的第一套国定本教科书也开始陆续出版发行。这些教科书首先是以"教科书"命名，其次要素基本齐全，分册、分年级、分学科编写，有配套教授书发行，已经是很完整的现代意义的教科书了。[1]

第三，教科书编写主体发生变化。这一阶段的教科书作者大多是中国学人，以留日学生群体为主，部分教科书原型也来自日本教科书。以商务印书馆和文明书局等为代表的中国本土民间书坊开始加入教科书编写与出版队伍。

### （三）教科书的兴盛与规范化时期

时间大致定位在中华民国成立到壬戌学制颁布及其相应的教科书编写出版使用[2]。中华民国的建立，把教科书推向了重要的发展阶段。清末到民国早期，各种思潮纷至沓来，形成了中国历史上教科书受各种新思潮、新主义影响，发展最开放、最活跃的时期之一。新教育思潮下多样化的教科书不断涌现，为民国共和思想的传播和民国教育的发展作出了重要贡献。这一阶段的主要特点有：

第一，清末旧教科书全部退出，民国新政体要求下的新教科书迅速登场。为适应1922年新学制需要，成套而完整的教科书逐渐实现对学校教学的全覆盖，零散的、单本单科的、小型出版机构的教科书逐渐被挤出学校、挤出市场，新教科书编写与出版机构以商务印书馆、中华书局以及后起的世界书局为突出代表。

第二，教科书编写主体再次发生变化。1922年新学制的出台，以适应该学制的教科书的编写出版，把留欧美学生推上了教育的前台。留欧美学生逐渐取代留日学生成为教科书的主要编撰队伍，大批崭露头角的学者参与到教科书的编写中。

第三，以白话文编写的教科书逐渐取代文言文教科书，横排教科书逐渐取代竖排教科书，教科书外在形式基本定型。从表面来看，白话文只是一种语言形式，它与教育内容的新旧无必然的关系。但白话文具有平民性和大众性，对国民文化的普及，对塑造国民全新的世界观、价值观都意义重大，可以说，白话文是传播新文化、新思想的有效载体。民初白话文的使用，使得现代教科书以摧枯拉朽之势普及。同理，没有海量的教科书，任胡适等知识分子如何呼号呐喊，白话文的普及都可能非常缓慢。

### （四）多种政治制度并存下的教科书发展时期

这一阶段大致从1927年开始，一直持续到1949年。前期是教科书稳定、制度化并略显沉闷时期；中后期是教科书全面服务抗战、服务尖锐的阶级对抗的时期，是一个统整和分化并行的时期。

---

[1] 在我们看来，现代意义的教科书要符合如下基本条件：分册、分开级编写，按学科编写，有配套的教授书或教授法。
[2] 因为根据新学制编写的教科书全面投入使用总会滞后于新学制实施几年，所以此阶段约到1927年前后。

抗日战争的爆发致使中国政治格局发生新的变化，由土地革命战争时期中国共产党领导的革命根据地和国民党统治区域，到解放战争时期逐渐分割成解放区、国统区、沦陷区的不同政治气候，形成了不同政治语境下的教科书新格局。

第一，国民党的党化教育、三民主义教育在教科书中强势出现。国统区教科书的编写与出版逐渐往国定本集中，教科书逐渐进入相对平稳甚至沉闷的发展时期，日益规范化、标准化，但也少了开放的生气，少了创新的锐气，教科书发展的兴盛时期结束了。

第二，中国共产党领导的抗日根据地及解放区的教科书呈现出服务抗战、服务党的宣传的鲜明特征。它们为共产党的事业发展和壮大作出了重要贡献，为新中国教科书建设铺垫了基石。

第三，抗战时期，沦陷区教科书的奴化教育色彩浓厚，尤以伪满洲国的教科书为甚。

总体而言，抗战期间的地缘政治导致教科书分化发展，教科书的社会动员与政治宣传功能发挥到极致。

# 二

尼采说过：重要的不是怀念过去，而是认识到它潜在的力量。而要认识教科书的潜在力量，恰恰又需要认清楚教科书的过去或过去的教科书。这是我们编撰这套教科书图文史的初衷之一。

首先，早期教科书对于我国现代科学具有重要的启迪、导引甚至定型价值。著名学者托马斯·库恩（Thomas kuhn）认为"任何一门科学中第一个范式兴起的附带现象，就是对于教科书的依赖"[1]。中国一些学科的早期发展与定型，几乎都离不开早期教科书。比如，有研究认为张相文《初等地理教科书》和《中等本国地理教科书》的出版，标志着中国民族的新地理学的产生[2][3]。台湾学者王汎森认为，在近代中国建立新知的过程中，新教科书的编撰具有关键的作用，很多学科的第一代或前几代教科书，定义了我们后来对许多事物的看法，史学就是其中的一个[4]。傅斯年在20世纪30年代写了《闲谈历史教科书》一文，称编历史教科书"大体上等于修史"，可见其对教科书的"充分看重"[5]。

其次，早期教科书是传播新思想、新伦理的最适切的工具，是新教育得以成功的最重要的保障。在漫长的传统教育里，"三百千千""四书五经"等都是不可撼动的经典教材，但是当新学校创办、新课程实施以后，这种不分科、不分年级，不顾教与学，只重灌输的旧教材日益暴露出它的不适应性。旧教材是可以"修之于己"，但不易"传之于人"的文本。旧学堂先生大多是凭经验和

---

[1] 托马斯·库恩. 科学革命的结构[M]. 金吾伦, 胡新和, 译. 北京: 北京大学出版社, 2003: 85.

[2] 杨吾扬. 地理学思想史纲要[M]. 开封: 河南大学地理系, 1984: 98.

[3] 林崇德, 姜璐, 王德胜. 中国成人教育百科全书: 地理·环境[M]. 海南: 南海出版公司, 1994: 192.

[4] 王汎森. 执拗的低音: 一些历史思考方式的反思[M]. 北京: 生活·读书·新知三联书店, 2014: 33.

[5] 傅斯年. 傅斯年集[M]. 广州: 花城出版社, 2010: 401.

理解来教的，学童大多是凭禀赋和努力来学的，大多的结局是"人人能读经而能经学者无几，人人能识字而能小学者无几，人人能作文而能词章学者无几"[1]。所以，在西学知识大量涌入中国、新式教科书逐渐进入新学堂的时代，理论上旧教材就已经失去了作为新学堂教材继续存在的基础。尤其是废科举、兴学堂之际，旧教材被取代已经是大势所趋。传统旧教材不敌按照现代教育学理论构建的、关注教也关注学的新教科书。当时的士人事实上已经意识到旧教材与新教科书之间的巨大差距，甚至认为，即便教旧内容，也应该用新形式。许之衡1905年就指出，经学乃孔子之教科书，今人能够完全理解者极少，这因为旧教材与今天的新教科书不同，"使易以今日教科书之体例，则六经可读，而国学永不废"[2]。这实际上等于已经承认旧教材不如新教科书效果好。张之洞更是明确表示，中学之"存"不能不靠西学之"讲"。[3]可见，现代意义的教科书闪亮登场完全是时代所需，是应运而生，而且一出现，就以摧枯拉朽之势取代了旧教材，新式教科书地位得以确立。到《最新教科书》出现时，教材的性质发生了巨大的变化，在文本意义上真正实现了教与学的统一，以"教科书"命名的现代新式教科书全面登场，完成了由纯粹的教本、读本向教学结合文本的转型。

再次，早期教科书为我国的现代化进程培养与输送了大批新式人才。到第二次鸦片战争之后，洋务派及当时的先进知识分子基本上已经认识到中国落后于西方，主要是人才的培养落后，是科学技术落后。因此，中国要改变落后挨打的局面，就必须发展新式教育，大力培养人才。而新式教育的成功，依赖于新式教科书。19世纪末20世纪初，中国历史的进程到了一个极具转折意义的时刻，新式学堂如雨后春笋般涌现，一批最不能遗忘的教科书诞生了，演绎了一幕思想大启蒙、科学大传播的历史教育剧，它们为启民智、新民德，培养大批现代社会的呐喊者和建设者，作出了重要的知识贡献和人才储备。

章开沅先生曾经为戊戌变法的失败找原因："百日维新是幸逢其时而不得其人。"[4]这是非常有道理的。不过，戊戌变法的失败也许还与新教育即开而未开，新教科书即出而未出，即将找到但还没有大规模实践传播改革思想的媒介或工具有关。在这一意义上，确实是"不得其人"。即便在士大夫精英中，有新思想、新知识者也寥寥无几，更不要说普通民众了。这个时候，任变法者颁布的维新诏令雪花般飞舞，也只能看作主观愿望，一厢情愿。社会还没有准备好，心态、舆论、思想、观念都还没有准备好迎接这场变法。所以，不管是谁，都无法完成这场不能完成的变法，它失败得如此迅速也就在情理之中了。谭嗣同曾经自责性急而导致事情不成。其实，性急也就意味着时候还不到，之所以时候不到，是因为新思想之星火还未成燎原之势，人才还没有储备到基本够用。

几年后情况变了。维新变法以后十余年，几乎是新思想、新观念如火如荼的燎原时期，其中新教育、新式教科书教材起了重要作用，它把新思想、新观念传播到千家万户，由此推动了近代中国

[1] 罗志田. 裂变中的传承：20世纪前期的中国文化与学术[M]. 北京：中华书局，2003：143.

[2] 许之衡. 读国粹学报感言[J]. 国粹学报，1905（6）：4.

[3] 罗志田. 裂变中的传承：20世纪前期的中国文化与学术[M]. 北京：中华书局，2003：143.

[4] 章开沅. 改革也需要策略[J]. 开放时代，1998（3）：12-13.

启蒙高潮的形成。严格地说，辛亥革命的成功一定程度上与当时的变革舆论的传播和革命思想的宣传有密切关系。当时初步的民主自由的思想、宪政共和的观念随着海量新式教科书铺天盖地而来。以《最新教科书》为例，1904年一经出版便势不可挡，在那毫无现代化营销渠道的时候，"未及数月，行销10余万册"[1]。1907年有传教士惊叹，商务印书馆"所编印的优良教科书，散布全国"[2]。民智为之而开，民德为之而新，武昌的枪炮声尚未完全平息，许多地方已经插上了革命的旗帜。读书声辅佐枪炮声，革命的成功乃成必然。没有教科书的普及，就不会有民众思想与观点的前期储备，就不会有辛亥革命的一呼百应。某种意义上，教科书的出现比康有为等人深邃的著作，对普通民众的影响更大。

最后，早期教科书是中国课程与教学论的重要研究领域，它对今天的教科书建设仍具有难得的参考价值。早期教科书的内容结构与形式呈现，选文的经典性与时代性、稳定性与变迁性，作业设计与活动安排等，都是今天课程教学论需要研究的，都是教科书编写值得参考的。课程教学历史不是一个个文本，可离了文本，历史难以企及。今天看来，几乎教科书的所有要素、结构与类型，都发生并完成在19世纪后期至20世纪20年代，以后只是在这些基础上的漫长提质过程。我们完全可以从今天的教科书中看到百年前教科书的样子。遗憾的是，总体上我们对这一时期的教科书研究还不够，这是一个学术开拓空间非常广阔的研究领域。教科书是一个跨学科、综合性的资料库和研究域，种类繁多的教科书，对政治、经济、文化、教育有全方位的反映和描述，是研究该时期社会思潮、观念认识、语言形态、乡风民俗、价值观、人生观等领域的鲜活而宝贵的历史材料。大部分学科可以从中获取本学科需要的早期研究史料及发展素材。这是一个没有断裂的、连续的而又变化的学科发展史的活资料库。难怪不同学科的科学史专家对现代科学引入、发展与定型的研究几乎都要盯着早期教科书。[3]

三

几乎没有教科书可以溢出教科书史的范畴，也几乎没有一个教科书文本能够挣脱教科书史的发展谱系而天然地、孤立地获得价值。教科书一定是继承的，也是创新的；一定是独立的文本，也是系列文本。站在教科书的历史延长线上，摆在我们面前可资借鉴的精神遗产既广阔又复杂。系统梳

---

[1] 王建军.中国近代教科书发展研究[M].广州：广东教育出版社，1996：111.
[2] 林治平.近代中国与基督教论文集[C].台北：宇宙光出版社，1981：219.
[3] 比如郭双林著《西潮激荡下的晚清地理学》（北京大学出版社2000年版）、邹振环《晚清西方地理学在中国：以1815至1911年西方地理学译著的传播与影响为中心》（上海古籍出版社2000年版）、杨丽娟《地质学在中国的传播与发展：以地质学教科书为中心（1853—1937）》（浙江古籍出版社2022年版）、张仲民等《近代中国的知识生产与文化政治：以教科书为中心》（复旦大学出版社2014年版）等，甚至本杰明·艾尔曼《中国近代科学的文化史》（上海古籍出版社2009年版）等，都把早期教科书与早期科学的发展紧密关联起来。

理其实很难，厘清它们的背景与意义更难。本套书涉及的教科书覆盖1840—1949年晚清民国中小学主要学科。而在清中晚期，学堂课程并未定型，很多学科边界也不明晰，教科书本身也未定型，诸如格致教科书、博物教科书、蒙学课本、蒙学读本等均属于这种情况，均有综合类教材的色彩。一些教科书按今天的课程命名不好归类，一些教科书更是随着课程的选取而昙花一现，这都给我们今天的梳理带来了困难。所以，有些早期教科书也许出现在不同分卷上，比如格致教科书，有可能出现在物理卷，也可能出现在化学卷、生物卷。同理，也有些早期教科书因为分类不明晰，所以各卷都可能忽视、遗漏了它。也有些教科书实在不好命名，比如早期的修身、后来的公民一段时期也出现过"党义""三民主义"等等，都和今日之课程名称不能完全对应。

教科书发展史的梳理需要依赖过去师生用过的文本，这是历史上的课堂教学活动仅存下来的几种遗存之一。本套书的一个特点就是看重教科书实物，这遵循了我们的研究原则：不见课本不动笔，不见课本慎动笔。我们很难想象离开教科书实物的教科书脉络的梳理。无文本，不研究，慎研究。就好像中国的小说史、诗歌史、电影史研究，甚至任何文本研究，离开文本，一切都是浮云。特别是教科书，它和其他任何文本不一样，因为其他文本都有独一无二的名称，独一无二的作家，一提起某某人的某某书，大家就有明确的指向性，绝不会混淆犯晕，研究者和读者可以在同一文本上展开对话。比如曹雪芹的《红楼梦》，茅盾的《子夜》。唯有教科书是名称高度雷同的文本，我们说"历史"，说"数学"，几十年上百年一直这么说，成百上千的、完全不一样的文本都是这个名称，因此让研究者和读者很难迅速在同一文本上展开对话的命名，如果不展示文本的实物图像，很容易让人云里雾里一时半会进不了主题。如何让读者明白我们是在讨论这本《历史》，而不是那本《历史》？

由此，本套书特别关注图文结合，简称"图文史"。适时展示教科书实物照片，让读者能够比较清晰地知道我们在讨论哪一种教科书。而且，以图证史、以图佐文也是我们的重要追求（沿袭了《新中国中小学教科书图文史》的风格）。南宋史学家郑樵曾在《通志·图谱略》中谈到图文结合的价值是"左图右史""索象于图，索理于书"。足见图像对学理呈现的重要性。确实，有时图像比文字包含更多的东西。英国著名史学家彼得·伯克（Peter Burke）在《作为证据的图像：十七世纪欧洲》（*Images as Evidence in Seventeenth-Century Europe*）一文中提出，图像是相当重要的历史证据，要把图像视为"遗迹"或"记录"，纳入史料范围来处理。他著有《图像证史》（北京大学出版社2008年版）一书，专门研究怎么让图像说话。在他看来，现在的学界已经出现了一个"图像学转向"（Pictorial Turn）。

本套书以时间为经，以学科为纬，以文领图，以图辅文，由语文（国语、语文）、数学（含珠算）、外语（英语、日语、法语）、科学、物理（含格致等）、化学、生物、德育（修身、公民、政治）、历史、地理（含地文学、地质学等）、音乐、体育、美术共13册组成。这套书与《新中国中小学教科书图文史》（广东教育出版社2015年版）衔接贯通，比较系统地呈现出一个多世纪以来中国近现代中小学教科书的发展历史，也算了却我们一个心愿。

这套书的编写非常艰难。一是作者的组织不易。从事教育史、学科史研究的学者相对较多，即便是学科课程史也有不少研究者，但长期研究教材史（像内蒙古师范大学的代钦教授之于数学教材史、上海师范大学的胡知凡教授之于美术教材史）的学者还是相当少的，长期研究教材史而又有暇能够参与本套书编写的人更少，能够集中一段精力主动参与本项目的研究者更是少之又少。二是虽然我们最后组织了一个小集体，但这些作者多是高校的忙人，有的还是大学的校级领导，尽管他们已经尽力了，但让他们完全静下心来如期而高质量地完成任务还是很难。三是项目进行期间遭遇三年新冠疫情，而要较好地完成这套书，需要翻阅大量教科书文本实物，疫情使得我们几乎没有办法走进首都师范大学教科书博物馆，更不要说将书中文本与实物一一对应，而有些文本的照片及其清晰度又几乎是必不可少的。这一切因素都直接影响了本套书的进展，也影响了书中一些照片的品质，加之受限于作者和主编的水平导致各卷质量多少有些不均衡，难免遗憾。还有方方面面不必一一言说的困难。说实在的，我这个主编有时候很有挫败感，也很难受。不仅我难受，有些作者也被我逼得很难受，逼得他们害怕收到我的微信，逼得他们害怕回复我的要求。对不起这些作者！感谢之余，希望得到他们的谅解。

主编难，作者难，责任编辑也很难。

难为广东教育出版社的卞晓琰、林检妹、黄倩及其团队成员了。他们要面对作者，面对主编，面对多级领导，面对一而再再而三进行的审读与检查，面对有时候模糊不清的照片和让人提不起神的文字。他们要一一解决，一一突破。他们做到了，只是多耗了一杯又一杯的猫屎咖啡，多熬了一个又一个的漫漫长夜。面对他们的执着与认真，我们还能松懈、还敢松懈吗？我们的水平不易提高，态度还是可以端正的。感谢他们！

感谢广东教育出版社社领导多年来的支持与看重。曾经有学界朋友对我说：你们的成果要是在北京的国家级出版社出版就好了！我笑笑。我以前说过：我看重认真做我们的书的人和出版社。今天我还是这么说，我依然把郑重对待一个学者的学术成果作为选择出版社最重要的标准，这就是我们选择广东教育出版社的原因。感谢他们！感谢广东教育出版社几任社领导及其具体操持者对我们作品的看重！

感谢时任教育部教材局局长、现在是我的同事的田慧生教授长期对我们的关心！感谢首都师范大学孟繁华教授对我们研究成果的支持！感谢首都师范大学教育学部、教育学院及首都师范大学教科书博物馆提供的各种帮助与便利！感谢我的同事和我们可爱的博士、硕士团队！感谢给我们直接、间接引用了其研究成果或给我们以启发的所有专家学者！感谢在心，感激在心，感恩在心。

2024年7月20日于北京学堂书斋

（石鸥，首都师范大学教育学部教授、博士生导师）

# 目　录

1937

# 第 一 章

## 晚清历史教科书的引入与发展
## （1840—1911）

　　鸦片战争后，中国逐渐沦为半殖民地半封建社会。国人对中国命运的再思考使得"中国向何处去"成了时代主题。在"中体西用"这一思想的指导下，教会学校和洋务学校逐渐兴起，西学大量引进，新式教育破冰而行，新式教科书崭露头角，新知识、新思想、新观念如开闸之水，迅速涌入中国，掀开了近代中国第一次大启蒙的帷幕。

1840

# 第一节
# 近代历史教科书时期（1840—1904）

中华文明源远流长，中国古代的历史典籍种类繁多，然而具有现代意义的历史教科书却在近代才出现，是近代分科之学的产物，最先由来华的西方传教士传入。

中国的现代化进程离不开中国传统文化与西方文化的冲突与吸纳。中国教育的现代化进程也是如此。无论是教会学校的进入、洋务学堂的发展，还是京师同文馆的建立、新式学制的引入，都是中国文化与西方文化碰撞的结果。

19世纪中叶以来救亡图存的国势，极大地加速了中国人的现代启蒙进程。然而，现代启蒙绝不仅限于少数知识分子阳春白雪的理论介绍，学堂的建设和教科书的作用同样关键，所以无论是洋务派还是维新派，都重视办学，都重视引进西方科学书籍，特别是引进西式教材。差别在于，洋务派更看重西方科学技术知识，更看重现代意义上的专科教育，维新派则更看重西方政治制度建设，更看重现代意义上的普通教育。

学堂与教材不但是传播知识的工具，还是思想启蒙的利器。在注目世界、寻找强国御侮之道的过程中，教会学校、洋务学堂逐渐登场，现代意义的教材不断涌现。中国教材的现代化的帷幕由此拉开，教科书传播启蒙的文明大戏也就此上演。现代民主政治作为一种政治制度与社会方式，通过教科书被千百万民众所初知，也是通过教科书得以普及并显示其力量，自由、民主等核心价值理念，正是通过教科书才得以浸润并激荡到社会各方面，至于声光化电乃至文明生活等科学常识，也都是得益于教科书的传播和普及。由教科书相伴随而势不可当的文明进程到新文化运动时期达到高峰[1]。

## 一、传统历史教育与传统历史教材

我国自古以来重视历史教育，历史典籍种类繁多，体系庞大。在传统的"经史子集"学术门类

---

[1] 石鸥. 百年中国教科书论[M]. 长沙：湖南师范大学出版社，2013：22.

划分中，"史"居四部之二，资源之丰富，世无匹敌，足见我国传统文化对历史的重视，传统教育对历史教育的重视。

　　然而，即便我国传统文化中以二十四史为代表的历史典籍卷帙浩繁，传统史学十分发达，出现《史记》《资治通鉴》等鸿篇巨制，但"中国五千年来史书汗牛充栋，而识求能当历史二字者不可多得"，"从前史书体例实为一姓之家谱，自太史公后，几不复有完全之史学家"，旧史"足备参考而不适用于教科"[1]。传统史学著作大多文字艰深晦涩，不利于儿童阅读和学习。而儿童的历史教育又不能缺失，于是，历朝历代的教育者们探索出了多种多样的教育方法，其中比较突出的是编写朗朗上口的启蒙教材。《三字经》《千字文》等以识字为基本目的的传统蒙学教材，已初步涉及历史知识，《蒙求》《幼学琼林》《龙文鞭影》《十七史蒙求》《叙古千文》《历代蒙求》《御批历代通鉴辑览》《纲鉴易知录》这类传统读物，更直接作为历史教材使用，在我国传统的历史教育中发挥了积极作用。

　　这些早期的启蒙教材的阅读群体主要为儿童和初学者，这类书籍也确实起到了历史教育的作用，但从体例和编写观念上看，它们与现代意义的教科书相距甚远，缺乏现代教科书的基本元素。它们没有现代意义的分学科编纂，也没有现代意义的分年级编纂，普遍缺乏如何教、如何学、如何考评的明确要求，所以难以称其为严格意义上的现代教科书，而只能称之为"教材"。

　　理论上讲，现代意义的教科书要满足三个条件：第一，有明确的现代学制，根据现代学制依学期、学年编写使用，即有年级之分；第二，有与之配套的教授书或教学参考书；第三，依据教学计划规定的学科分门别类地编写出版[2]。所以，在我国近代第一部正式施行的学制——癸卯学制（1903—1904）颁布之前使用的教材，一般不能称为真正意义上的现代教科书，充其量是现代教科书的萌芽或雏形，是过渡时期的教科书。这一时期的特点是，教科书的基本要素不是很完整，比如没有按年级编写，不成体系等。但我们也要注意一个事实，即在癸卯学制实施之前，确实出现了一些近似于教科书的历史教材，一些单本或单套的、相对零散的历史课本，甚至出现了命名为"教科书"的历史教材，有些被广泛印刷，并被越来越多的新式学堂所采用。这些早期历史教科书的出现，为新式历史教育铺垫了基石。

　　近代历史教科书的发展与勃兴最开始与西方传教士的活动有关，其后随着留日热潮的高涨，译自日本的教科书开始涌现，而随着爱国知识分子对外来历史教科书的不满以及对自编历史教科书的呼吁和渴求，国人自编的历史教科书也渐渐出现，并逐步取代了翻译的历史教科书。可以说，西学东渐的过程，于历史教科书从引介、翻译到自编这一过程可见一斑。中国的近代化历经了一段痛苦的与传统作别的过程，史学不但得以保留，并从传统史学向新史学慢慢演变，其过程可圈可点之处颇多。

[1] 《高等小学本国历史教科书》广告[N]. 申报，1907-2-22（5）.
[2] 石鸥. 最不该忽视的研究：关于教科书研究的几点思考[J]. 湖南师范大学教育科学学报，2007（5）：5.

第一节　近代历史教科书时期（1840—1904）

## 二、洋务运动与西式历史教材的引介

在中国教育近代化过程中，洋务运动以及西方在华的教会学校扮演了重要角色。梳理历史文献发现，最早一批历史课本多来自两个渠道，一是教会学校引进的，因教会学校开课需要，由传教士编写翻译的；一是洋务运动及其相应的新式教育引进的，如京师同文馆教学需要。

### （一）教会学校对西方历史教材的引进

为了满足教会学校的教学需要，传教士们编撰了多种新式教材，包括新式历史教材。这些传教士往往具有较高的学术基础和文化修养，熟稔西方历史和社会发展，他们最先呈现了新的史学观点以及新的历史教科书体例。这些传教士编的教科书虽还称不上现代意义的教科书，但是无论形式上还是内容上都具备了现代历史教科书的一些元素，是最早引入中国的新式教科书或现代教科书的雏形，为以后教科书的发展和完善奠定了基础。

#### 1. 教会学校的发展

最早在中国兴办的教会学校可追溯到1594年葡萄牙殖民者在澳门设立的圣保禄学院，但它主要是培训西方传教士的[1]。19世纪初，随着资本主义势力的进一步扩展，海外传教事业也随之兴盛。1807年基督教伦敦会派遣马礼逊到东方传教。1818年，马礼逊在马六甲创办英华书院，学生只有一二十名，其中有不少来自中国内地。1834年马礼逊去世后，教会为纪念他，于1836年设立"马礼逊教育会"，并于1839年在澳门开办了马礼逊学堂，由布朗负责管理[2]，学堂于1842年迁到香港，成为香港开埠后的第一所学校。中国近代第一批留学生容闳、黄胜、黄宽等是该校学生。学生按程度分第一、第二、第三、第四班，课程包括中文科和英文科，英文科有历史、天文学、地理、算术、代数、几何、初等机械学、生理学、化学、音乐、作文等课目，中文科有"四书"、《易经》、《诗经》、《书经》等课目。中文科由华人任教，英文科由英国人或美国人任教。1850年马礼逊学堂停办。

1842年《南京条约》签订后，倚仗不平等条约，外国人活动范围扩大。两年后，《望厦条约》和《黄埔条约》签订，外国人强行获得在通商口岸建造教堂、学校的权利。第二次鸦片战争中，清政府被迫签订的《天津条约》和《北京条约》，内中规定外国教士可以在内地自由传教，西方传教士纷纷来华传教、办学校。较著名的有天主教在上海办的徐汇公学（1850），长老会在宁波办的崇信义塾（1845），公理会在福州办的格致书院（1853），等等。到1860年，天主教耶稣会在江南一

[1] 顾明远. 世界教育大事典[M]. 南京：江苏教育出版社，2000：42.

[2] 蒋祖缘，方志钦. 简明广东史[M]. 广州：广东人民出版社，1993：407.

带已发展天主教小学90所；基督教设于"五口"[1]的基督教新教小学就达50所，学生1000余人[2]。这阶段的教会学校以小学为主。19世纪70年代，少量教会中学出现，如山东登州文会馆，前身是1864年美国传教士狄考文创办的蒙养学堂，1877年升格为中学。中学约占学校总数的7%。

### 2. 教会学校的课程及其对教材的需求

教会学校的教学内容因创办者的国别、教派和程度、专业的不同有所差异。就中小学程度的学校而言，总的来看课程可分为三类：

第一类是宗教课，通常都是教会学校的主课。

第二类是传统的中国经学课。请一些信教的旧儒生讲课，从《三字经》读起，一般都要读完"四书"。

第三类是近代的科学文化课。如数学、物理、化学、生物、生理卫生、地理、历史、音乐、美术、体育等。绝大部分学校开设外语，而且分量很重，到高年级已可用外语进行教学了。[3]

教会学校课程的开设要求配套对应的教材。"随着教会学校数量增多和影响增大，合适的教科书，尤其是各种科学类教科书在中国十分需求。"[4]有的传教士就开始自己编译教科书，如同治三年（1864）狄考文在登州文会馆自编教科书，供该校学生使用。这些教科书主要由教会出版机构出版印刷。

教会的印刷出版机构，最早可以追溯到马礼逊、麦都思1818年在马六甲创办的中文印刷所，鸦片战争后，该印刷所迁至香港，称伦敦会印书馆。新教传教士在中国内地设立的第一家出版机构是1843年创立的墨海书馆，随后有1844年美国基督教长老会在澳门开设的花华圣经书房（1845年迁往宁波，1860年迁至上海改名为美华书馆），1877年创办的上海益智书会，1887年创办的上海中华广学会，等等。在教科书引进上，尤其值得关注的是1877年创办的上海益智书会，这是一个专门编撰教材的教会机构。

如前所述，传教之始，各教会及其学校之间行动相对独立，为了满足教会学校的教学需要，一些传教士开始自己编撰教材，但教材的编写翻译各自为政，这种自编自用的方法缺乏相互交流，彼此之间有较大差异，教材质量也参差不齐。随着学校和学生数量的增加（1877年，中国各地教会学校已达347所，在校学生人数已达5917人[5]），教材的差异带来的不便越来越严重，传教士们认为这个问题非通力合作、共同解决不可。于是"光绪二年（1876）举行传教士大会时，教士之主持教育者，以西学各科教材无适用书籍，议决组织'学校教科书委员会'。该委员会所编教科书，有算

[1] "五口"，指《南京条约》中签订的"五口通商"条款中的五个通商口岸，即广州、福州、厦门、宁波和上海.
[2] 孙培青. 中国教育史[M]. 修订版. 上海：华东师范大学出版社，2000：294.
[3] 俞启定. 中国教育简史[M]. 北京：中央广播电视大学出版社，1999：199.
[4] MATEER C W. School books for china[J]. The Chinese Recorder，Sep-Oct，1877：427.
[5] 王建军. 中国近代教科书发展研究[M]. 广州：广东教育出版社，1996：51.

学、泰西历史、地理、宗教、伦理等科，以供教会学校之用，间以赠各地传教区之私塾"[1]。这个所谓的"学校教科书委员会"是半个世纪后的人们翻译出来的，当时的名称是"益智书会"。这说明虽然"益智书会"的英文名称中出现"textbook"一词，但传教士们好像尚未寻找到专门的汉语词语（即"教科书"）来命名与对译"textbook"（当时对译"textbook"的是"益智书"，也许这个名称更合适）。而以"教科书"命名的历史课本大量出现则是20世纪初的事了。

1877年5月，"School and Textbook Series Committee"（当时的"益智书会"，今天的"学校教科书委员会"）正式成立，它的建立就是为了解决教会学校教科书的问题，旨在统一编订教会学校教科书。该组织当时翻译称为"益智书会"，是中国近代第一个编辑出版教科书的专门机构，一般认为，"教科书"一词即由此翻译而来，"教科书之名自是始于我国矣"[2]。"益智书会"的委员有丁韪良、韦廉臣、狄考文、林乐知、傅兰雅等。当时，傅兰雅被推举为干事，工作主要有两项：一为编辑出版教科书，一为设立统一的译名。对于教科书的编撰，狄考文撰文列出了五项具体规则：一是教科书的编写体例，学校用书的要义在于它是供教师研究和教学之用，而不是仅供阅读的；二是新名词问题，每一种新科学都会创造一套新名词，新名词使用的原则要简要、适用、精确；三是教科书不应仅仅是"翻译"，所有的数字图形、阐释说明都应取自中国人熟知的事物；四是教科书应该是明白朴素的；五是教科书应该是生动有趣的[3]。这些原则为教科书编辑出版工作定下了大致基调，实际上也为我国现代意义的教科书的发展奠定了基础。

王树槐在《基督教教育会及其出版事业》一文中提出："益智书会委员，经过数次商讨之后，决定编辑两套学校用书，一供初等学校使用，一供高等学校使用，包括数学……历史、地理、语文、音乐等科目。规定用浅易的文言撰写。"[4]历史教科书的内容应该包括"古代史纲要、现代史纲要、中国史、英国史、美国史"[5]。据1890年傅兰雅对该会历年成就作的总结报告，14年中该会自行编辑出版书籍共50种、74册及图表40幅。另外还审定合乎学校使用之书48种、115册。两项合计共98种、189册。其中以自然科学为最多，算学类8种，科学类45种，历史类4种15册[6]，包括《古代史纲要》《现代史纲要》《中国史》《英国史》《美国史》等。这种全面系统的译介，为中国近

[1] 教科书之发刊概况[M]//中华民国教育部. 第一次中国教育年鉴：戊编 教育杂录. 上海：开明书店，1934：115.

[2] 参见《教科书之发刊概况》，中华民国教育部编《第一次中国教育年鉴（戊编·教育杂录）》。我们不同意这一观点。虽然"School and Textbook Series Committee"成立于1877年，但当时并没有叫"教科书委员会"，也没有发现当时就有中文的"教科书委员会"一说，只是译为"益智书会"，这就表明，当时还没有出现"教科书"这个词，还不知道如何翻译"textbook"为好，所以当时译为"益智书"。尽管当时成立了"教科书委员会"（益智书会），但从1877年到1900年间，几乎没有看到以"教科书"命名的书，传教士们自己编的、教会学校的书没有一本叫"教科书"的，多为"读本""须知""启蒙""志"等。所以"教科书"一词的出现肯定要推后一段时间。

[3] MATEER C W. School books for china[J]. The Chinese Recorder, Sep-Oct, 1877: 427-432.

[4] 王树槐.基督教教育会及其出版事业[M]//林治平.近代中国与基督教论文集.台北：宇宙光出版社，1981：199-202.

[5] 陈学恂.中国近代教育史教学参考资料：下册[M].北京：人民教育出版社，1987：86-87.

[6] 同[4].

代科学的发展与学科建设创造了有利条件。

这些教科书在我国教育发展包括历史教育发展的历程中扮演了不可忽视的角色。《古代史纲要》《现代史纲要》《中国史》《英国史》《美国史》，被认为是中国世界史和国别史建设的最早记录[1]，也是目前发现的最早的分初高两级、书名较为体系化的教科书。直到1904年，清政府施行新的学制，各地学校纷纷采用新式教科书，有相当一部分学校仍直接采用上海益智书会所编的教科书。

在19世纪70年代前期，由教会出版机构出版的西学著作基本上都被教会学校采用作为教材。这些著作虽无"教科书"之名，但一方面因其内容浅显易懂，属于西学知识的普及性读物，适于学童学习；另一方面这些书的翻译引进，最重要的目的就是适应教会学校所开设课程的教学需要。所以，在正规的教科书出现之前，这些书被教会学校用作西学启蒙教科书是比较合适的。实际上，在缺乏新教科书的时期，中国许多地方的书院也乐于采用西学译著作为教材，不少学校也将之用来作为教学参考。可以说，教会出版机构在教材引进和出版方面的活动，客观上为中国教科书建设作了有益铺垫。

### 3. 早期引进的西方历史教材

教会学校或传教士引入的历史教材中，有些成为历史教材的经典，甚至在我国历史学科发展中具有重要地位。以下列举几种。

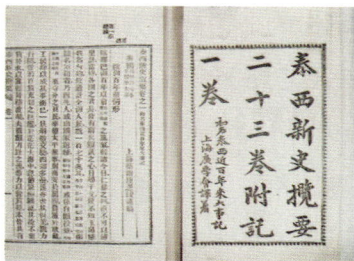

图1—1　《泰西新史揽要》，上海广学会译著

《泰西新史揽要》。《泰西新史揽要》原名《十九世纪史》，由英国人麦肯齐著，1889年在伦敦初版。此书经英国传教士李提摩太口译，华人学者蔡尔康笔录，译文摘要先连载于1894年的《万国公报》，初名为《泰西近百年来大事记》，1895年由广学会出版单行本，共8册24卷。该书以泰西国史为经，以史实为纬，叙述了19世纪西方基督教文化史和欧美各国资本主义发展的历史。作者认为，英国是当时泰西政治的枢纽，法国是当时欧洲治乱的关键，所以该书对英法史实论述得特别详细，而对德、奥、意、俄、美等国则从简，各一卷。由于该书详细地介绍了欧美的历史，特别是详述了各国变法图强的历史，在中国出版后风行一时，印行3万部[2]，对近代中国人了解西方各国发挥了积极作用。梁启超曾评价该书："《泰西新史揽要》述百年来欧美各国变法自强之迹，西史中

[1] 武汉大学15—18世纪世界历史研究所. 吴于廑学术思想研究[M]. 北京：人民出版社，2015：156.
[2] 《上海出版志》编纂委员会. 上海出版志[M]. 上海：上海社会科学院出版社，2000：6.

最佳之书也。"[1]这部书曾被当作重要的历史教科书使用[2]。该书不仅被京师同文馆使用，而且广泛用于各教会学校，康有为曾将此书作为他在万木草堂教学用的课本，光绪帝也曾以此书作为了解西方历史的读物。1898年夏秋间，周庆云与秦特臣、黄稚清、俞康侯诸人删简《泰西新史揽要》，"篇名悉仍其旧"，1899年书稿经林乐知转交李提摩太指正，李提摩太认为此书"删繁就简，不失原旨，自足刊以传远"[3]，经李提摩太同意，梦坡室1901年6月刊刻《节本泰西新史揽要》，共2册8卷。节本因篇幅适中，符合教育教学之用，1903年被审定为历史教科书。

《西学启蒙》。英国传教士艾约瑟执笔翻译的《西学启蒙》也是一套值得关注的启蒙读本，其中的历史教科书被当时的教会学校和其他学校所采用。该套书原由英国麦克米兰公司出版，执笔者大多是当时英国的科学名家，内容深入浅出，简明扼要，是很好的西方科学入门书。这套书1886年在中国出版，全书内容包括《西学略述》《格致总学启蒙》《动物学启蒙》《希腊志略》《罗马志略》《欧洲史略》等，共计16种。

这套书1886年出版时名为《格致启蒙》，1896年经过少许修改后改名《西学启蒙》在上海重新出版。有1896年上海广学会版，也有1898年上海图书集成印书局版，等等。李鸿章为这套书作了序，他说："今以浮华无实之文字，汩没后生之性灵。泰西之学，格致为先，自昔已然，于今为盛。学校相望，贤才辈出，故臻于富强。"[4]他称艾约瑟为儒者，译成这套有益于中国科学教育事业发展的书籍，"艾君之妙笔与赫君之盛心并足不朽矣"[5]。曾纪泽也在序中称艾约瑟为"英国儒士"，鼓励有志于研习西学的人，不妨将此书视为《尔雅》（一部解释词义的书，被称为中国第一部词典）之类的入门工具书。梁启超则评价此套书中的历史教科书《希腊志略》和《罗马志略》"皆特佳之书"[6]。《欧洲史略》全书分13卷，从希腊罗马建国起，到19世纪70年代止，记叙了欧洲主要国家的历史。其中第一至第五卷为希腊罗马史：卷一欧洲诸族、卷二希腊隆盛之世、卷三罗马国兴之世、卷四罗马国衰之世、卷五罗马东迁之世。该书在内容上详于《罗马志略》，有近一半的篇幅记述罗马及与罗马相关的历史，"大半皆详记以前诸国皆如何屈服于罗马，以后诸国皆如何脱离罗马，自立为国"。之所以如此，是因为作者认为"欧洲国史，以罗马为中键"[7]。该套书一度作为京师同文馆和其他官办学校讲授科学的教科书[8]。

这套书的编排体例也很值得关注。如《欧洲史略》在每卷末尾都配有简短的"总结"，或归纳

[1] 黎难秋. 中国科学翻译史料[M]. 合肥：中国科学技术大学出版社，1996：636.

[2] 马执斌. 中国历史教材近代化概述[J]. 课程·教材·教法，1998（1）：55.

[3] 李提摩太. 节本泰西新史揽要[M]. 吴兴：梦坡室，1901：例言.

[4] 沈寂. 中国近代史事论丛[M]. 合肥：安徽大学出版社，2009：18-19.

[5] 卢汉超. 赫德传[M]. 上海：上海人民出版社，1986：18.

[6] 同[1]640.

[7] 艾约瑟. 欧洲史略：卷2[M]//西史汇函. 长沙：新学书局，1896：6.

[8] 艾尔曼. 中国近代科学的文化史[M]. 王红霞，等译. 上海：上海古籍出版社，2009：131.

或总结该卷历史。如在卷二末尾有如下总结：

> 希腊一史，其较胜于他史者，凡他国史中所载明示我辈之诸义理，皆已节略见于希腊史内。学者果能习熟希腊一史，则欧洲诸史之义理，皆易明晰。盖缘希腊国制民风及诸文学工艺等事率多创而不因，故该国之边幅非阔，而其制度并诸学业即今大地诸国皆崇尚之。然希腊学艺之盛能如是者，则其先化施于罗马，而欧洲诸国之史散如纲目，要皆上连罗马以之为纲。[1]

对卷三"罗马国兴之世"，艾约瑟又有如下总结：

> 罗马极盛世，可号为一时有教化诸国之主，而其立国之初则仅以七山人民合为一城。惟时罗马威权无远弗届，而能与为敌者，仅其东之安息一国而已。[2]

这种小结式的概括提炼便于读者对相关内容的宏观理解和总体把握，后来被部分历史教科书所沿用。

《希腊志略》中附有希腊志略年表，从公元前776年（周幽王六年）俄伦比亚会（即古代奥林匹克运动会）起，到前30年（汉成帝建始三年）埃及归为罗马省止。除年表外，还附地图五张，分别是自春秋至战国时希腊地图、群岛海并周围诸地图、南希腊图、中国春秋战国时希腊诸埠图、撒拉米并雅底加图。这些做法都被后来的历史教科书吸收采纳。

《罗马志略》在叙述罗马历史时，对一些重大历史事件进行了评论。如在述及罗马贵族与平民之间长期的斗争时，艾约瑟评论说：

> 二百五十载之如是争执，实为伊古来所罕有。二门户人（指贵族与平民）杂居一城内，出门即遇诸街衢，伤残屠杀绝寡。二门户所用之机锋相对术，俱不出例所许用者。虽欲改何制，尚未改就时，仍遵依旧例。纵极力争拒，仍不使过于愤怒，知始终强忍必可获胜，是以安闲不迫切。泰西诸国，遇争执时，除英国外，举不及往昔罗马人，坚卓自持，处事镇静，不使逾分也。[3]

可见，作者对罗马平民与贵族间通过民主讨论而不利用暴力来解决问题的基本规则甚为赞赏。

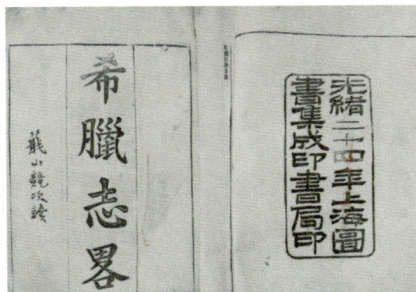

图1-2　《希腊志略》，（英）艾约瑟译，上海图书集成印书局

#### 4. 早期教会学校历史教材的价值

早期教会学校给历史教材编写带来诸多创新，客观上具有不可磨灭的贡献。

---

[1] 艾约瑟. 欧洲史略：卷2[M]//西史汇函. 长沙：新学书局，1896：17.

[2] 同[1]32.

[3] 艾约瑟. 罗马志略[M]//西史汇函. 长沙：新学书局，1896：14.

一方面，带来了历史观的变革。教会学校的历史教材在史学叙述的范式上带来了革命性的变化，比如，其最为重要的特征莫过于引入进化论的历史学观点。中国传统史学认为历史发展一脉相承的是王道正统，朝代更替体现的是天命循环，历史发展逃不出治乱循环的怪圈。而进化史观则认为，人类社会发展由简单到复杂，由落后到先进，历史发展不断把人类社会推向进步。《泰西新史揽要》对人类历史的描述如下：

> 人类历史是一部进步的记录，——是增长知识和积累智慧的记录，是智慧和福祉从低级到高级阶段不断前进的记录。每一代都把它继承的财富传给下一代，那是它以自己的经验进行了有益的修改并通过它本身所赢得的一切胜利所进一步扩大的。[1]

对于传统中国人来说，历史是"知兴替"的镜鉴——这也是为何当时很多历史教材以"纲""鉴"为名的原因，为的是走出治乱兴替的循环，实现一种理想的太平盛世的状态。所以，进化史观对传统史学观念构成严重挑战，在当时对人们的思想产生了极大的冲击力，尤其是在民族危机日益加剧的近代中国。

另一方面，带来了教材体例的变革。除新的史学观念之外，新的教材编写体例也由传教士最早引进。其中，美国人谢卫楼编译的《万国通鉴》的卷—章—段体例被认为是影响后来章节体教科书的一个重要过渡环节。章节体的出现是传统历史教材向现代历史教材转变的重要特征，这一体例便于编者言简意赅地叙述历史发展过程，也更加便于教学，伴随着近代历史的发展，章节体渐渐成为历史教材编写的主要体例。

### （二）洋务运动与新式历史教材的译介

鸦片战争以后，中国一些开明的官吏和知识分子以"数千年来未有之变局"和"数千年来未有之强敌"[2]来阐述当时局势的严重性，从而表达了"我朝处数千年未有之奇局，自应建数千年未有之奇业"的决心[3]。他们出于自身的阶级利益，利用手中的统治权力，开始了"办洋务"的事业。为了维护其统治地位，洋务派明确提出以"采西学、制洋器"为自强之道，通过创办新式学堂、建立译书机构，揭开了中国官方有组织地正式引进西式教育、翻译西学教科书的序幕。洋务派自己也成为主导中国近代化的重要力量。从最初的专注于引进"西艺"，到后来兼顾采纳"西政"和"西史"，洋务派引进西学的范围逐步扩大。一些洋务机构兼具教学、编译和出版的功能，并延聘一些有学问的外国人，尤其是一些精通中外两国文字的传教士，来专门负责翻译和编写历史书籍，希望借这种翻译工作增进中国对西方的认识。

其中比较突出的是京师同文馆。设立同文馆是中国近代新式教育的发端，其总教习、美国人丁

[1] 柯林伍德. 历史的观念[M]. 何兆武，译. 北京：中国社会科学出版社，1986：165-166.
[2] 李鸿章. 李鸿章全集：6[M]. 合肥：安徽教育出版社，2007：159-160.
[3] 李鸿章. 李文忠公全书：奏稿：卷24[M]. 台北：文海出版社，1980：28.

韪良说：“有希望革新这古老的帝国的是新教育，新教育的肇端是同文馆。”[1]京师同文馆成立于1862年，是中国近代由洋务派创办的第一所官办外语专门学校，馆内有很多外国教员，美国传教士丁韪良曾掌管教务近三十年。1867年以后，同文馆陆续增设近代学科，包括算学、天文、地理、矿学、各国史略、万国公法等课程。为了满足自身课程的教学需要，同文馆编译了各学科的西学教科书。据载，“在短短的几年内，同文馆师生共编译书籍20余种，而且还在馆内设立了专门的印刷机构，以聚珍版刊行于世”[2]。但京师同文馆究竟编译出版了多少书，至今仍未有准确的统计数据。吉少甫主编的《中国出版简史》称：“30多年中，北京同文馆翻译出版的著作共200多部。”该书没有注明这一统计是从何而来。苏精据《增订东西学书录》和《筹办夷务始末》统计的只有35种，包括历史学2种，即《俄国史略》《各国史略》[3]。同文馆的译书多被当时该馆和其他新式学堂采用为教科书。《俄国史略》《各国史略》为外国历史教材。另外，京师同文馆不仅自己翻译教材，还使用传教士编译的一些畅销书籍作为教材，比如前述麦肯齐撰写、李提摩太口译的《泰西新史揽要》。

成立于1865年的上海江南制造局翻译馆也在西式教材包括各类历史教材的引进上发挥了积极作用。江南制造局翻译馆是19世纪中国最大的西书翻译出版机构。从成立到1880年，江南制造局翻译馆翻译刊印了西书98种，235本；译成未刊西书45种，142本[4]。到1907年，该馆译书累计160种[5]。部分译书被洋务派创办的学堂和其他新式书院作为教科书使用。其中包括江南制造局翻译馆曾委托传教士翻译林乐知编译的《万国史》《俄罗斯国史》《德国史》《欧罗巴史》，以及委托傅绍兰（传教士傅兰雅的儿子）翻译的《法国新志》。

1—3

图1-3　《法国新志》（卷一），傅绍兰口译，上海江南制造局翻译馆出版

当然，这一时期也出现了“睁眼看世界”的中国人编写的介绍西方历史的书籍，比如王韬的《法国志略》《普法战纪》、黄遵宪的《日本国志》等。这些著作有些是史地知识混合编写的，综

[1] 丁韪良. 同文馆记：上篇[G]//高时良，黄仁贤. 中国近代教育史资料汇编：洋务运动时期教育. 上海：上海教育出版社，2007：149.
[2] 陈东. 我国近代出版事业特色初探[C]//中国近现代出版史编纂组. 中国近代现代出版史学术讨论会文集. 北京：中国书籍出版社，1990：131.
[3] 苏精. 清季同文馆及其师生[M]. 福州：福建教育出版社，2018.
[4] 傅兰雅. 江南制造局翻译西书事略[M]//罗新璋，陈应年. 翻译论集. 北京：商务印书馆，2009：293.
[5] 上海社会科学院经济研究所. 江南造船厂厂史：1865—1949.5[M]. 南京：江苏人民出版社，1983：54.

合性较强。但总的情况是，洋务运动期间，自然科学、技术类的教材和著述引进的比较多，多为满足当时"坚船利炮"发展的需要，有实用功能，相比之下，人文社会科学类教材的引进要少得多。

由洋务派引入的这些教材还称不上是现代意义上的教科书。它们没有统一的命名规范，书名多样且杂乱，例如"某某史略""某某志略""某某史""某某纲鉴"（如谢卫楼就参照了马礼逊词典将"history"翻译为"纲鉴"）等。此时，现代意义上的历史教材刚刚起步，一切都是草创阶段，没有专门的官方机构设立标准，历史教材与历史学著作的边界也不明显，教材与专业著作不分彼此地混杂在一起。但它们的引进有利于规范和整合中国尚处在萌芽中的现代历史学，也加速了新式历史教育在中国的传播。

## 三、留日学潮与日本历史教材的涌入

在中日甲午战争以前，具有现代意义的历史教材的编写主要由西方传教士来完成。甲午一役，被视为"弹丸之国"的日本摧毁了清政府"天朝上国"的尊严，神州为之震动。中国很多知识分子遂将目光投向日本，开始探求日本强大背后的原因。

日本从明治维新时期就开始大力引介西学，并在19世纪60年代建立起近代学制，比中国先走一步。而且，日本的改良和维新是彻底的，它不仅学习吸收"夷技"，也采纳了西方的各项政治经济制度，一开始走的就是"西化"的道路。近代日本对教育高度重视，随着现代学校制度逐渐建立起来，对教科书的大量需求也随之产生，政府鼓励各种机构参与翻译编写教科书。1868—1879年是日本教科书自由出版的时期，这段时期机构和个人翻译编写了大量教科书，之后教科书逐渐走向审定制和国定制。同时，众多日本学者用汉字对译西洋术语（日本人称"新汉语"），渐渐将西方科学术语的表达植入汉语体系，后来很多中国留学生在翻译引入日本教科书时，也大量沿用了这些词汇。因为日本的崛起，加之地理上两国的邻近，文化又同源，文字也接近，所以19世纪90年代中后期到民国建立前后的这十几年中，中国青年学子留学日本达到高潮，1898年在日中国留学生还只有77人，到1905年就急剧攀升至8000余人。

19世纪末20世纪初的留日学生是一群旨在变革中国的学团成员，他们一边组织学社，讨论中国的发展，一边翻译各种科学、社会、法治、经济等领域的学术著作，特别是日本的各科教科书，旨在变革中国的教育。这些教科书由留日学生创立的学社或编译机构出版，如教科书译辑社、作新社、清国留学生会馆、宏文学院讲义录编辑部、国学社、湖南编译社、学会编译部等。有的教科书被国内多家出版机构出版，比如文明书局、商务印书馆、中国图书公司、南洋公学译书院、山西大学堂译书院、科学书局、广智书局、上海科学仪器馆等[1]。汉译日本教科书的大量译介极大地促进了我国现代史学的发展，也极大地推进了我国历史教科书的现代化。特别在国内维新运动和新政时

---

[1] 吴小鸥，石鸥. 晚清留日学生与中国现代教科书发展[J]. 高等教育研究，2011（5）：90.

期，新学校风起云涌而新式教科书极度短缺的时期，适合新式学堂使用的历史教科书尤其匮乏。1896年出版的梁启超编的《西学书目表》中列举的"史志"仅有25种，且多数不适合用作教材，学部找不到合适的推荐教材。当时的《学部官报》在推荐教科书书目时指出，"中国历史一科，尚无适宜之本，故暂从缺如，俟选有佳构，再以本部官报公布之"[1]。中国历史尚且如此，西洋历史、世界历史就更不用说了。"吾国自有翻译西籍以来，西史寥寥，而可充中学堂用，已辑为教科书者，益不可得。"[2]这时，留日学生译介的教科书发挥了重要作用，弥补了学堂教科书一时的短缺。据统计，1890—1915年期间的汉译日本教科书有27类507种，其中历史类就有76种[3]。

在汉译日本历史教科书中，涌现了一批影响大、反响突出的历史教材。其中桑原骘藏[4]的《东洋史要》等历史教材特别值得一提。

《东洋史要》，作者是日本学者桑原骘藏，该书1898年在日本出版，分为2册，1899年由东文学社学生樊炳清翻译，王国维作序出版。王国维在序中说："自近世历史为一科学，故事实之间不可无系统。抑无论何学，苟无系统之智识者，不可谓之科学。中国之所谓历史，殆无有系统者，不过集合社会中散见之事实，单可称史料而已，不得云历史。""桑原君之为此书，于中国及塞外之事，多据中国正史；其印度及中央亚细亚之事，多采自西书。其间虽有一二歧误，然简而赅，博而要，以视集合无系统之事实者，其高下得失，识者自能辨之。"[5]

该书对中国历史分期影响很大。它将历史分为四个时期：上古时期从太古到秦统一，是汉族增势时代；中古时期从秦到唐亡，为汉族盛势时代；近古时期从五代到明末，是蒙古族最盛时代；近世期是从清至今，是欧人东渐时代。《东洋史要》四期划分法影响很大，中国一些学者如顾颉刚与周予同等人所编教科书，时期划分与桑原骘藏完全相同，只是在表述上有差异。

该书出版以后，很多书社争相印行。其中，宝庆劝学书社1903年刊刻的版本虽然印有"京师大学堂审定史学教科书"字样，但内容与东文学社版本相同。其他版本的，还有成都官书局的《新刻中国历史》（1904），上海文明书局的《中等东洋史要教科书》（周同愈译，那珂通世序），以及商务印书馆重译考订后的《东洋史要》（新增插图和地图一册）。

对于该书，梁启超在《东籍月旦》中评价说："此书为最晚出之书，颇能包罗诸家之所长，专为中学校教科用……繁简得宜，论断有识。"[6]另外，该书所写东洋史并非东洋诸国历史的简单

[1] 审定书目：学部第一次审定高等小学暂用书目凡例[N]. 学部官报，1907-05-22.

[2] 绍介批评：中学西洋历史教科书[N]. 教育杂志，1909-07-12.

[3] 毕苑. 汉译日本教科书与中国近代新教育的建立：1890—1915[J]. 南京师范大学学报（哲学·人文科学·社会科学版），2008（3）：93.

[4] 桑原骘藏（1871—1931），日本东洋史京都学派代表学者。1896年毕业于东京帝国大学汉学科。先后任教于东京高等师范学校与京都帝国大学。

[5] 王国维. 东洋史要：序[M]//清华大学国学研究院主编，方麟选编. 王国维文存. 南京：江苏人民出版社，2014：675.

[6] 梁启超. 梁启超全集：第3集：论著3[M]. 北京：中国人民大学出版社，2018：478.

拼凑，而是将东洋各国发展和交往的历史作为一个整体进行记述，正如王国维在序中所说："其称东洋史、西洋史者，必自国史沓杂之事实中，取其影响及他国之事变，以说明现时历史之团体者也。"而该书"合历史为一团体"，"洵为世界史教科善本"[1]。《申报》也认为该书对亚洲各国政治、经济、军事等"备载无遗，约而得要，洵为教科善本"[2]。《中国白话报》评价道："条理最清楚，又干净又简当，今年所出的历史教科书，这部算顶好的了。"[3]学部评价该书"以种族大势为纲，其叙事以国际关系为键，条理分明，简择得要，可谓东洋史之善本"[4]。可见《东洋史要》这种既讲各国政治经济和风土人情，又顾及各国国际关系的写法在当时备受欢迎，此书也因此广为流传。

被评价为"善本"，也就被更多人使用和改编。陈庆年在两湖文高等学堂讲授国史，便以此书为蓝本，经改编补正后改名为《中国历史教科书》[5]。刚成书，就被友人索去，在浙东一带广为传抄，后来又由商务印书馆重订再版。桑原的这本书被广泛使用，对后来编写历史教科书影响巨大，特别是他的"四段式"历史分期的做法[6]，傅斯年评价说："近年来出版历史教科书，概以桑原氏为本，未有变更其纲者。"[7]由此可见《东洋史要》的影响了。《东洋史要》还有与之相配套的历史地图册《东洋史要地图》，商务印书馆曾经编译出版。

但是，由于一些客观原因及当时时代的局限性，《东洋史要》一书也存在明显的偏见，书中内容涉及对中国历史文化的歪曲与否定，需要批判性地看待，避免陷入误区。

1902年普通学书室出版了同名的《东洋史要》一书，由小川银次郎著，屠长春翻译。

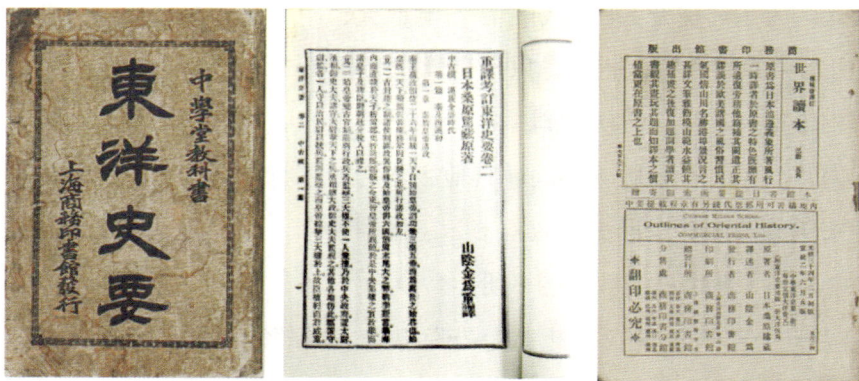

1—4

图1—4 《东洋史要》，（日）桑原骘藏著，金为译，上海商务印书馆

[1] 徐维则辑，顾燮光补. 增版东西学书录. 史志第一[M]. [出版地不详]：[出版者不详].

[2] 《东洋史要》广告[N]. 申报，1900-02-07.

[3] 林白水. 小孩子的教育[N]. 中国白话报，1904-01-31.

[4] 审定书目：书目提要[N]. 学部官报，1908-06-19.

[5] 陈庆年. 中国历史教科书[M]. 上海：商务印书馆，1903：序.

[6] 汪荣宝《本朝史讲义》，据《中国历史教科书：本朝史》（源自汪荣宝在京师大学堂译学馆讲义《本朝史讲义》，后经张元济校订成此书），汪荣宝编纂，张元济校订. 1909年于上海商务印书馆出版.

[7] 傅斯年. 中国历史分期之研究[N]. 北京大学日刊，1918-04-17.

图1—5　《东洋史要地图》，（日）桑原骘藏著，金为译，上海商务印书馆

1904年，东京泰东同文书局出版了桑原骘藏的《东亚史课本》。所谓"东亚史"，实为中国史。该书虽然在日本东京出版，但主要是针对中国读者的，出版年号是日本明治（明治三十七年）和中国光绪（光绪三十年）（1904），内文全部用汉字，且在中国多省有专门的营销机构。

该书分为上古期、中古期、近古期和近世期四编，采用章节体体例，作者在"弁言"中陈述了本书的编写要旨。

## 东亚史课本弁言九则

一、本书以提举东洋诸国之治乱兴亡及诸民族盛衰消长之大要为旨趣，繁简中度，词意明通，洵可充中国学堂之教科善本也。

纪事有联络且多兴味，为教授上必要之条件，著者于点实十分注意，故书中多挟逸事闲文，又记重要之民族风俗，其旨盖以此也。

二、于每期之终，载其间沿革之摘要及大事年表，既便于省览，复易于记忆，而又使其时代与事实之关系，咸了然如掌上纹。凡读是书者，幸参照于此册忽焉。

三、于卷末，揭中国历代君王之统系，亦以资读者之参照也。

四、插入本书之图画若干幅，乃系作者多年之搜集，中国古代之肖像姑措之，其他皆有根据可凭信。

五、是书所记之事迹，略于古而详于今者，盖经参酌于事变之繁简，与关系之大小，作史体裁，故应尔也。

六、读本书者，必参照卓著《东洋史要地图》，乃于各时代之事变与其方处之联络，可以明了焉。

七、本书为充初学教科本起见，故不能过于详细，以致不适程度，著者别撰有《东亚新史》一书，今已脱稿，将付梓矣。欲究本书之委曲源流者，再参酌《东亚新史》。

八、本书所录之外国（如印度、中央亚细亚、西方亚细亚及欧洲诸国）人名、地名等，其散见于中国正史及古籍者，则袭用其字面，不然者则盖依中国之官音，以翻译之。而尚恐不知其原音，更为添注英字于简端，以资读者之审正焉。

1-6

图1-6 《东亚史课本》，（日）桑原骘藏著，东京泰东同文局

《新编东洋史教科书》，日本开成书馆著，后经王季点翻译，1902年上海明德译书局出版，上海商务报馆印刷。

王季点（1879—1966），苏州人，清光绪三十二年（1906）奖给工科举人，京师大学堂提调（物理系教授），是中华化学工业会发起人之一。1902—1906年留学日本，毕业于东京工业学校。赴日前曾在江南制造局翻译馆任翻译及教育工作。其兄王季烈（王季烈也是清末民初教科书的重要作者）编译的《通物光电》《物理学》等书，均由王季点校对后出版。

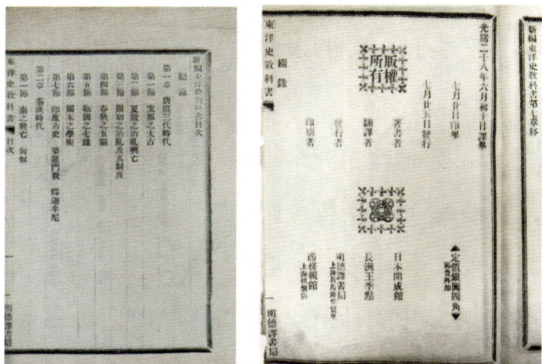

1-7

图1-7 《新编东洋史教科书》，日本开成书馆著，王季点译，上海明德译书局出版，上海商务报馆印刷

新式学堂兴起后，西洋史和世界史方面的教科书特别短缺，"吾国自有翻译西籍以来，西史寥寥，而可充中学堂用，已辑为教科书者，益不可得"[1]。因此，当时的中国学人，以留日学生为主体，也引介、翻译了不少源于日本的西洋历史书籍。现将当时较有影响的几本介绍如下。

《欧罗巴通史》，由日本箕作元八、峰岸米造合纂，徐有成、胡景伊、唐人杰翻译，王国维作序，魏丙尧作叙，徐兆玮作跋，东亚译书会1901年1月出版。此书分为上古史、中古史、近古史、最近世史四部分。此书原著者曾有"欧罗巴通史系图年表"与《欧罗巴通史》相配，后由顾学成、周维春合译，汇文书局1903年石印本出版。

据译者所言，《欧罗巴通史》当时在日本属最新出之书，因详略得中，"风行日本"，故取而译之。王国维非常欣赏此书，欣然为该书作序。

---

[1] 绍介批评：中学西洋历史教科书[N]. 教育杂志，1909-07-12.

凡学问之事，其可称科学以上者，必不可无系统。系统者何？立一系以分类是已。分类之法，以系统而异：有人种学上之分类，有地理学上之分类，有历史上之分类。三者画然不向（相）谋已。比较言语，钩稽神话，考其同异之故，迹其迁徙之实，或山河悠隔，而初乃兄弟；或疆土相望，而元为异族。是以合匈牙利于蒙古，入印度、波斯于额（俄）利亚，是为人种学上之分类。本自然之境界，顺山川之形势，但睹外界，不问内容，是以鲁突跨两洲，而欧亚之界自若。英领遍四海，而华离之形弥章，是为地理学上之分类。一区之内，错然交通，其势力足以相突，文化足以相发，不问人种、宗教、洲域之异同，但取历史上之关系，兼容并包，联为一体，是以印度与欧人同祖，仍为东洋史之国民；撒拉孙、突厥，与欧人异族，不害为西洋史之要素，是为历史上之分类。历史上之分类，大别为二，即东洋史与西洋史是已。此两史上之邦国，各为一群，以遂其文化之发达。以西洋史言之，波斯以西诸国，若巴比伦，若西里亚，若希伯来，若阿刺伯（阿拉伯），虽国于亚洲，然其事实，关系于东洋史者绝少，从历史上观之，盖纯然西洋史上之民族也。其可为两史上公共之材料者，除蒙古之西侵，与近世欧人之东略外，数千年中，殆无可指之事实。故历史之分东西，亦所不得已也。日本理学士箕作元八及峰岸米造两君所著《西洋史纲》，盖模德人兰克氏之作，以供中学教科之用者，书虽不越二百页，而数千年来西洋诸国之所以盛衰，文明之所以递嬗，若掌指而棋置，盖彼中最善之作也。同学徐君有成等，既译此书，易名《欧罗巴通史》，索国维言，以冠其首。国维幸此书之得传于吾国也，故忘其固陋，而序之。光绪二十六年十二月。[1]

梁启超亦认为该书有可取之处：

此二书（编者注：另一本指《万国史纲》）皆据历史上之事实，叙万国文明之变迁，以明历史发展之由来。故最重事实之原因结果，而不拘拘于其陈迹。元良家永之书，凡分三编，上古编三章，曰古代东洋、曰希腊、曰罗马；中古编二章，曰黑暗时代、曰复兴时代；近世编二章，曰宗教改革时代、曰政治革命时代。每章分政治史、宗教史、工艺技术史、文学哲学科学史、社会史等门，诚简要赅备之作也。箕作峰岸之书，上海某局有译本，题曰《欧罗巴通史》。[2]

清学部将此书列为审定教科书。除了东亚译书会这一译本外，据广智书局已译待印书目广告，还有麦鼎华的译本，名为《西洋史纲》。《西洋史纲》即《欧罗巴通史》，译者考虑此书于欧罗巴最详，"故定易今名"。

1903年，上海文明书局印行了《泰西通史》，据《欧罗巴通史》及《西洋史纲要解》二书合纂，由华纯甫、李静涵译。当时在中国教育界有很大影响的日本学者藤田丰八对《泰西通史》评价甚高，"以二君之勤恳，更辅以通史要解参以世界史，世界通史诸书实能推阐原书未尽之余蕴，用力之精，致意之细，为近今译书中所罕见"。[3]

[1] 清华大学国学研究院主编，方麟选编. 王国维文存[M]. 南京：江苏人民出版社，2014：676-677.

[2] 梁启超. 梁启超全集：第3集：论著3[M]. 北京：中国人民大学出版社，2018：474.

[3] 藤田丰八. 序泰西通史[N]. 史学文编，1902-09-02.

图1-8 《欧罗巴通史》，（日）箕作元八、峰岸米造编写，东亚译书会

《西洋史要》，日本小川银次郎著，东文学社樊炳清、萨端翻译，金粟斋译书社1901年初版。

《西洋史要》将西洋史分为四期：第一期上世史，自上古至日耳曼人入侵罗马；第二期中世史，自日耳曼人入侵罗马至寻获新世界之前；第三期近世史，自寻获新世界后至法国大革命；第四期现世史，法国大革命以后，迄至普法战争。该书被清学部审定通过，并且官方认为："学者观此书，则于西洋历史之变迁大势，得其概要，可进而观西洋诸大国最近之历史，及各专门之史书。"[1]当时学人认为《西洋史要》略胜《欧罗巴通史》，此书"如《欧罗巴通史》而断限小异，事迹亦大略相同，译书较为雅驯，其表各国帝王世系及舆图，则通史所无"[2]。《西洋史要》译本出版后在学界和教育界受到了广泛的欢迎，社会影响之大，可从一则广告中窥见一斑。金粟斋译书社为此书作了特别广告：

> 本书价值早喧腾于禹域，其叙列之翔实，译笔之高絜（洁），洵如侯官先生所谓信、达、雅三长者，各省官私学校多取以为教程，故初印数千部，转瞬即罄，兹更大事修辑，取东西洋史乘之良者十数种，采择菁华，熔铸其中，方诸初版，益臻完善。

此广告还指出此书有四大特色："义例严整，宗趣宏远""事理完具，本末条贯""讨论纤悉，笃于征信""文词朴茂，温温雅懿"[3]。虽是广告，不免有溢美之言，然也足见该书确实为教科善本。

图1-9 《西洋史要》，（日）小川银次郎著，东文学社樊炳清、萨端译，金粟斋译书社

[1] 审定书目：书目提要[N]. 学部官报，1908-06-19.

[2] 徐维则辑，顾燮光补. 增版东西学书录. 史志第一[M]. [出版地不详]：[出版者不详].

[3]《西洋史要》广告[N]. 新民丛报，1903-05-25.

《万国历史》，作新社译书局编译，1902年7月初版。据梁启超的《东籍月旦》介绍，该书作者是日本人天野为之[1]。该书共3卷：第一卷古代史，分3部，分别为古代东洋诸国、希腊史、罗马史；第二卷中世史，分3期，分别介绍西罗马瓦解后之状况、阿拉伯及法兰克之勃兴、欧罗巴诸国之创始；第三卷近世史，分5期，分别为新学等发明及学艺隆盛时代、宗教改革时代、诸大国之勃兴及其强国等。此书特色诚如广告所言：

> 凡东西大陆数千年国体、宗教、政治、法律之变更，国际外交、学术、技艺之进步，龙拏虎掷，英豪俊杰之事迹，条分缕析之综以统核，若网在网，以之充教科之用，诚便于讲述也。
> 并附精绘古代及近世沿革地图九幅，人名地名表，亦如世界地理，体例完备。[2]

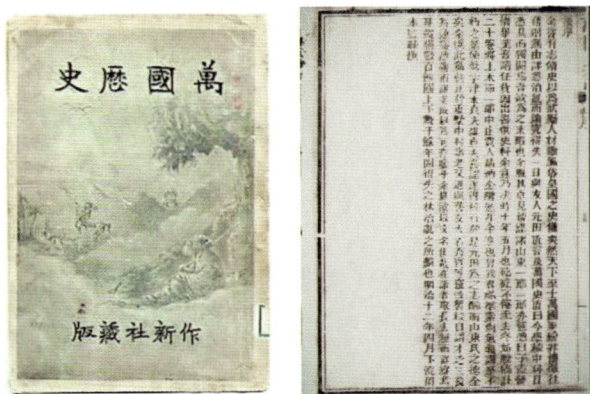

图1-10　《万国历史》，作新社译书局编译

《西洋历史教科书》，本多浅治郎著，出洋学生编辑所译述，商务印书馆1902年7月初版。该书2册共6编：第一编古代史；第二编中代史；第三编近代史第一期，曰宗教改革时代；第四编近代史第二期，曰王政时代；第五编近代史第三期，曰革命时代；第六编最近史，迄于普法战争。该书主要用于中学教学。梁启超曾在《新民丛报》上向国人介绍西洋史著作，首推本多浅治郎之书：

> 此书之所以优于他作者，无他，其叙事条分缕析，眉目最清。以若干干燥无味之事实，而有一线索以贯之，读之不使人生厌。每叙一事，不过两三行而止，而必叙述其原因结果，毫无遗漏，此其所特长也。然以求简之故，或言之而不能尽，此又无可如何者也，故别著一参考书以补之。大抵日本人所著西洋史，可充吾国教科之用者莫良于此书矣。[3]

梁启超还提到上海广智书局曾有该书译本名《泰西史教科书》。1909年，中国百城书舍重译此书，名为《高等西洋史教科书》；1912年上海群益书社重新出版了《西洋历史教科书》，版权页载明原出版者是湖北兴文社、山左博文社，又注明是湖北兴文社译，1906年初版。

[1] 梁启超. 梁启超全集：第3集：论著3[M]. 北京：中国人民大学出版社，2018：473.
[2] 新编《万国历史》广告[N].大陆报，1903-01-08.
[3] 同[1].

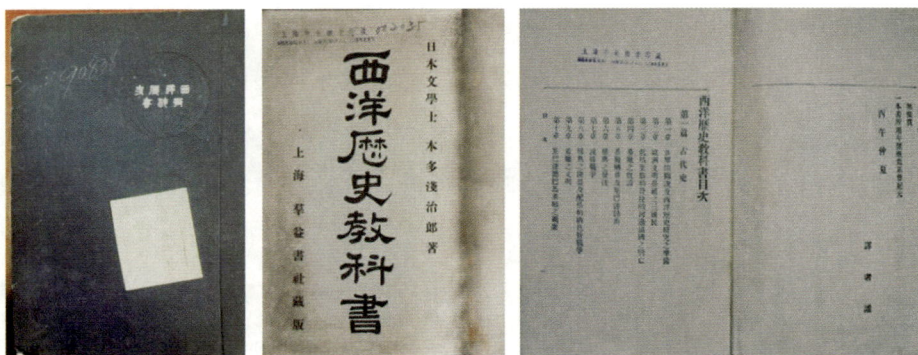

图1-11　《西洋历史教科书》，（日）本多浅治郎著，湖北兴文社、山左博文社译，上海群益书社出版

《万国史纲》，日本家永丰吉、元良勇次郎合著，邵希雍译，谢无量作序，1903年6月发行。

元良勇次郎（1858—1912），日本心理学家、教育学家、伦理学家。1875年就读于日本京都同志社英语学校。1883年赴美国，就读于波士顿大学、霍普金斯大学，1888年获哲学博士学位。1890年任日本东京帝国大学教授。1906年成为日本帝国学士院会员。他著的《伦理学》《心理学》等著述在我国晚清时期都有翻译。

家永丰吉，日本历史学家，著有《文明史》等书。

邵希雍，字廉存，号伯棠，山阴县（今浙江省绍兴市）人，曾著《高等小学论说文范》，由上海会文堂新记书局出版，风行全国。

《万国史纲》一册分3编：上古编3章，曰古代东洋、曰希腊、曰罗马；中古编2章，曰暗黑时代、曰复兴时代；近世编2章，曰宗教改革时代、曰政治革命时代，迄至美国南北战争。此书特别关注各国的政治、学术、工艺、宗教、文学等文明史的内容，"虽于王侯将相之事迹，征战之实谈等，不能尽详，至于历史之对于世界文明，有如何影响，则一一论究，莫或遗焉"，所以著者认为该书称为《万国文明史纲》亦无不可。梁启超也认为此书"最重事实之原因结果，而不拘于其陈迹"[1]。《万国史纲》是作为教科书使用而编撰的，所以篇幅适中，翻译出版后，清学部鉴于此书"通体叙述简明，颇挈纲领，而于历代之政治、学术，则再三致详，可谓繁简得宜，采撷有法"[2]，将其定为历史教科书。该书出版后也大受欢迎，多次再印。1904年《中外日报》为再版刊登广告：是书去年五月间初印两千部，大受一般学者之欢迎。今复补印两千部。1914年商务印书馆出版了第三版。1903年6月出版发行的《万国史纲》，是谢无量作的序。商务印书馆版本新增了曹曾涵作的序。

曹曾涵，字恂卿，别字蘅史，号石仓旧主。江苏吴县（已撤县，其辖区在今苏州内）人。著名学者、书法家、收藏家。清代《寓言报》（1901—1907）主笔。西泠印社早期社员，清代上海书画研究会会董。纂有《万国通史续编》十卷、《龙井访茶记》等。

[1] 梁启超. 梁启超全集：第3集：论著3[M].北京：中国人民大学出版社，2018：474.

[2] 审定书目：书目提要[N].学部官报，1908-06-19.

图1-12　《万国史纲》，（日）家永丰吉、元良勇次郎合著，邵希雍译，上海商务印书馆

《世界近世史》，日本学者松平康国编著，1902年11月由作新社初版。

该书是汉译历史教科书中少见的一种世界断代史作品。"吾读今日汉译之西史，大抵愈近愈略，或且不一涉及，不禁嗒然伤之，是亦译著西史诸君子所当亟亟从事者也。"[1]原书出版后几乎在同一时间内，于中国竟有三种中译本问世，包括商务印书馆版，表明时人对世界近代史知识的重视。

从出版时间先后看，作新社译本1902年11月发行，商务印书馆译本1903年1月初版，广智书局译本1903年3月发行。三种译本中以商务印书馆译本较为完整，包括了"原例"，其他两种均无。商务印书馆之《世界近世史》，由中国国民丛书社译，作为历史丛书第一集第一编。此书分5编：第一编，近世之发端，起自土地之发见及两洋之交通；第二编，欧洲宗教改革之时代；第三编，欧洲列国之波澜；第四编，东洋诸国之变动；第五编，欧美自由主义之发动，分2章，曰亚美利加合众国之建立，曰法国大革命，终于维也纳会议。据著者所言，此书只是世界近世史之前编，而以十九世纪史作为后编。

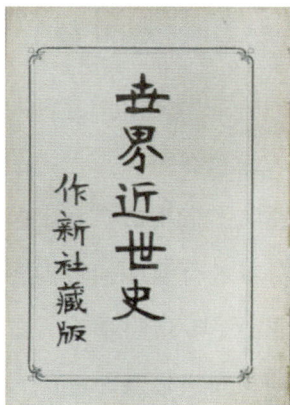

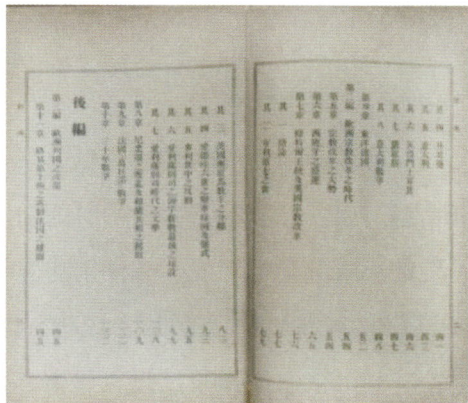

图1-13　《世界近世史》，（日）松平康国编，作新社译

《东西洋历史教科书》，原著者是藤本兼吉，吴葆诚翻译，并通过清学务大臣鉴定，由文明书局出版。该书最大的特色是东西洋历史合编，书分为2部，分别是东洋之部和西洋之部，其中东洋

---

[1] 中学西洋历史教科书[N]. 教育杂志，1909-07-12.

之部基本上是中国史，各编如下：

## 东洋之部

上古史：第一编　中国古代；第二编　周

中古史：第一编　秦汉治乱；第二编　汉兴与他国关系；第三编　汉室衰亡及汉代艺术；第四编　晋及南北朝；第五编　隋及唐之初世；第六编　唐初与诸外国之交涉；第七编　唐之治乱

近古史：第一编　辽金及五代宋之交涉；第二编　蒙古隆盛；第三编　明之治乱

近世史：第一编　欧人东渐；第二编　极东事件

## 西洋之部

上古时代：第一编　上古西洋诸国之兴亡时代；第二编　波斯希腊对抗时代；第三编　东西文化融合时代；第四编　罗马雄横时代

中古时代：第一编　耶稣教国兴与教国之竞争时代；第二编　罗马法皇权力扩张时代；第三编　罗马法皇势力全盛时代；第四编　法权失坠大势变迁时代

近古史：第一编　政务纷争时代；第二编　强国勃兴时代

近世史：第一编　法国革命时代；第二编　保守专制时代；第三编　自由确立时代；第四编　现今诸国成立时代；第五编　现时形势

图1—14　《东西洋历史教科书》，（日）藤本兼吉著，吴葆诚译，文明书局

《普通新历史》，1901年上海普通学书室（商务印书馆代印）出版（另有1902年版，1905年版）。这本教科书以日本中等学科教授法研究会编写的《东洋历史》为蓝本进行改编，故内容属东洋史部分。该书最早由普通学书室编译出版（1901），并于次年出增补版《增补普通新历史》，又"因出版仓促，原印本间有讹字，是书'依东文译录，故叙述事件及词句间之语气，不免日人口吻'"[1]，后又有《校正普通新历史》（普通学书室、广智书局、广益书室，1902）。到1902年广智书局已出第3版《普通新历史》。1906年，商务印书馆也出版《普通新历史》，1913年商务印书馆又增订《普通新历史》，截至1917年8月，已出版到第28版，可见该书在当时极流行[2]。该书采用

[1] 李孝迁. 西方史学在中国的传播：1882—1949[D]. 上海：华东师范大学，2008：18.
[2] 同[1]21.

章节体编写，虽说属于东洋史，但该书介绍的主要内容是中国历史。该书运用进化论的观点来批判封建旧史，探索历史发展的因果关系和社会进化的轨迹。作者在《校正普通新历史》"凡例"中对此有特别的关注，也公开承认以日本的《东洋历史》为蓝本：

> 是编以日本中等学科教授法研究会所著《东洋历史》为蓝本，取其次序明晰，记录简要，足备教科之用也。原著虽称东洋史为亚细亚东半洲诸国人民盛衰兴亡之历史，实则全以我一国为枢纽，其余皆参附耳。今就原著增删取舍，以合我国小学教科之用。

> 近世全球交通之会，我国民渐渐与世界相见，优胜劣败，即在此一二百年之间，诚千载一时也。我国民之眼界断不可仅注于内国数十朝之兴替沿革中，须考察种族势力之强弱，文明之高下，能力之大小，以为大众警醒振拔之标准。譬如，人之幼稚时，不过留心家庭之事物，及中年成立，势必留心乡里城镇之风俗事业，以为支持门户之计。日本教育家多以发达青年之志气为主，于是编亦可窥见一斑，尚望当世教育家之注意焉。

> 是编于我国近代事较原著稍详，但仅仅记录其事迹，著者且依事直叙，不加断按之语，实以编者既隘，识力更微，故不敢以一人之私见参人也。

> 是编以教童年学生为主，一切称谓大都择其通用者而已，若于史家体例恐多舛谬，阅者谅之。[1]

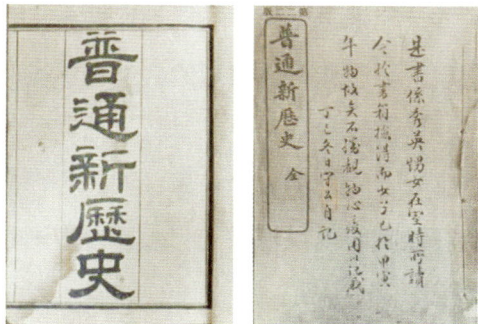

1-15

图1-15　《普通新历史》，广智书局

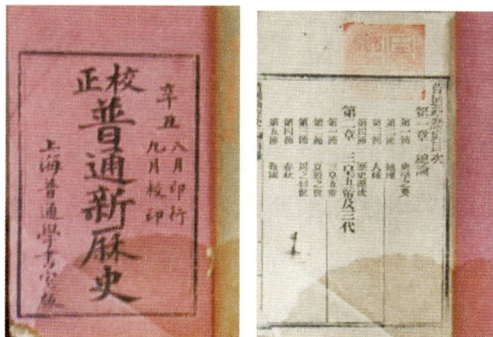

1-16

图1-16　《校正普通新历史》，普通学书室

《中国文明小史》，田口卯吉著，刘陶译，广智书局1902年4月出版。

田口卯吉是19世纪后半期日本文明史学的代表人物，他与福泽谕吉一起开创了日本文明史学

---

[1] 普通学书室. 校正普通新历史[M]. 上海：普通学书室，1901：凡例.

派，对日本史学界甚至是20世纪初的中国史学界都有相当大的影响。田口卯吉的《日本开化小史》是日本文明史学的典范性著作。他以近代西方史学观念撰写的《中国文明小史》，影响了当时的中国史学界。田口卯吉指出，"人情风俗及事情之变迁，多发成于冥冥之间，其关系于史上，殊为紧要，非战乱斗争杀人烧家之比也"，而中国史家重历史事实，虽对兴废存亡之理颇有卓见，然不齿为文，所以中国史书"令读者有龙飞云际首尾不相连续之感"。这在一定程度上揭露了中国传统史学的某些弊病。《中国文明小史》非鸿篇巨制，作者着重论述中国历史变迁之大势，他考察中国历史之后，得出一个结论：

> 中国人民常苦于专制政治之弊害，从周以前，数千年间，埋没于封建乱离之祸害时代也。从秦以后，二千余年，沉沦于专制政治之腐败时代也。而中国之人，又未曾预防此弊害，别发一制度，故于封建乱离之祸害，不可耐，乃一扫之而为专制政治，及专制政治之弊害不可耐，乃一扫之而归于叛乱，分裂反复，中国人民历史不过此数事而已。其和平时则必有不忍见之腐败，其乱离时则必有不堪闻之斩杀，茫茫四千年，亦血肉交战之场而已，读者盖不能不戚然于心。当其升平也，诗歌、文章、经学之类非无发达者，然皆贵族隐遁之流，以慰其闲散之心，不足多也，然其于政治则未有别开生面而越于专制政治之外者。不然，则以四亿人之邦国，何至如此之境也。呜呼！中国人民自苦久矣，何不于专制政治之外，开一大活眼，以致其幸福哉！

田口卯吉道出了许多中国进步知识分子心中欲发而不能的声音，引起他们强烈的共鸣，被当时多数留日学生所接受。

梁启超对此书推崇备至，"其论则目光如炬，善能以欧美之大势，抉中国之病源，诚非吾邦詹詹小儒所能梦也"。他还在《新民丛报》向读者介绍该书，"彼以其新学说新眼光，观察吾中国数千年治乱兴亡之由"，"论断数千年之史迹，目光如炬，读之可辟一新境界"[1]。

柳亚子年轻时读到该书，感慨万分，说《中国文明小史》抨击专制，不遗余力，"诚近今历史界上一杰作"，"茫茫禹域鼻息如露，而全岛夷策士为我国民作借箸之谋，我同胞其愧也未"[2]。将近代知识分子那种无奈的心态表达得淋漓尽致。

《中国文明小史》开篇有例言，分15章：从开辟至周代、从春秋战国至秦一统天下、从秦一统天下至灭亡、从秦之亡至西汉之兴、从西汉之兴至其亡、从汉家外戚之情形至王莽之亡、从后汉之初至其亡、从三国至晋一统天下、从晋经南北朝至隋之亡、从唐初至其亡、五代、从宋初至其亡、从元初至其亡、从明初至其亡、总评。

[1] 梁启超. 梁启超全集：1[M]. 北京：北京出版社，1999：334.
[2] 柳亚子. 磨剑室文录：上[M]. 上海：上海人民出版社，1993：103.

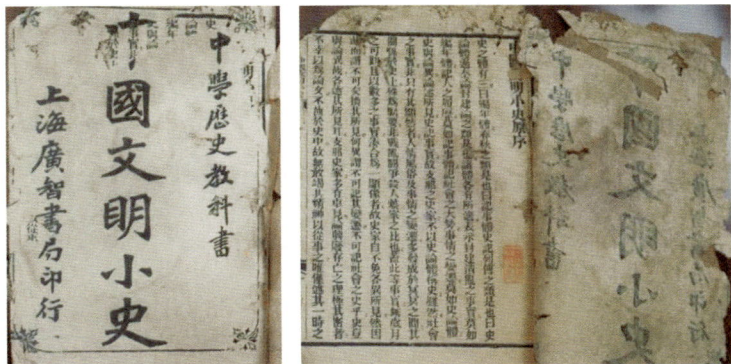

图1—17 《中国文明小史》（日）田口卯吉著，刘陶译，广智书局

另外，还有其他很多从日本翻译的教科书，比如坂本健一的《世界史》，田中萃一郎的《东邦近世史》，等等。田中萃一郎的《东邦近世史》是一部断代史，最初被翻译并在《湖北学报》上连载[1]，后被辑为上下两册出版。据说，这部《东邦近世史》是日译教科书中唯一的断代史著作[2]。梁启超评价该书"发明东西民族权力消长之趋势，盖东洋史中最佳本"[3]。报媒认为此书"提纲挈领，笔法精研严，读之可以见东方进步迟滞之由，及欧势东渐之次第也"[4]。

19世纪20世纪之交的教科书翻译主流来源于日本，据初步统计，1901—1904年译自日本的书籍占所有译书的60%。[5]但除了汉译日本历史教科书这一主流外，从欧美国家翻译历史教材也从未中断过，只不过体量和影响相较于日译教科书比较小而已。这里列举几本影响比较大的。

《万国史要》，美国维廉·斯因顿著。维廉·斯因顿是美国的教育家，出版了大量关于英文文法、修辞等方面的教科书。该书于1874年在纽约初版，后来被引入日本，在日本广受欢迎，曾经产生了植田荣译本《须因顿氏万国史》，岩本米太郎1886年刊印，又有松岛刚译本《万国史要》上下卷，岛连太郎1888年重版本[6]。张相译《万国史要》由杭州史学斋1903年出版，根据书中邹寿祺作的"赘言"，该书是译者根据东西两个版本翻译而成的，即"译者并据东西二本，而达其文意"[7]。该书分为上中下3卷，共6编6册，包括古代东洋诸国史、古利司（今译希腊）史、罗马史、中代史、近代欧洲诸国民史五部分。中译本仅译出上中2卷（包括前4编）[8]，目录如下：

> 绪论：历史之定义；历史与国民之关系；历史之帮助；人类学与历史之关系；历史上真正之人种；科嘉西安人种之三大族；亚利安族（此等种族同出一源之证据等）历史之年期（古代史、中代史、近代史）。

[1] 据《湖北学报》1903年2月12日第1集第1册到1904年9月14日第2集第21册。

[2] 李孝迁. 西方史学在中国的传播：1882—1949[D]. 上海：华东师范大学，2008：21.

[3] 梁启超. 梁启超全集：第3集：论著3[M]. 北京：中国人民大学出版社，2018：479.

[4] 《东邦近世史》广告[N]. 新民丛报，1902-02-08.

[5] 实藤惠秀. 中国人留学日本史[M]. 谭汝谦，林启彦译. 上海：生活·读书·新知三联书店，1983：240.

[6] 邹振环. 西方传教士与晚清西史东渐：以1815至1900年西方历史译著的传播与影响为中心[M]. 上海：上海古籍出版社，2007：196.

[7] 斯因顿. 万国史要[M]. 张相，译. 杭州：杭州史学斋，1903：赘言.

[8] 李孝迁. 清季汉译历史教科书史初探[J]. 东南学术，2003（6）：135.

第一编八章：一、地理；二、埃及；三、阿西里亚人及巴比伦人；四、海部留人（即希伯来人）；五、腓尼西亚人；六、印度人；七、波斯帝国；八、古代人民之商业。

第二编"古利司史（即希腊史）"五章：一、总说；二、第一年期史（古利司史之原始）；三、第二年期史（由波斯战争之始至马其顿王腓立之胜利止，即由纪元前五百年至三百三十八年）；四、第三年期之史（由腓立王之胜利至罗马人并吞古利司）；五、古利司之文明。

第三编"罗马史"四章：一、地理及人种；二、古代罗马王政之时期；三、共和政治；四、罗马帝国。

第四编"中代史"：前绪论；一、新人种；二、三百年间史；三、霞立缦帝园；四、封建制度；五、教皇；六、十字军；七、骑士之兴废；八、中代之文明（暗黑时代、复兴之时代诸都府及商贾、文学理学及艺术）；九、政治史要（由霞立缦之时至中代之末）。

该书进入中国后颇受重视，吴汝纶在《学堂书目》中就列有该书[1]，作为教科书使用。

图1-18　《万国史要》，（美）维廉·斯因顿著，张相译，杭州史学斋

《世界通史》，德国布列著，特社（马幼渔、廖淦亭、范均之）译补，贺绍章作序例，上海通社出版，分上下两册先后发行。该书共三编：第一编古代史，分三卷，曰东洋民族史、希腊史、罗马史；第二编中古史，分四期，第一期自民族大迁徙迄佛尔洞（今译凡尔登）条约，第二期自佛尔洞条约迄十字军之初，第三期十字军时代，第四期自十字军之终迄美国发见；第三编近世史，分四期，第一期自美国发见迄西发里（今译威斯特伐利亚）和议，第二期自西发里和议迄法国第一次革命，第三期自法国第一次革命迄维也纳会议，第四期自维也纳会议迄至普法战争前后。

据资料，特社译本之《世界通史》，除并制洋装上下两册这一版外，还发行过上制洋装全一册。此书在欧美、日本的发行概况以及特社译本的译书特色，《浙江潮》为此书所刊登的广告作了最好的概括，现全文转录如下：

原书三十万言，在德国出版后，重印十余版，美人维廉英译重六版，日本和田万吉和译重七版，东西洋高等学校用为教科书，其价值之珍贵无待赘述。本社以德文原书为本，而参校英

[1] 吴汝纶. 与陆伯奎学使[M]//吴汝纶全集（三）. 施培毅，等点校. 合肥：黄山书社，2002：378.

译、和译二书，考订增删，期归完善，凡人名、地名及各种名词，均依我国旧译沿用既久者，及近时著名新译本所酌定者，悉心校正，前后一致，且悉以英译本文按次增列，以便检查，而复于篇末加以按语，览其时势，述其变异，提其纲要，而抉其脉络，实历史界空前绝后，最占特色者也。[1]

该书原本和译本均属善本，深受学界青睐，除《浙江潮》刊登广告进行宣传外，《新民丛报》也向读者推荐该书，"最为读史简要之书"，"洵史学界所当欢迎之书"[2]。该书除特社译本之外，还有镜今书局译本，两种译本出版时间相隔很短。镜今书局的《世界通史》译本，由叶瀚重译自日本和田万吉译本。出版界对叶瀚译本评价也不低，"译者叶浩吾（即叶瀚，"浩吾"是其字）先生学术文章久为学界所推崇，复竭年余之力，始成此篇，其评审不问可知"[3]。但有人从译本质量来分析，认为叶瀚译本拙劣，实难以与特社译本相提并论[4]。

1—19

图1—19　《世界通史》，（德）布列著，特社译补，上海通社

《迈尔通史》，美国学者迈尔著，黄佐廷口译、张在新笔述，夏曾佑为此书译本校阅删润，山西大学堂译书院1905年4月出版，上海华美书局代印。该书分上中下世记：上世记3卷，曰东方各国记、希腊记、罗马记；中世记2卷，曰黑暗时代记、中兴时代记；近世记2卷，曰宗教改革时代记、国政改革时代记，迄至19世纪下半叶。原书1900年在美国出版，作为高等学校教科书用。从史书体裁看，《迈尔通史》颇有特色，"上世诸记，国别体也；大事诸记，纪事本末体也。凡有影响于历史之人物，上自帝王，下至杂伎，或表，或附见，则纪传之体具焉。强国帝王，著其统系，为之年表，各国学问艺术之源流，国制民风之得失，择其要者，具著于篇，则表志之体寓焉"。此书因"简不病略，详不伤烦"[5]，深得当时社会名流英人传教士李提摩太的喜爱，李提摩太主办的山西大学堂曾将该书作为历史课本，并嘱黄佐廷、张在新翻译该书，以供中国学校教学之用。翻译后的《迈尔通史》在中国教育界受到欢迎，在清末民初时期是具有代表性的西洋史教科书。据茅盾回忆，他年轻时在学校所用的西洋史历史课本就是原版《迈尔通史》。"教世界史的（实际是欧

[1] 《世界通史》广告[N]. 浙江潮，1902-02-08.

[2] 绍介新书：《世界通史》上卷[N]. 新民丛报，1903-8-21.

[3] 《世界通史》广告[N]. 中国白话报，1903-12-19.

[4] 李孝迁.清季汉译西洋史教科书初探[J]. 东南学术，2003（6）：136.

[5] 迈尔.迈尔通史[M]. 黄佐廷，张在新，译.太原：山西大学堂译书院，1905：序.

洲史），是个英国人，用的课本是迈尔的《世界通史》，分上古、中古、近代三部分，上古从古埃及、两河流域的文化，然后希腊、罗马。此书附有插图（大概这是当时比较好的欧洲史，后来有人译为中文出版，即名《迈尔通史》）。"[1]本书的翻译也同样出彩。当时的大学者夏曾佑为此书译本校阅删润，张椿年在《从信仰到理性——意大利人文主义研究》中指出，《迈尔通史》提到了"文艺复兴"一词，"第十四周初，意大利人喜观腊丁，希腊之文学、技艺，于是两国之文艺复兴"。随着《迈尔通史》的广为流行，"文艺复兴"一词也为越来越多的人所熟知。

　　本书在中国出版流传与李提摩太有很大关系。李提摩太曾于1902年在上海开设山西大学堂译书院，翻译各种西方科技和学术思想著作，包括大部分教科书，《迈尔通史》就是其中一种。与李提摩太有关的还有其他多种历史教科书，包括前述的《节本泰西新史揽要》。

图1-20　《迈尔通史》，（美）迈尔著，山西大学堂译

　　《万国史略》，美国彼得巴利撰，陈寿彭译，江楚编译书局1907年1月初版。该书共4册，篇首有原叙、译例、"引"，分亚细亚洲（即亚洲）、亚非利加洲（即非洲）、欧罗巴洲（即欧洲）、亚墨利加洲（即美洲）、阿享尼加洲（即大洋洲）五洲叙述，每洲之下分若干章，迄至19世纪中叶。原书初刊于1837年美国马萨诸塞州，1860年增刊于纽约，1886年又再刊于芝加哥，并经美国国会批准，作为中学学校教科书使用，盛行于美国。据译者介绍，"日本变法之初，先购此书二百四十部，颁于学校，既而列于文部教科之选，中学生徒无弗取资于是，日本冈本监辅所著《万国史记》，即以是书为本"。说明此书最初在美国、日本学校中广为流行，译者可能鉴于此，"于甬上储才学堂，主讲西学，庚子岁即以是课生徒"，将《万国史略》作为我国学堂教科书用。译者边授课边陆续译出，后由"诸生徒抄缀而成"。原书详于欧洲和美洲，而欧洲又详于罗马、英、法，美洲则详于美国，而其他国家甚略，尤略于中国和日本，且所言亦多谬误。译者为授课需要，将原书中国部分仅三章增补为七章[2]。除江楚编译书局译本外，1903年初作新社曾出版过同名《万国史略》[3]。

[1] 茅盾. 北京大学预科第一类的三年[M]// 肖卫. 北大岁月：北大名流与北大精神. 海拉尔：内蒙古文化出版社，2001：19.

[2] 陈寿彭.《万国史略》译例[M]. 南京：江楚编译书局，1907.

[3] 据作新社在《大陆报》的学校教科用图书广告，其中记有《万国史略》，见《大陆报》第2期，1903年1月8日.

《西洋历史教科书》。该书分为上下两卷，英国学者默尔化著，由出洋学生编译所编译，商务印书馆1902年6月初版，供高等小学使用。1903年再版。再版时增加阅者"嘉善姚槐"。1906年出到第5版。此书可能是我国最早的以"教科书"命名的历史教科书之一。如前述，以前的历史教材多以"史要""史纲""史记""通史""读本"等命名。遗憾的是该书是翻译本，不是国人自编的。该书为章节体，将西洋历史分为6编，分别是古代史（重点讲述古希腊、古罗马历史）、中代史、近代史（第一期宗教改革时代）、近代史（第二期武断王政时代）、近代史（第三期革命时代）、最近史。编译者在"序"中说道：

> 历史者，在研究地理文化之关系，取历代事实，综其原因结果，以验人群进化之公理，故曰历史。非徒记一姓之兴亡治乱与一朝之掌故沿革而已。……历史者，又今日东西各国教科中最重要科目也，日本曩者学科，至高等小学，始授历史，近来所颁学校新令，则寻常小学亦有之。……西洋历史者，盖高等小学之教科书也，为出洋学生所编译。……欧洲政教之进化，学术之进化，商工技艺之进化，以孕成今日之文明者，皆于是焉在。亦由上古中古以来，由因得果，种种复杂，种种变迁，以有今日之人群也。为书都凡六编，而欧洲开辟至今，大略毕具，言简意赅，用以教育我国儿童，庸有当焉。是为序。[1]

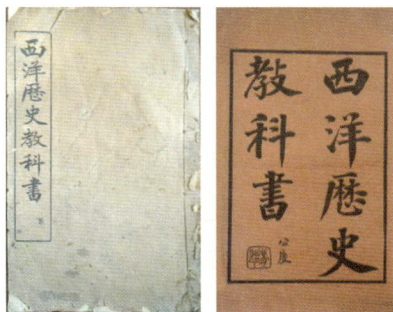

图1-21　《西洋历史教科书》（高等小学用，上下册），（英）默尔化著，出洋学生编译所编译，商务印书馆

[1] 默尔化. 西洋历史教科书[M]. 出洋学生编译所编译. 上海：商务印书馆，1902：序言.

# 第二节
# 清末新式教育与近现代历史教科书发展

　　现代学制的建立是现代学校发展的基础，也是现代教科书规模化、专业化的基础。清末壬寅癸卯学制的施行开启了教科书发展的新阶段，新学校迅猛发展的氛围以及相对宽松的教育环境也给教科书市场的发展创造了空间，一些民营书坊瞄准了教科书的市场潜力，看准了编译或印刷教科书的巨大商机，纷纷投入这一事业中来，营造了教科书出版业自由发展的兴旺局面。同时，清政府主管部门也颁布实施了教科书审定制度，力求为教科书市场把关，并积极编写官方的教科书，企图取代民间教科书。

## 一、新式教育与早期自编历史教科书

　　甲午海战后，维新救国的思潮应运而生。在维新派众多的救国建议中，"兴办学堂"被认为是能够保种、保国，使国家富强的救国利器。百日维新时，新式学堂迅猛发展，近代教育终于改变了传统教育唯经书是从的局面，开始走出精英教育的圈子而面向广大民众。面对国势日颓、列强交逼的困境，清政府也日益感到变法维新的必要性，逐渐走向"变法"和"兴学"。1901年，清政府宣布新政，明令各地方兴办学堂。1902年《钦定学堂章程》和1904年《奏定学堂章程》更是把兴办学校教育以现代学制的形式确立下来。

　　新式教育需要新式教科书。从洋务运动到维新运动起步这一时期，国人不论从思想上还是技术上，都无法提供足够的新式教科书，历史学科亦然。所以，在国人自编教科书大量出现之前，如前所述，先是"拿来"或翻译国外现成的教科书，作为本国史和外国史教科书来用。作为教科书，它们在学术性上不一定十分高明，但引入它们意义颇大。因为对中国学术界特别是史学界、教育界而言，这些教科书多采用新史体例，以新眼光、新学识来编纂中国历史，所以重要的不是它们所提供的具体历史史实，而是"史识"，即贯穿于教科书中的时代分期、社会进化、因果联系等典型的进化历史观念，这些"史识"对中国学者的意义更大。对中国学者而言，编纂历史教科书首先是"模仿"，而模仿的对象当然主要是国外（特别是日本）的同类教科书。从这个意义上看，国人自编的本国史教科书有很多"模仿"的因素，甚至只是对他国教科书进行改编，都是可以理解的。

当"人人谈时务，家家言西学"，放眼世界、渴望新知已成为不可遏止的社会风尚之时，对新式教科书的需求自然急剧增加。于是，中国人自己编纂的初具现代意义的教科书应运而生，它既反映了当时新兴资产阶级要求国家独立和民族富强的善良动机，也体现了改革的知识精英们力求用新思想新科学启蒙民众的强烈愿望。

1904年《奏定学堂章程》规定："由大学以至小学、蒙学无不有史学一门。"既然规定全国各地新式学堂都要开史学课，新学堂的大量兴办必然对史学教科书产生巨大需求，然而，适合新式学堂使用的历史教科书非常匮乏。当时的《学部官报》就指出，"中国历史一科，尚无适宜之本，故暂从缺如，俟选有佳构，再以本部官报公布之"[1]。中国历史尚且如此，西洋历史、世界历史就更不用说了，1896年出版的梁启超编的《西学书目表》所列的"史志"仅有25种，"吾国自有翻译西籍以来，西史寥寥，而可充中学堂用，已辑为教科书者，益不可得"[2]。另外，西方传教士编写的教科书毕竟与中国文化存有一层隔膜，文化表述上有很多难以被理解的地方，用于教会学校和洋务创办的学堂勉强可以，用于新学制的新式学堂就很不合适了。

此时，汉译日本历史教科书起到了一定的作用。日本与中国文化同源，文字多有一致，因此清末新政时任清政府出洋学生总监督的夏谐复就建议参考日本教科书："师其用意，略为变通，颁而行之，作为底稿，然后视所当增减，随时修改，以至于宜。"[3]实际上，这时期的留日学生通过翻译日本教科书，的确弥补了新式学堂教科书一时的短缺。据统计，1890—1915年期间的汉译日本教科书有27类507种，其中历史类就有76种[4]。但这些教科书毕竟不是出自国人之手，有些原本就来自欧美，有些则由日本人原创，自然也与中国国情不完全吻合。这类教科书作为权宜之计，纵然解决了一时教科书的需要，但弊端也很明显，且日益突出。

很多有识之士疾声呼吁要改变"历史由他人书写"的尴尬现状，由中国人编写自己的历史教科书。有人批评用日本教科书教中国学生犹如"雇东邻之乳母，育西邻之小孩"[5]，"令国民遂不兴其历史之观念"[6]。当时的学者认为，没有自己的历史教科书，意味着中国史学界放弃用自己的历史教育后代，放弃历史教科书所具的教育、培养民族由来和民族认同的功能。如文明书局的编辑丁宝书就指出："吾率取其书用之，勿论程级之不审，而客观认作主位，令吾国民遂不兴其历史之观念，忘其祖国所自来，可惧孰甚。"[7]晚清内忧外患的现实，使历史书充满了民族主义情绪，在教科书方面尤其如此。爱国知识分子无不高举民族主义旗帜，意图通过教科书实现"爱国救亡"的目

[1] 审定书目：学部第一次审定高等小学暂用书目凡例[N]. 学部官报，1907-05-22.

[2] 绍介批评：中学西洋历史教科书[N]. 教育杂志，1909-07-12.

[3] 夏谐复. 学校当言[G]//璩鑫圭，唐良炎.中国近代教育史资料汇编：学制演变.上海：上海教育出版社，1991：183.

[4] 毕苑. 汉译日本教科书与中国近代新教育的建立[J]. 南京师范大学学报，2008（3）：93.

[5] 同文社黄著蒙学教科书十六种[N]. 时报，1904-11-24（3）.

[6] 文明书局编辑蒙学中外历史教科书约[N]. 大公报，1903-10-19（1）.

[7] 丁宝书. 蒙学中国历史教科书[M]. 上海：文明书局，1902：编辑大意.

的，努力建立一个独立民族国家。恰如赵懿年的《中国历史教科书》所认为的，读历史之任务在于养成国家观念，勃发爱国之心，读史可以"显我祖国之荣光，复我先民之名誉"[1]。

从学术意义上看，外国人编著的教科书，毕竟与国人立场不同，对中国实际国情缺少必要了解，"夫以彼人之口吻，述吾国之历史，于彼我之间，抑扬不免失当"[2]。

新式学堂的办学实践也普遍渴求更加切合中国文化的教科书。在这一背景下，也正因为教科书奇缺，编写教科书具有巨大的经济利润空间。于是，一些中国人开始尝试自主编写历史教科书，从而构成了中国历史教科书发展中的一段独特风景——1904年新学制前后国人自编教科书形成小高潮。

### （一）最早的自编教科书

《历代史略》。国人自编的第一本历史教科书到底是哪一本，现在还没有定论，不过多数人认为是柳诒徵的《历代史略》（1902）。

柳诒徵（1880—1956），字翼谋，江苏镇江人，学者、历史学家、古典文学家、图书馆学家、书法家，中国近现代史学先驱，中国文化学的奠基人，现代儒学宗师[3]。1914年2月，应聘为南京高等师范学校国文、历史教授；1925年北上，先后执教于清华大学、北京女子大学和东北大学，1929年重返南京，曾任南京图书馆馆长、江苏省参议员等。

张舜徽《中国古代史籍举要》指出："当清末罢科举，兴学堂时期，江楚书局最先出版了一部《历代史略》，从唐虞三代编起，至明末为止，共为六卷，而每卷分篇章，用流畅的文辞，较有条理、有系统地把历史史实叙述出来，由纲鉴的旧形式，一变而成为教科书的新形式。这大约是我国最早的第一部历史教科书。……清末以来，编历史教科书的，大抵以此书为蓝本，由于人事日繁，力求简约，便将'历代史略'四字标题，省约为'历史'二字。"[4]该书也是我国最早的章节体中国通史教科书之一。柳氏后人据柳诒徵日记，指出"从次年（1902）正月十三日起，他开始写《历代史略》，至当年九月十六编竟"[5]。《历代史略》首篇总论，述地理概略、历史大旨。该书分上世史（唐虞三代至秦统一）、中世史（秦至五代）、近世史（五代至明末），叙述自上古至明历代史事，兼记近世西北、东南诸国事略。于宫制、礼俗、宗教、艺术、教育、学派等分篇综论，附历代世系表、宫制沿革表、儒家传授表等[6]。该书由江楚译印书局审定出版，被批准作为高等小学校

[1] 赵懿年. 中国史：中等历史教科书[M]. 上海：上海科学会编辑部，1908：6.

[2] 丁宝书. 蒙学中国历史教科书[M]. 上海：文明书局，1902：编辑大意.

[3] 束建民. 南京百年城市史：1912—2012：13 人物卷[M]. 南京：南京出版社，2014：314-315.

[4] 张舜徽. 中国古代史籍举要[M]. 武汉：湖北人民出版社，1980：6-7.

[5] 柳曾符. 柳诒徵早期的三部历史著作[M]//柳诒徵. 劬堂学记. 上海：上海书店出版社，2002：198-199.

[6] 中国历史大辞典·史学史卷编纂委员会. 中国历史大辞典：史学史卷[M]. 上海：上海辞书出版社，1983：38. 明文书局. 中国史学史辞典[M]. 台北：明文书局，1986：511.

及中学校课本。这部国史教科书在清末学堂流传很广，学部审定为"中学应用历史教科书"，给予较高评价，"日本人述中史，究不免疏漏"，此书"取材尚丰润，而无断烂朝报之讥"[1]。

图1-22　《历代史略》，柳诒徵著，江楚译印书局

《中国历史》。另外一本较早期的历史教科书是《中国历史》，它是留日学生曾鲲化所编，由东新译社出版，作者署笔名"横阳翼天氏"。

曾鲲化（1882—1925），湖南新化人，1901年东渡日本深造[2]。留日期间曾鲲化当选为清国留日学生总干事，并加入了同盟会，与陈天华、谭人凤、蔡锷、章士钊等同乡有密切来往。作为学生领袖，曾鲲化在留日期间亦结识了孙中山。

20世纪初，湖南新化留日学生鉴于当时的一些编译社，"或草率编纂，无优美完全之价值，或译外国教科书以充国民读本，皆于学界之进化、国魂之发达，无丝毫影响，而反生大障碍"，他们"痛国家之脔割，愤种族之犬羊，忾然创办东新译社，就我国之性质上习惯上编辑中学校各种教科书，熔铸他人之材料，而发挥自己之理想，以激动爱国精神，孕育种族主义为坚确不拔之宗旨"，"诚不仅为学界放一大特彩，且能令国民易达其目的"[3]。曾鲲化的《中国历史》，就是基于这个宗旨，于1903年编辑出版上卷，1904年出版中卷。该书在晚清史学界产生过较大的影响。这本书共7篇，分9个时代：汉族发生时代、汉族创国时代、汉族优胜时代、汉族与外族势力平均时代、汉族全盛及外民复炽时代、汉族与外族冲突时代、外族极盛及东西两洋交涉时代、汉族复盛及西力东渐时代、汉族衰微及极东多事时代。《湖北学生界》《浙江潮》《中外日报》纷纷介绍推荐，称之为"诚空前之伟著，而为历史界放绝大光彩"[4]，它还被誉为"体裁新辟，材料丰多，而又以民族主义为其宗旨。诚我国历史界开创之大作，而普通学教科书中稀有之善本"[5]。《中外日报》介绍，《中国历史》首版万册出售殆罄，销行迅速，"诚空前名书著籍所未曾有"[6]。

按当时出版者的介绍，横阳翼天氏（即曾鲲化）的《中国历史》，"上自古碑石记，下至昨日新闻，莫不一一搜罗而熔铸之。其内容，支配教育、学术、政治、外交、武备、地理、宗教、风俗、实业、财政、交通、美术诸要点，淬厉固有之特质，绍介外界之文明。其体裁，仿泰西文明史

[1] 审定书目：书目提要[N]. 学部官报，1908-06-19.

[2] 李士群. 拼搏与奋进：北京交通大学百年回顾与思考[M]. 北京：北京交通大学出版社，2006：10.

[3] 东新译社开办之原（缘）由及其特质[M]//横阳翼天氏. 中国历史：上卷. 东京：东新译社，1903：附录.

[4] 《中国历史》上卷出版广告[J]. 湖北学生界，1903（4）.

[5] 介绍新著[N]. 浙江潮，1903-09-11.

[6] 《中国历史》广告[N]. 中外日报，1907-05-06.

及开化史例，分编章项节，版权页出版时间以孔子纪年，而文明（字）所不能尽者，详之以图，图所不能穷者，通之以表。其特彩，博采古今绘画肖像，用极精致铜板镌成，鲜明美丽，能唤起不可思议之兴味，增史界之智识，助脑筋之记忆"[1]。

曾鲲化《中国历史》的一个特点是，突出民族主义，反对中国历史上腐败的封建专制制度，赞扬中国古代敢于刺杀君王的勇士，歌颂中国古代历史上的所谓"共和"，表达对西方资产阶级共和的向往，赞美战国时期百家争鸣的言论自由。他认为要建设新社会必先破坏旧社会，总结中国历史上爱国精神和团结精神对国家的重要意义，对现实的祖国满怀民族自豪感和爱国主义思想。他在《中国历史出世辞》中充满信心地指出："二十世纪中国历史之特色，必有百千倍于十九世纪之西洋反动时代与活动时代……《中国历史》出世，谨祝我伟大中国灿烂庄严之文明国旗出世于今日，谨祝我中国四万万爱国同胞出世于今日，谨祝我四万万爱国国民所希望理想之自由、所馨香祷祝之独立出世于今日！"[2]

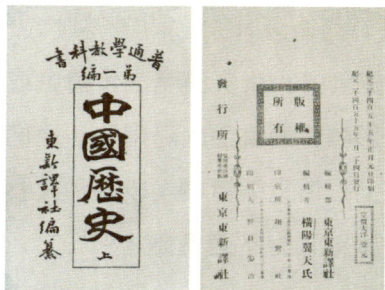

图1-23　《中国历史》，横阳翼天氏编，东新译社

### （二）文明书局的历史教科书

从严格意义上讲，最早、最系统的历史教科书应该出自文明书局。

文明书局是清末教科书出版大户，特别是在1904年现代学制颁布之前的教科书出版方面，其取得显著的成就。1906年4月，在清学部第一次审定通过的初等小学教科书46种102册中，文明书局有19种33册，仅次于商务印书馆，而且其出版了小学阶段唯一通过审定的历史教科书——《蒙学中国历史教科书》。

清末，在民营出版业的教科书出版尚未全面兴起之时，文明书局率先涉足这一领域，标举"蒙学大旗"和"文明大旗"，其出版的教科书范围涵盖了从蒙学、初小、高小到中学堂等各级学堂用书。从1902年开始，文明书局出版了"高等小学教科书"系列，有国文、中国历史、西洋历史、地理、游戏法、博物、卫生等。1903年开始，文明书局开始出版"蒙学科学全书"系列。同年，文明书局出版中学（中等）教科书，有国文读本、西洋史、东洋史、生理卫生、伦理学、修身、矿物学、数学、算术、地理、化学、日本文法、物理学、植物学、中国历史、地文等。此外，文明书局于1902年开始出版"普通教科书"系列，有新智识读本、商业教科问答、博物学、西洋历史、生

---

[1] 介绍新著[J]. 游学译编，1903（6）.

[2] 俞旦初. 二十世纪初年中国的新史学思潮初考：续[J]. 史学史研究，1982（4）：74-75.

理卫生、体操学等。1904年开始出版中学用"最新教科书"系列，有动物学、地质学、化学、植物学、伦理学、初等生理卫生等。1910年文明书局以"国民教育社"之名出版了高等小学用"新体教科书"系列，有修身书、国文读本、中国历史、中外地理等[1]。

文明书局的教科书有效结合了教学实践和学童学习兴趣，注重质量，在内容上和形式上都体现出新式教科书的学科特征，在当时的教科书市场上独树一帜，产生了广泛的社会影响，也在中国近现代教科书发展历史上占有重要地位。

《蒙学中国历史教科书》，丁宝书著，文明书局于1902年出版。从目前留存的实物看，该书是第一本国人自编的以"教科书"命名的历史教科书。如前文所述，以前的历史教科书基本上属于历史教材，没有以"教科书"命名，1902年出现了以"教科书"命名的历史教科书，但那是翻译本。《蒙学中国历史教科书》采用章节体编写，全书共2册，分为7篇。在"编辑大意"里，作者写道：

> 顾近岁以来，各学堂多借东邦编述之本……若《东洋史要》，以充本国历史科之数。夫以彼人之口吻，述吾国之历史，于彼我之间，抑扬不免失当。吾率取其书用之，勿论程级之不审，而客观认作主位，令吾国民遂不兴其历史之观念，忘其祖国所自来，可惧孰甚。窃不自量，编成此册，以我国人述我国事，如以孙子述父祖之德行。凡予族姓，庶闻而兴起，念厥先缔造之不易，而以护恤保存，为人人应尽之义务乎！[2]

这部历史教科书有黑白插图46幅，还有历史地图、中国历史大事年表等。该书体现了进化论思想，"历史者，叙过去进化之现象，为未来进化之引线，非仅纪三千年之事实已也"[3]。内容上也体现进步性。梁启超曾在他的新史学代表作《中国史叙论》（1901）中说："德国哲学家埃猛坦济氏曰：人间之发达凡有五种相。一曰智力（理学及智识之进步皆归此门），二曰产业，三曰美术（凡高等技术之进步皆归此门），四曰宗教，五曰政治。凡作史读史者，于此五端，忽一不可焉。中国史以一书而备具此五德者，固渺不可见。即专详一端者，亦几无之。"[4]丁宝书响应梁启超的号召，在《蒙学中国历史教科书》中采纳了埃氏的分类，如书中将孔子和儒学、老庄、宋明诸子等归入"智力门"，将齐管仲发展鱼盐商贸、南北朝商业工艺之进步归于"产业门"等。《蒙学中国历史教科书》还表现出比较突出的民族主义立场。该书要求"以我国人述我国事"，"以进文化改良社会为主"。全书大彰爱国主义，"识古来并合之由，以起近今衰亡之痛，长学识，雪国耻"，"以卫种族，张国威为主"，"力捍外侮者必称道勿衰，以壮我幼年之气"[5]。

清末的本国史教科书中，已开始使用公元纪年。丁宝书的这本《蒙学中国历史教科书》是比较早采用公元纪年法的一本。该书末附有中国历史大事年表，以中历、公历对照的方式，将公元前

[1] 石鸥，吴小鸥.中国近现代教科书史：上册[M].长沙：湖南教育出版社，2012：95.

[2] 丁宝书.蒙学中国历史教科书[M].上海：文明书局，1902：编辑大意.

[3] 同[2].

[4] 梁启超.饮冰室合集：第1册：文集之六[M].北京：中华书局，1989：1-2.

[5] 文明书局编辑蒙学中外历史教科书约旨[N].大公报，1903-10-19.

551年（周灵王二十一年）孔子诞生到公元1899年（清光绪二十五年）俄英法向清政府租借旅顺大连湾、威海卫、广州湾期间的历史大事，按年列出。如此列法，打破了中国传统的帝王纪年和干支纪年对于历史的某种阻断，使从古至今两千余年的中国历史进程一目了然。

如果说章节体体现一种历史编写体例往现代的转变，那么丁宝书的《蒙学中国历史教科书》可视为现代最早的中国人自编历史教科书之一，具有开创意义。

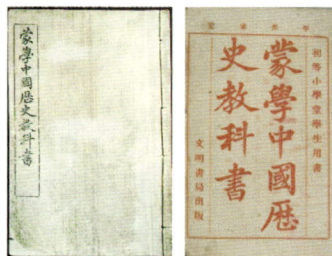

图1-24　《蒙学中国历史教科书》，丁宝书著，文明书局

说《蒙学中国历史教科书》是最早的现代教科书之一，还因为它已经分学科、按学段系统编写，与现代学制及现代课程相适应。文明书局的这套教科书还包括东洋和西洋历史，包括蒙学与高等小学段的教科书等。

《蒙学西洋历史教科书》，秦瑞玠编，1903年8月初版，分上下两册，该书也称《蒙学外国历史教科书西洋之部》。1906年12月即出到第12版，此书受欢迎程度由此可见一斑。作者秦瑞玠，江苏无锡人，早年留学日本法政大学，他不仅编写了《蒙学西洋历史教科书》《蒙学东洋历史教科书》，文明书局的《高等小学西洋历史教科书》《高等小学东洋历史教科书》等也都是他编写的。《蒙学西洋历史教科书》共分九章，其中第二章到第四章为希腊、罗马史：第二章"希腊隆盛时代"，第三章"罗马勃兴时代"，第四章"罗马东西分裂时代、罗马外寇及东迁、耶稣教兴盛"。

《蒙学西洋历史教科书》采用章节体编写，作者在"编辑大意"中介绍说：

> 西国寻常小学有本国历史而无外国历史，先后详略，次第宜然也。惟我中国自古一统，几不复知有世界列国，故宜极早开通，特次于中史编列外史一种，略述彼邦强盛之由，西方东侵之渐，俾童而习之，稍知外事，庶免一隅自封之习。[1]

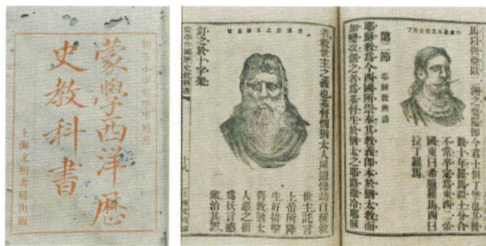

图1-25　《蒙学西洋历史教科书》，秦瑞玠编，文明书局

《蒙学东洋历史教科书》，秦瑞玠编，1903年12月初版，全一册，采用章节体编写。虽为"蒙学"，但从目录来看，该书内容已够得上中学水平。而且，该书除了写东洋史，还编入了印度史、波斯史、日本史、东南亚各国历史等部分，编写范围要比其他东洋史教科书更广泛。作者在该书的

---

[1] 秦瑞玠. 蒙学西洋历史教科书[M]. 上海：文明书局，1903：编辑大意.

"编辑大意"中说：

> 国于亚洲之土者，中国而外，开化之早，莫如印度，立国之久，莫如日本，印度宗教盛行，日本文化骤进，于历史上俱有特异之点，欧人东略，五印度亡，而安南缅甸继之。日本独以蕞尔岛国，能振作自强，与世界第一等国为颉颃，其间源流情势及废兴存亡之机，殊不容忽也，故于本国历史外，复辑为是编，名曰外国历史东洋之部。[1]

该书1904年10月就出到第4版，到1905年12月已出到第8版。

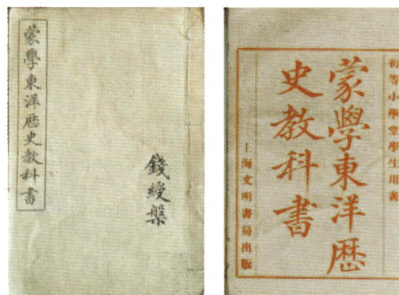

图1-26　《蒙学东洋历史教科书》，秦瑞玠编，文明书局

　　《高等小学中国历史教科书》。除了蒙学教科书系列外，文明书局还组织出版了一套高等小学教科书，含中外历史，《高等小学中国历史教科书》就是其中之一。该书原是南洋公学附属小学的课本，由该校教员陈懋治编写，文明书局1904年初版。随着20世纪初新史学的兴起，人们对历史学的关注重心由王朝而转向国家，由"精英"而转向民众；所述的内容亦由政治、经济扩展至文化、宗教等项。清末高等小学历史教科书之编撰也凸显这种倾向[2]。《高等小学中国历史教科书》叙述儒家之学，"其学以仁义为道之大本，以礼乐为教，戒骄谄放纵，以躬行实践为旨"；道家之学，"其学贵虚无，尚无为自然，斥仁义礼乐"；名家之学，"以循名责实，为治国之要"[3]。该书比较关注民族问题、对外关系乃至历史上的种族问题。如谈到了大月氏"初为匈奴所逐，迁于今伊利之地，复被逐于乌孙，乃走大夏，夺其地，建大月氏国"，又谈到"朝鲜半岛之南端，古为马韩、辰韩、弁韩所据"，"三韩自古与日本交通往来，及武帝攻略朝鲜，遂与三韩交通，又因而通日本"[4]。在当时，爱国精神也成为教科书的重要追求。在介绍中国海岸线时，该书指出："现世为海权争长之期，故世界列国衡其文明之程度，恒以海岸线为比较。我国之海岸线，延长不逾九千里，视面积为短，自东北迄于东南，凡港湾形胜之地，或竟被占领，或托言租借，或开为万国之公地，十有八九入欧西各国势力范围中。"[5]揭露了西方殖民者侵略中国的真相，激发爱国热情。

　　《高等小学国史教科书》。该书分上下两册，上册含上古篇、中古篇和近古篇之一部分，下册含近古篇后半部分。编者为张肇桐，由文明书局于1903年初版。该教科书以"发育爱国精神"为宗

[1] 秦瑞玠. 蒙学东洋历史教科书[M]. 上海：文明书局，1904：编辑大意.
[2] 杨齐福. 咸与维新：清末高等小学历史教科书编撰述论[J]. 教育史研究，2017（3）：85.
[3] 陈懋治. 高等小学中国历史教科书：第2编[M]. 上海：文明书局，1904：17-18.
[4] 陈懋治. 高等小学中国历史教科书：第3编[M]. 上海：文明书局，1904：24-25.
[5] 陈懋治. 高等小学中国历史教科书：第1编[M]. 上海：文明书局，1904：5.

旨，注重激发爱国之心，上自邃古下迄近今，网罗四千载事迹，既简且明，秩序井然。尤其对近世国权之得失，详加叙述"务令儿童有所感发"，以唤醒儿童之爱国心。

图1-27　《高等小学中国历史教科书》，陈懋治编，文明书局

图1-28　《高等小学国史教科书》，张肇桐编，文明书局

《高等小学西洋历史教科书》。该书分上下两册，秦瑞玠编，由文明书局于1903年9月初版，1904年6月再版，1906年1月出到第6版。

图1-29　《高等小学西洋历史教科书》，秦瑞玠编，文明书局

《高等小学国史教科书》（2册），由汪承镛编著，廉泉删订，吴启孙校阅，文明书局1904年1月初版。作者汪承镛是江苏如东人，贡生，历任山东济南和登州知府、青州和兖州同知等；校订者廉泉，江苏无锡人，早年就读于江阴南菁书院，曾任户部郎中，参与戊戌变法，后创办文明书局；吴启孙，吴汝纶之子，曾留学日本。

图1-30　《高等小学国史教科书》（2册，附历代沿革地图），汪承镛编著，廉泉删订，吴启孙校阅，文明书局

《中学中国历史教科书》。该书共3册，大约13万字，章节体编写，分成4编，67章，134节，被认为是章氏大学通史著作《中国大历史》的缩减版[1]。由史学家章嵚编写，1908年初版。该书贯彻新史学精神，完整叙述了从远古时期到清末君主立宪运动时期的历史，既注重政治史的书写，又强调对文明史的着墨。在历史分期上，章嵚将历史分为四个时段，包括：一、远代史，自邃古讫于周末；二、中代史，自嬴秦讫于唐末；三、近代史，自五季讫于明末；四、今代史，自天命讫于今日。此书具有浓厚的民族主义色彩，在历史叙事上体现进化论思想，在下册"近代史概论及五代总说"一节中作者指出："故自唐以降，为外族优势时代，明之致治，下于汉唐，能御外者，仅有成祖，优胜劣败，是固然矣。"《中学中国历史教科书》因为民权思想突出，被认为是清末民初书写"民史"的代表，民国时期有学者认为，章嵚著作特色"犹有足述者，即其历史观念即由其'君史'的立场进而至于'民史'的立场，这在我国史学史上，可谓是个大的过渡"[2]。作者注重发现历史背后的因果关系，认为历史是进化的历史，否定循环史观和倒退史观。该书在1912年由文明书局重新修订出版。

章嵚（1879—1931），字厥生，史学家，浙江杭州人。光绪二十五年（1899）举人，不久辞官赴日本东京帝国大学学习，辛亥革命前回国，于浙江安定高等师范学院讲授历史学和文化史。应北京地学会会长张相文邀请，于1914—1915年担任北京《地学杂志》主编，后出任北京大学、北京师范大学教授，1924年南下任东南大学、浙江大学等教授。著《中国文化史》《中华通史》《中国历史教科书》等。

章嵚"于学术无所不窥，尤对史学攻研不懈"[3]，尤其是到中华书局后，他与汪楷、丁锡华、潘武等人合作编写了大量中国历史教科书。

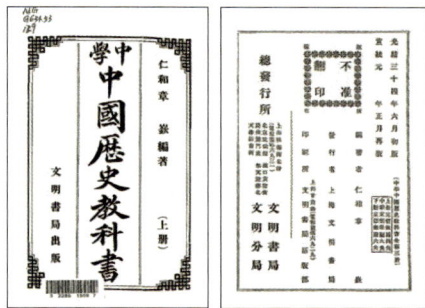

图1-31　《中学中国历史教科书》，章嵚编著，文明书局

文明书局出版的历史教科书基本不分年级，只分学段，不能很好地适应新学制颁布实施以后分年级教授的要求，有些也与新学制的课程不一致，故而这些书出版和再版多集中在1902—1906年。清末壬寅癸卯学制的颁布施行，使文明书局的教科书失去了扩大市场份额的有利时机，而抓住这次时机并迅速崛起的是商务印书馆。

[1] 陶晓芳.章嵚与《中学中国历史教科书》[J].中学历史教学，2017（10）：48.
[2] 吴景贤.近代中国历史研究法与通史之检视[J].教与学，1935（4）.
[3] 李玉安，黄正雨.中国藏书家通典[M].香港：中国国际文化出版社，2005：841.

### （三）商务印书馆的历史教科书

成立于1897年的商务印书馆，历经沧桑、默默耕耘，他们的编撰出版队伍学识渊博，视野开阔，编撰人员不是开办过新式学堂或任教于新式学堂，就是曾大量编译过西学书籍，而且许多人都有出国留学背景。这些志同道合者走到一起，为了倡导他们所热爱的新式教育，筚路蓝缕，煞费苦心，成就了辅助教育的新事业，开创了中国教科书出版史上众多"第一"。商务印书馆在近代教科书发展进程中的领先与权威地位也由此奠定，它所出版的一些新式教科书，包括历史教科书，在中国教科书历史上甚至整个教育史上具有不可磨灭的价值[1]。

《中国历史教科书》分为上下2册，共5卷，由商务印书馆于1903年首次出版。该书没有采取章节体体例，而是采取以朝代为叙事单元的做法，从太古时期的三皇五帝说起，一直写到义和团运动，这一体例可以跟夏曾佑的《最新中国历史教科书》进行比较。从序言看，该书应该由张元济亲自编写[2]。张元济在序言中表达了他对当时历史教材的独到观点：

> 今全省皆设学堂矣，一切规制，取法泰西学科课程，虽有损益，然大致无甚差异。盖教育公理固不能背驰矣。泰西普通学科，首重舆地历史，以吾所见，英美历史课本不下数十种，有本国史，有本洲史，有列国史，有世界史，详略深浅，各殊其用，盖处今日物竞炽烈之世，欲求自存，不鉴于古，则无以进于文明，不观于人，则无由自知其不足。虽在髫龄，不可不以此植其基也。其于本国独详，即使其自知有我，以养其爱国保重之精神，而非欲仅明于盛衰存亡之故矣。吾辈胜衣就傅，识字数月，即取所谓"十三经"者读之，但求背诵，不尚讲解，且在童稚之年，即兴讲解，亦不克领悟也。读十三经未竟，为之师者见其稍知字义，又责学为八股试帖诸物，未尝以他书授也。吾独忆十三四岁时，心界、眼界无一非三代以上景象，视世间事相去不知几千万里，偶得《纲鉴易知录》读之，乃知战国之后，尚有所谓曰秦、曰汉。曰三国、曰晋、曰南北朝、曰隋、曰唐、曰五代、曰宋、曰元、曰明乃至于我大清者，继又购得《御批通鉴辑揽》《资治通鉴》《二十四史》诸书，顾皆卷帙繁重，不能卒读，固由姿禀浅薄，抑亦其书之宜于浏览而不宜于教科也。近《钦定学堂章程》由大学以至于小学、蒙学，无不有史学一门，而大学堂复有编纂课本之议，盖亦知以上诸史之不宜于教科矣。编纂新本，迄未颁行，商务印书馆主人辑为是编，以应急需。综阅始末，条例秩然，颇与同年脑力相合，用为课本，可使稍知古今大事。虽不能尽得读史之意训，而致之要不难。如吾所云：吾方恨少时无书可读，则生于今日者，宜如何自幸而发愤致力于是书也。
>
> 光绪二十九年五月，涉园主人序[3]

[1] 石鸥，吴小鸥. 中国近现代教科书史：上册[M]. 长沙：湖南教育出版社，2012：111.

[2] 柳和城. 张元济与商务印书馆教科书[J]. 济南大学学报（社会科学版），2012（6）：24.

[3] 张元济. 中国历史教科书：上[M]. 上海：商务印书馆，1903：序言.

图1-32　《中国历史教科书》，张元济编，商务印书馆

### （四）早期自编历史教科书的意义

清末的一些自编历史教科书，在历史学的发展中扮演了重要角色。除了公元纪年的使用、章节体的引入外，还带来了现代意义上的历史分期、历史观的革新等。

清末的许多历史教科书在体裁上打破了旧有史学形式，大多采用综合叙述的章节体。章节体的采用，很大程度上是出于学校历史教育的需要，因中国史学固有体裁不便于新式教育，更不便于表达编写者的历史观念，就像汪荣宝所言："纪传之属，详于状个人，而疏于谈群治；编年之作，便于检日月，而难于寻始终。要之事实散漫，略无系统，可以为史料，不可以为历史。[1]"而西方传入的章节体可谓既综合又单一，相较于传统体裁，既适用于新式教育，又能表达历史教科书编者"谈群治""寻始终"的理想。对于历史观的构建和表达，此种既综合又单一、便于"寻始终"的体裁，当然是最方便的。

历史分期是西方现代历史学的产物，史家通过划分历史时段来认识历史进程，加深对历史的理解。清末不少历史教科书开始关注明确的历史分期，将中国历史划分为若干个时段，用"上古""中古""近古""近世"等词来表述。如夏曾佑的《中国历史教科书》、陈庆年的《中国历史教科书》都将中国史分为上古、中古、近古三个阶段。横阳翼天氏（即曾鲲化）的《中国历史》将中国史划分为太古、上古、中古、近古、近世、前世、现世七个阶段；姚祖义的《最新中国历史教科书》将中国史分为上古、中古两个阶段。历史阶段的划分，表面上是时间的划分，实际蕴含着从古至今的历史发展观。这些时段划分在上古史方面大体一致，除个别教材外，基本都将秦统一之前的历史作为上古史。对于中古史和近古史，有的教科书将秦到明末皆视为中古史，有的以唐宋之际或五代之时为界，分为两期，将秦到唐宋之际或五代的历史视为中古史，将唐宋之际或五代到明末的历史视为近古史（也有将宋到清末的历史都称为近古史的），对于清代历史，有的教科书将其归入近世史，有的将其划入"最近代史"。之所以要有历史分期，横阳翼天氏明确指出："中国历史旧例，只区朝代而无时代之分，此蔽读史者之智识、塞读史者之感情之大端也。今综览古今世运之大势、民族之盛衰、社会之变动，分为诸时代，使读史者面目一新。"[2]夏曾佑则详细阐发了分

[1] 汪荣宝. 中国历史教科书[M]. 上海：商务印书馆，1909：绪论.
[2] 横阳翼天氏. 中国历史：中卷[M]. 东京：东新译社，1904.

中国历史为上古、中古、近古三大时期以及三大时期内部还要具体划分时段的缘由，强调以每个时期的时代特点及演化为基本依托，特别强调"世运"的变化。也就是说，历史时期的划分，是依据由古至今的历史发展进程和不同时段的特点而定，注重的是时序演进中的发展与变化，通过历史分期表现历史演进，实际隐含着如何看待历史演进的史观问题，与现代历史观的精神大体一致。

同时也要看到，进化史观几乎成了当时历史教科书共同遵循的观念，它们普遍遵循从野蛮到文明、从落后到进步发展的进化史观。不论是官修教科书的编者，还是民间教科书的编者，不论是趋于保守的，还是趋于维新、革命的，大多受进化观念的影响，且在历史教科书的编撰中有所体现。丁宝书在他的教科书的"编辑大意"中提道："历史者，叙过去进化之现象，为未来进化之引线，非仅纪三千年之事实已也。"其编著的《蒙学中国历史教科书》即依此理念行事。汪荣宝认为："历史之要义，在于钩稽人类之陈迹，以发见其进化之次第，务令首尾相贯，因果毕呈。晚近历史之得渐成为科学者，其道由此。"他编纂的《中国历史教科书·本朝史》就是贯穿自身主张之作[1]。刘师培在他的《中国历史教科书》的"凡例"中表明，要将"社会进化之阶级"作为要点，认为"今所编各课，于征引中国典籍外，复参考西籍，兼及宗教、社会之书，庶人群进化之理，可以稍明"。当时商务印书馆的历史教科书广告都以"进化"宣示自己的价值。如对吕瑞廷、赵澄璧的《新体中国历史》加以介绍的广告词说："是编体例，仿东西洋历史最新之式，夹叙夹议，断制谨严。每卷末详举制度、学术、宗教、风俗、技艺、产业诸门，以见文明进化之序。"

清末历史教科书还普遍具有很强的目的论色彩[2]。前已言及，《奏定学堂章程》对历史"要义"的规定，已明显含有塑造"国民"的用意，与民族国家叙事的历史目的论相接近。实际上，这一时期的历史教科书中，不仅非常重视塑造"国民"，而且鉴于当时内忧外患的形势，对民族主义的倡导也不遗余力。如夏曾佑把自己对国家民族前途的关怀融进所编教科书中，指出"智莫大于知来，来所以能知，据往事以为推而已矣"。即学习历史的目的，是"据往事而知未来"，认为当时"人事将变"，欲知前途之夷险，不能不亟于读史。正是依据这样的宗旨和目的，其《中国历史教科书》才重在记载"民智"进化的过程，突出"国民"在中国历史上的地位，揭示历史发展不同阶段国民的文化状况。实际是在国家濒于危亡境地之时，欲通过历史教育，激发国人的国民意识和爱国心。较之夏曾佑教科书的相对隐晦，有的教科书则直截了当提及民族主义目标。如丁宝书《蒙学中国历史教科书》在"编辑大意"中说，该书要"识古来并合之由，以起近今丧亡之痛，长学识，雪国耻"，"以卫种族、张国威为主，凡遇有卫我同种、力捍外侮者，必称道勿衰，以壮我幼年之气"。横阳翼天氏在阐发其编写《中国历史》的缘由时提道："今欲振发国民精神，则必先破坏有史以来之万种腐败范围，别树光华雄美之新历史旗帜，以为我国民族主义之先锋。"[3]这样

[1] 汪荣宝. 中国历史教科书[M]. 上海：商务印书馆，1909.

[2] 李帆. 清季的历史教科书与线性历史观的构建[J]. 吉林大学社会科学学报，2015（2）：110.

[3] 横阳翼天氏. 中国历史[M]. 东京：东新译社，1904：2.

的表达，充分显示出历史教科书不同于一般史学著作，历史目的论和教育功能是其必有的追求。当然，也须指出，尽管教科书都强调历史书写的目的是塑造国民、培养爱国心和达成民族主义，突出的是民族国家叙事的历史目的论，但官方教科书主要塑造的是有"忠君卫道"之心的"爱国""国民"，而持革命或维新改良立场者所编撰的历史教科书，则或是依托于推翻清朝统治、建立近代民族国家的政治理念，或是依托于在既有体制下实现开明政治以救国的理想，其所要塑造的"国民"和所培养的"爱国心"自然与官方教科书有所不同。

早期自编历史教科书和历史读物、历史学术著作还没有严格的区分，边界不明显，既是学堂用书，也是社会上的历史读物。历史教科书作为教科书，要素并不完整，在如何利于教、利于学上没有特别设计，所以这一阶段的历史教科书还不是严格意义上的教科书。

## 二、清末新学制的颁布

进入20世纪，面临统治危机的清政府不得不采取一系列改革措施，这些措施基本是在中体西用思想的指导下进行的。在教育改革中，具有划时代意义的莫过于壬寅学制（《钦定学堂章程》1902）和癸卯学制（《奏定学堂章程》，1904）的制定及颁布实施。壬寅—癸卯学制被称为中国历史上第一个具有现代意义的学制，它明确了清政府办教育的宗旨，规定了各项学校制度和安排，其中包含了具体课程的设置，以及教科书的各项规定。

根据《奏定初等小学堂章程》（1904），初等小学共5年，都开设历史课。第一年历史（讲乡土之大端故事及本地古先名人之事实）每星期1钟点，第二年历史（同前学年）每星期1钟点，第三年历史（讲历朝年代国号及圣主贤君之大事）每星期1钟点，第四年历史（同前学年）每星期1钟点，第五年历史（讲本朝开国大略及列圣仁政）每星期1钟点。

根据《奏定高等小学堂章程》（1904），高等小学共4年，也都开设了历史课。第一年中国历史（中国历史之大要）每星期2钟点，第二年中国历史（续前半年）每星期2钟点，第三年中国历史（续前半年）每星期2钟点，第四年中国历史（补中国历史前三年所未及讲授者）每星期2钟点。

编写教科书的目的与依据无非"依学制，定宗旨"，其中的宗旨是指"忠君、尊孔、尚公、尚实、尚武"的教育宗旨。宗旨在学制中也有所体现。在历史教学方面，如《奏定初等小学堂章程》所明确的，"其要义在略举古来圣主贤君重大美善之事，俾知中国文化所由来及本朝列圣德政，以养国民忠爱之本源"[1]。《奏定高等小学堂章程》则规定：历史教学"其要义在陈述黄帝尧舜以来历朝治乱兴衰大略，俾知古今世界之变迁，邻国日多，新器日广；尤宜多讲本朝仁政，俾知列圣德

---

[1] 奏定初等小学堂章程[G]//璩鑫圭，唐良炎. 中国近代教育史资料汇编：学制演变. 上海：上海教育出版社，2007：368.

泽之深厚，以养成国民自强之志气，忠爱之性情"[1]。《奏定中学堂章程》规定："先讲中国史，当专举历代帝王之大事，陈述本朝列圣之善政德泽，暨中国百年以内之大事；次则讲古今忠良贤哲之事迹，以及学术、技艺之隆替，武备之弛张，政治之沿革，农、工、商业之进境，风俗之变迁等事。"[2]据《奏定中学堂章程》中的各学科程度及每星期教授时刻表，第一年（中国史）每星期3钟点，第二年（中国史及亚洲各国史）每星期2钟点，第三年（中国本朝史及亚洲各国史）每星期2钟点，第四年（东西洋各国史）每星期2钟点，第五年（同前学年）每星期2钟点。说明当时历史课是比较受重视的。1909年，学部颁布《学部奏变通中学堂课程分为文科、实科折》，实行文实分科，文实分科类似今天的文理分科，分科的结果是文科历史每星期授课时间上升到3个钟点，而实科下降到每星期1个钟点。[3]

1904年第一个学制规定教育宗旨必须在所有教科书中体现，历史教科书就更为突出，还明确要求了历史科的基本时间，规定了历史科的教学进度、顺序，提供了教学方法的建议。如《奏定初等小学堂章程》在教授顺序上规定："尤当先讲乡土历史，采本境内乡贤名宦流寓诸名人之事迹，令人敬仰慕，增长志气者为之解说，以动其希贤慕善之心。"小学阶段以教授中国史为主，中学堂要先讲中国史，次讲亚洲各国史，后讲欧洲、美洲史，而且外国部分内容要"详于近代而略于远代；五十年以内之事尤宜加详，说近世事者十之九，说古事者十之一"[4]。小学历史注意直观教学，"历史宜悬历代帝王统系图一幅于壁上，则不劳详说而自能记忆"[5]。中学则更加强调对历史的思考认识，"凡教历史者，注意在发明实事之关系，辨文化之由来，使得省悟强弱兴亡之故"[6]。可见当时的清政府教育行政当局并非完全的思想迂腐和抱残守缺，官方对新的教育观念和教学方法已经有所接受和认同。

《奏定学堂章程》中对历史课程"要义"的规定，实际起着"课程标准"的作用，也是编写历史教科书所应遵循的基本规范。而当时民间的教科书编写空前活跃，对"章程"的遵循程度不一。总的来说，民间历史教科书在一定程度上满足了来源不同、形式各异的各级各类学堂的教学需求，但由于编写者水平参差不齐、眼光有限，缺乏必要的标准和统一，以至于教科书虽多，但科目、形式、体例五花八门，整体质量水平并不高。而且在清政府当局看来，教科书有可能成为"异端邪说"流行的媒介，为政权稳固起见，因此有必要采取措施对其加以干预和管理，清末教科书的审定

[1] 奏定高等小学堂章程[G]//壔鑫圭，唐良炎. 中国近代教育史资料汇编：学制演变. 上海：上海教育出版社，2007：310.

[2] 奏定中学堂章程[G]//课程教材研究所. 20世纪中国中小学课程标准·教学大纲汇编：历史卷. 北京：人民教育出版社，2001：7.

[3] 朱有瓛. 中国近代学制史料：第2辑：上[M]. 上海：华东师范大学出版社，1987：393-400.

[4] 同[2].

[5] 同[2]5.

[6] 同[2].

制度便应运而生。

清末的教科书审定制历经京师大学堂（1902—1904）、总理学务大臣负责的总理学务处（1904—1905）、学部（1905—1910）三个教育行政机构。京师大学堂最早行使教科用书审定职能，并在光绪二十九年（1903）颁布《暂定各学堂应用书目》，其中包含了中外史学等16科教科书，供各学堂参考使用。其中中外历史学科有：《史鉴节要便读》《读史镜古编》《普通新历史》《世界近世史》《西洋史要》《东洋史要》《节本泰西新史揽要》《欧罗巴通史》《亚美利加洲通史》《东洋历史地图》《历史地理沿革图》《历代舆地沿革险要图》等[1]。学部在1906年公布了第一次审定通过的暂用书目。然而，学部第一次审定小学阶段用书中仅仅通过一本历史教科书，即初等小学阶段文明书局的《蒙学中国历史教科书》（2册），而高等小学历史教科书在书目中仍"暂从缺如"。为此，学部在《学部第一次审定高等小学暂用书目凡例》中特别说明道："奏定学堂章程高等小学科目有中国历史，此次审定各图书惟中国历史一科尚无适宜之本，故暂从缺如，俟选有佳构再以本部官报公布之。"[2]由此可见当时小学阶段中国历史教科书的缺乏。

## 三、国定与官编历史教科书

1904年学制颁布后，全国范围的各级各类学校雨后春笋般涌现，迫切需要设立相应的政府机构来管理这一庞大的学校体系。1905年清政府学部设立，这是当时清朝政府最高教育行政管理机构。学部高度重视教科书的作用："教科书为教育之利器。现在立宪政体既已确立，所有普通之知识，世界之大势，国民应尽之义务，各项教科书中，皆应发挥宗旨，指陈大义，以资讲授。"[3]清政府对教科书采取审定制，允许民间编写教科书的同时，着手官方机构编写各级教科书，这可以称得上我国最早的国定本教科书。1906年6月，学部设立编译图书局，编译图书局的任务是研究编写"统一国之用"的各种教材，既译书，又编书，且有专门下属部门负责统一规范教科书的名词术语。编译图书局还设有研究所，研究各科教科书编写问题，可谓集管理、出版、编译和研究于一身。

编译图书局定有章程九条。按照这一章程，编译图书局的工作运行主要遵循如下准则：

一、编译教科书，初等小学最先，高等小学次之，中学与初级师范又次之。

二、编纂教科书，宜恪遵忠君、尊孔、尚公、尚武、尚实之宗旨，以实行国民教育。所编之书务使程度相宜，教育进步。

三、凡编一种教科书，兼编教授书。

四、凡编一本，预先须议定年限钟点。

[1] 京师大学堂. 京师大学堂暂定各学堂应用书目[M]. 湖广督署，1903.
[2] 学部第一次审定高等小学暂用书目凡例[G]//李桂林，戚名琇，钱曼倩. 中国近代教育史资料汇编：普通教育. 上海：上海教育出版社，1995：43.
[3] 陈学恂. 中国近代教育史教学参考资料：上册[M]. 北京：人民教育出版社，1987：766.

五、编辑、绘图、庶务、印刷互相协作，以迄集事，力戒各顾其私。

六、译书先择英、日二国书籍，余俟聘定妥员再行翻译。

七、成书之后，由学部审定科审定，再通行各省学堂，提倡学堂提意见。

八、各科说明书编成后，一面本局自行编纂，一面由本部悬赏募集编纂，以补本局之不逮。[1]

1907年春季，中国第一册由国家主管部门编写的国定教科书《初小国文教科书》出版，随后学部编译图书局又推出《修身教科书》第一册。这是我国最高管理机构编撰统一的现代教科书的开端。1907年秋季，又出版了第二册。至1909年，初等小学各科课本已全部颁行。1910年，高等小学教科书全部颁行，包括高等小学历史教科书4册。

这套教科书在形式上非常强调学部的权威性和各科形式的统一性，并能考虑儿童的心理发展水平。教科书封面无图，标题竖排于一长方形框内。为强调学部的权威性，每册教科书的扉页都印有竖排书写体大字"学部第一次编纂×等小学××教科书"字样，反面有"××年××月学部图书局印行"字样。在版权页上，无教科书广告，但上方醒目处盖有"学部编译图书局"印章，在版权页之前，有专门的一页印有一孩童手捧"学部编译图书局"印章图，颇显官气。每册课本都编有教授法，教授法规定每课体例为"要旨""教材""教法""备考"四项，其中"要旨"标明一小时教授之宗旨，以备教者提示之用，"教材"即抄录教科书各课原文，以省教者翻阅之劳，"教法"详示教授之次序及法则，分预备、教授、练习及应用三段。"备考"专备教员参考之用，但不必每课皆有，遇课中有须特别注意之事，及讲授有未尽之处，则增入之[2]。

除了学部编译图书局编写教科书外，其他一些地方官书局和学务处也一定程度上参与了教科书的编写和翻译工作，比如直隶官书局编写、袁世凯作序的《中国历史教科书》（1906），上海南洋官书局王国贞编写的《初等小学中国历史教科书》（2册，1907），以及南洋官书局出版的"最新教科书系列"，该系列中包含《最新中等中国历史教科书》（祝震，1906）、《最新中等美国历史教科书》（译订本，1905）、《最新中等英国历史教科书》（译订本、1905）以及《最新中等西洋历史教科书》（4册，祝震编纂，胡宗楙校阅，1906）。据宣统元年（1909）学部颁布的《编辑书目》，官编历史教科书有倪惟俊编的《高等小学历史教科书》、徐潞编的《中学历史教科书》等。

《高等小学历史教科书》，学部编译图书局编纂。1906年6月，学部成立编译图书局，主持全国教科书编辑工作，并编译、编写各类教科书和教授书。本书属于我国第一次付诸实践的官方国定教科书计划，因为是官方编写，此书遵循1906年清学部"忠君、尊孔、尚公、尚实、尚武"的教育宗旨。本套书"编写凡例"如下：

全书都为四册，每册分六十课，作教授一年之用。

---

[1] 据《学部官报》1908年10月5日至10月25日刊载的《学部编译图书局备览》。

[2] 学部编译图书局. 初等小学珠算教科书：第1册[M]. 学部编译图书局，1909：凡例.

编辑大略自一册至三册为历朝史，第四册略述国朝掌故，俾读者略知近世事实。

是书谨遵奏定章程所定宗旨，俾读者有所遵循，借以鉴古今而资感发，凡教授者亦宜本此为讲导，遇成败得失之故，当推勘详言，不可徒演事实而略意义。

是书各课中间有限于篇幅，其事迹未及详叙者，教员讲授时应备《御批通鉴辑揽》、《资治通鉴》、历朝正史各书，以资参考。

是书为教科之用，叙事属词，义取详慎，其有是非雅训涉怪诞者，概从删削。[1]

为了解决教材紧缺的问题和扩大影响，学部允许各地翻印编译图书局编写的教科书。这套《高等小学历史教科书》也被各地翻印出版。

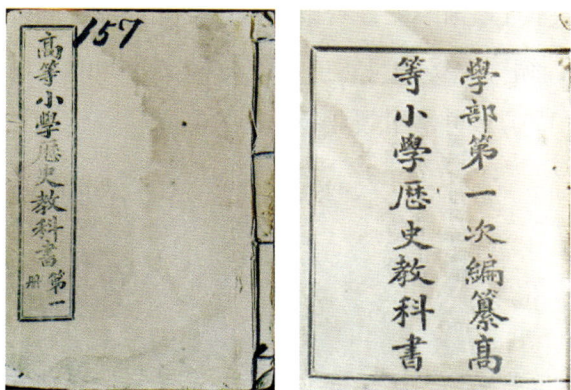

图1-33　《高等小学历史教科书》（第一册），学部编译图书局编纂，奉天图书印刷所遵印

从市场占有量上看，学部编写的国定历史教科书仅占晚清历史教科书市场的一小部分，这主要由于国定教科书本身的质量问题，以及民间教科书出版机构的力量。对学部编译图书局的编纂人员来说，编辑新式教科书事属首创，此前并没有过这方面的经验，又受制太多，特别是时局动荡，编写教科书的知识分子和其他知识分子一样矛盾彷徨，在这种情况下，他们虽然难能可贵地编辑成了这些教科书，但其质量显然不如商务印书馆的最新教科书。由于编译图书局所编纂的国定教科书无论是数量抑或质量都存在着诸多严重问题，其"分配之荒谬、程度之参差，大为教育界所诟病"[2]，甫一颁布，批评之声就不绝于耳；加之利益所在，牵涉各家民间书局，发行伊始即遭社会舆论的广泛抨击，以致清政府以部编教科书作为国定本推行全国中小学堂的设想迟迟未能实现，远没有占领全国市场。但直至覆亡，清廷始终未放弃中小学教科书国定化的努力，竭力维护清政府的统治[3]。

除了学部的国定教科书外，其他一些地方的官府也组织编写了包括历史教科书在内的一些教科书。比如南洋官书局就编写了好几种教科书。但总体上，质量都不如一些民间比较优秀的教科书，市场反响不热烈，学校使用率也不高。

[1] 学部编译图书局. 高等小学历史教科书：第1册[M]. 奉天图书印刷所，1911：凡例.

[2] 李桂林，戚名琇，钱曼倩. 中国近代教育史资料汇编：普通教育[G]. 上海：上海教育出版社，2007：200-201.

[3] 石鸥，吴小鸥. 中国近现代教科书史：上册[M]. 长沙：湖南教育出版社，2012：111.

图1-34　《最新中等西洋历史教科书》《初等小学中国历史教科书》，南洋官书局出版

当时学校使用的历史教科书，真正的主力还是来自民间出版机构。在巨大的市场激励下，商务印书馆、文明书局、会文学社和中国图书公司等现代商业出版机构涌现并逐渐发展壮大。这些出版机构不仅引介翻译了大量的日本、欧美的历史教科书，而且逐渐改变经营策略，由翻译他者走向自主编写，并组织和培养了一大批优秀的教材编写人员，编写了多种畅销的历史教科书。1904年以后，在学制颁布实施和新式学堂大范围兴办的背景下，中国教科书出版业的重心实际上稳稳地落在民间出版机构身上，特别是落在商务印书馆身上。

## 四、学制颁布后历史教科书概况

"19世纪末至20世纪初，卷入自编教科书潮流的不仅有各地各级学堂，还有商务印书馆、文澜书局、文明书局等民间出版机构，个人编辑者更是难以数计。"[1]尤其是1904年学制颁布后，这些书坊敏锐地察觉到教科书的需求构成了一个巨大的市场，于是纷纷编纂出版新式教科书，既满足了新式学校的需要，也实现了自身发展的最初资本积累。它们为我国新式教育的发展特别是教科书发展做出了重要贡献。

### （一）商务印书馆的历史教科书

清末的商务印书馆翻译和出版了大量的教科书和教授书，在当时的出版界独占鳌头。当时在中国教科书编写历史上具有标志性意义的夏曾佑的《最新中学中国历史教科书》（1904），实际上是一套名为"最新教科书"丛书的一种，该套教科书在中国教科书现代化进程中具有里程碑式的意义。

商务印书馆的掌舵者们认识到学制的颁布将会给教科书市场带来巨大影响，教科书编写要紧随国家教育制度尤其是学制的变革，于是中国第一套现代意义的教科书——"最新教科书"系列丛书应运而生。"最新教科书"为适应清末学制而编，初小、高小和中学的历史教科书在1904—1906年全部出齐，及时满足了现代学制的学堂教学需要。主要包括：《最新中国历史教科书》（初等小学，2册，姚祖义编，1904）、《最新中国历史教科书》（高等小学，4册，姚祖义编，1904）、《最新高等小学东洋历史教科书》（2册，1906）、《最新高等小学西洋历史教科书》（2册，

---

[1] 教科书之发刊概况[M]//中华民国教育部. 第一次中国教育年鉴：戊编 教育杂录. 上海：开明书店，1934：116.

1906）、《最新中学教科书·东洋历史》、《最新中学教科书·西洋历史》（商务印书馆编译所编辑，1905）、《最新中学教科书·中国历史》（4册，夏曾佑编，1904）等。

在形式方面，"最新教科书"系列教科书课文均采用浅近的文言文，有简单标点符号，配以图画；在体例方面，其有封面、扉页、编辑大意、目次、课文、版权页及广告几个部分。小学教科书的封面简单，书名文字竖排，左边为书名，右边有适用的学段和册数，下方有"商务印书馆"字样，文字为楷体。如该书经学部审定，则"学部审定"字样位于上方（横排）。中学教科书的封面多用篆体。各科每册扉页正面为汉字，背面全部为英文，具体有书名、册数、商务印书馆印刷等内容。"最新教科书"另编教授法（即教师用书），各种教授法基本采取三段教学法，即预备或复习、教授新课、练习[1]。

"最新教科书"可谓开我国现代教科书之先河。现代意义的教科书应该满足如下条件：第一，有明确的现代学制，根据学制依学年、学期而编写使用；第二，有与之配套专供教师使用的教授书（教授法、教学法）等教学参考书，教授书内容要包括分课教学建议，每课的教学时间建议等；第三，依据国家教学计划（课程方案）规定的课程门类（比如历史、数学等）分门别类地分级编写出版和使用。[2]诚如蒋维乔在《编辑小学教科书之回忆》一文中所说，"教科书之形式内容，渐臻完备者，当推商务印书馆之"最新教科书"。此非作者身与其役，竟敢以此自夸，乃客观之事实可以证明：一、此书既出，其他书局之儿童读本，即渐渐不复流行。二、在白话教科书未提倡之前，凡各书局所编之教科书及学部国定之教科书，大率皆模仿此书之体裁"。《最新初小国文教科书》一经出版便势不可当，发行后几日内便被抢购一空，"未及数月，行销10余万册"[3]。可谓横空出世，独步神州，既取代了其他教科书，又成为后世教科书模仿的对象。

"最新教科书"系列中的历史教科书也扮演了不可替代的角色。

《最新中国历史教科书》（初等小学和高等小学）由姚祖义[4]编写，姚编历史课本还没有历史分期，体例上采用的是课时体。《最新中国历史教科书》（初等小学）分2册，每册2卷，共4卷。

他在《最新中国历史教科书》（初等小学）的"编辑大意"中说道：

是书专备初等小学第四第五两年教授之用。

全书共分四卷，每卷四十课，每一星期教授两课，每半年适毕一卷。

是书措词（辞）属事，务求浅显，以期儿童易于领会。

考古原以知今，当今中外交通，尤宜习知世事，是编特略古详今，凡有关现今大势者，益注意采入，借资诱掖。

幼童读书但期略知大概，故各课多限定字数，自一百余字起至二百字为率，以期适合程

---

[1] 石鸥. 开现代教科书之先河的《最新教科书》[J]. 湖南师范大学教育科学学报，2008（3）：28.

[2] 石鸥. 最不该忽视的研究：关于教科书研究的几点思考[J].湖南师范大学教育科学学报，2007（5）：5.

[3] 王建军. 中国近代教科书发展研究[M]. 广州：广东教育出版社，1996：111.

[4] 姚祖义，字石樵，浙江临安五柳人，光绪二十八年（1902）举人，留学日本，历任奉天学务科长、句容县知县和高邮县知事，曾任教于上海澄衷学堂。

度，惟简略之中必多挂漏，识者谅之。

是书原不附印图画，近自第四版起，据冯云鹏《金石索》、顾沅《古圣贤像传略》《吴郡明贤像》、杨文会《释迦坐像》《南陵无双谱》、英国裕尔《马可波罗游记》、日本小川银次郎《西洋史要》《东洋史》等书，摘绘数幅，借助儿童兴味，似与凭空臆造者稍有区别。

史学与地理极相关系，是编特附简明沿革地图一册，专载课中所有地名、教员于讲授时，务须随时指出，俾学生得按图索骥，益臻明了。

历代各图，皆用朱线划定界限，古地名亦概用朱字，借醒眉目，至一朝疆界，得失靡定，前后互异，悉就其盛时记之，以免分歧之弊。

教授儿童与寻常研究史学不同，故别撰教授法一册以为教员讲解之助。[1]

《最新中国历史教科书》（高等小学）于1904年初版。这部书共240课，约10万字，上起太古，下迄当代，对历朝盛衰之故，因革之端，举其大纲，无所遗漏。而于清朝入关以来，以迄两宫回銮，文事武功，外交内政，尤能纲举目张，有条不紊。文辞雅训，体例精当，又附历代图表，尤便检查。《最新中国历史教科书》（高等小学）全书分为4卷，每卷1册，合4册供高小4年使用，每卷60课，尚没有应用现代标点符号。编者注意控制课本内容字数和知识难度，使用浅显的文言文进行历史叙述。每课限定字数在100~200字，"以期适合程度"[2]，并说明程度上要比初小历史"稍今雅深"，"然仍力求显豁，使学生易于领解"[3]。该书大小字结合（大字为基本文，小字为补充文），并且使用了大量的人物插图、世系图、朝代表历史图片和表格，后面加附沿革地图一册。高等小学历史教科书带有浓厚的民族主义、爱国主义色彩。如它在描述中法战争时写道，法军"闯入镇南关，提督冯子材、王德榜等奋击之，法人败，我军乘胜追至谅山"[4]，讴歌了反侵略的爱国主义精神。《最新中国历史教科书》（高等小学）出版后比较畅销，截至1910年，已经再版发行了22次。但总体上这两种历史教科书内容都艰深难懂，在内容表述方面也不太准确，而且既没有课前提要，也没有课后习题，不利于教与学。

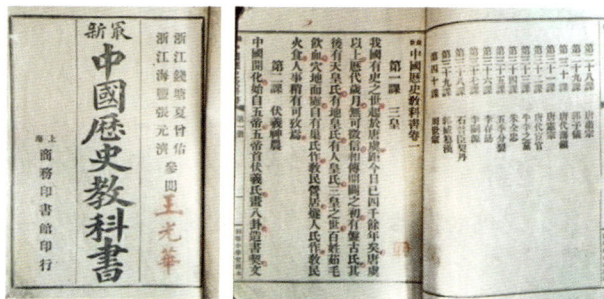

1—35

图1—35 《最新中国历史教科书》（初等小学），姚祖义编，夏曾佑、张元济参阅，上海商务印书馆

[1] 姚祖义. 最新初等小学中国历史教科书：卷1[M]. 上海：商务印书馆，1909：编辑大意.

[2] 同[1].

[3] 同[1].

[4] 姚祖义. 最新高等小学中国历史教科书：第4册[M]. 上海：商务印书馆，1904：48.

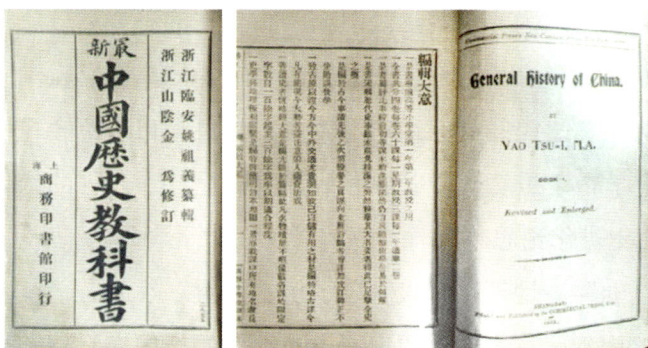

图1-36 《最新中国历史教科书》（高等小学），姚祖义编，金为修订，上海商务印书馆

　　高等小学段的《最新东洋历史教科书》采用课时体体例编写，大小字结合，图文并茂，堪称善本。实际上，在清政府颁布的《奏定高等小学堂章程》中只有对中国史的学习要求，并没有对东洋史学习的要求，编写此书不知是何原因。该书分2卷，每卷40课。编者只在"编辑大意"中说："此编名为东洋史者，所以别乎本国史而言也。各国事实亦极繁杂，为小学计划举其要，使知大略而已。"[1]主要内容是亚洲各主要国家的历史，但内容比较新，于1906年初版的教科书，内含1904—1905年的日俄战争内容。《最新西洋历史教科书》（高等小学）也存在同样的问题。

图1-37 《最新东洋历史教科书》（高等小学，第一册），上海商务印书馆

　　《最新中学教科书·中国历史》共3册，夏曾佑编，1904年出版。夏曾佑（1863—1924），自号别士，浙江余杭人。晚清进士，曾授礼部主事，曾赴日本考察，民国时任教育部社会司司长。1897年，夏曾佑曾与严复等人在天津办《国闻报》，宣传西学。他受商务印书馆之邀编写《最新中学教科书·中国历史》，1904年出版第一册，1906年又出版第二、第三册，全书本计划出版五册，不知是何原因剩下两册没有完成。1933年商务印书馆重新出版此书，改名为《中国古代史》，列入"大学丛书"。1955年，三联书店又将该书重新刊印。

　　夏曾佑编的《最新中学教科书·中国历史》是运用进化论和因果律分析中国历史的最有影响的历史教科书之一。此书出版后一直被史学界所推崇，后被商务印书馆列入"大学丛书"再版。这部书之所以受到史学界和出版界的高度重视，同夏曾佑比较娴熟地运用进化论，高度概括中国历史的总趋势，系统地划分中国历史的发展阶段密不可分。夏曾佑首先从宏观的角度分析了中国古代历史

[1] 最新东洋历史教科书：高等小学[M]. 上海：商务印书馆，1906：编辑大意.

第二节　清末新式教育与近现代历史教科书发展

的发展情况，认为"中国五千年之历史，以战国为古今之大界"，这是对中国古代史的总体划分。为了更加清楚地分析中国历史的发展情况，他又结合达尔文生物进化论和当时考古学的成就，将中国历史分为三个大的时期："自草昧以至周末，为上古之世；自秦至唐，为中古之世；自宋至今，为近古之世。"[1]这种三段式的划分按今天的历史学看，虽然显得简单、线性而缺乏科学合理的依据，但这种发展演化、不断进步的历史观体现了历史进化论思想。

夏曾佑的历史教科书开头几节就涉及"史学之要""地理""人种""历史源流"等内容，这些内容都是在新形势下史学研究的新课题。因此，要叙述过去封建史家所没有接触的新内容、新问题，在编纂方法上不摆脱旧的编年体、纪传体是不行的。夏曾佑将西方输入的章节体运用到自己的教科书中，按篇、章、节叙述。他编的历史教科书也是我国历史教科书中最早的章节体本之一。

在编写体例上，这套书初步采用了章节体的编写方式，相比传统历史书籍简约易读，能更好地适应新式学堂的教学需要。章节体这种表述方式能使学生对历史产生一种动态的前后贯通的连续感和演进感。"这种新式历史书写形式的出现不仅是编纂学意义上的进步，而且也反映了史学观念的革新。"[2]作者在该书《叙》中也说："是必有一书焉，文简于古人，而理富于往籍，其足以供社会之需乎。今兹此编，即本是指。"[3]不过在大的时代分期下，该书还是有纪事本末体的痕迹，章节体还不是很成熟。另外，在书的内容上不再专讲帝王历史，而是兼顾政治、军事等各方面。该书还配有历代沿革地图、历史插图和历代年表等教学辅助材料，便于教和学。

《最新中学教科书·中国历史》不像传统历史书那样采用纪事的大杂烩的记叙方式，而是特别注重历史与现状之间的因果关系，认为凡是社会现实无不具有历史的原因。在教科书的"叙"中，他说："运会所遭，人事将变。目前所食之果，非一一于古人证其因，即无以知前途之险夷。"[4]第二册《读本期历史之要旨》又说："至于今日，天下之人，环而相见，各挟持其固有之文化，以相为上下。其为胜为负，岂尽今人之责哉，各食其古人之报而已矣。"

《最新中学教科书·中国历史》甫一问世，便反响强烈且获得高度评价。严复称赞这部书是"旷世之作"，梁启超称赞作者"对中国历史有崭新的见解，尤其是古代史"[5]。有人读夏曾佑的《最新中学教科书·中国历史》，认为"使人有心开目朗之感"，"上下千古，了然在目"[6]。周予同高度评价了夏书对新史学的贡献："接受今文学的启示，编写普通历史教本，使转变期的新史学普及于一般青年的，是夏曾佑。"[7]对夏书也有一些负面评价，章太炎认为夏书"发明的只有宗

[1] 夏曾佑.最新中学教科书·中国历史：第1册[M].上海：商务印书馆，1904：叙.

[2] 李孝迁.新旧之争：晚清中国历史教科书[J].东南学术，2007（4）：154.

[3] 同[1].

[4] 同[1].

[5] 付祥喜，陈淑婷.粤派评论丛书：大家文存：梁启超集[M].广州：广东人民出版社，2018：117.

[6] 曹靖国.中国近代新史学[M].长春：吉林大学出版社，1992：301.

[7] 周予同.五十年来中国之新史学[M]//朱维铮.周予同经学史学论文选集.上海：上海人民出版社，1983：530.

教最多，其余略略讲一点学术，至于典章制度，全然不说，地理也不分明，是他的大缺陷。但近来的教科书，这样也算好了"[1]。周容说："这部书的内容，完全是纂录二十四史加以编制而成。"[2] 钱穆说，该书全篇收入顾栋高的《春秋大事表》、司马迁的《十二诸侯年表》《六国表》，而此三表均多谬处，夏氏对之全无校正，"直钞三表，聊充篇幅，最为无味"[3]。不管怎样，《最新中学教科书·中国历史》是我国最早自主编写的现代历史教科书之一，而且该书能够销售半个多世纪而不衰，足见此书的水平和影响力。

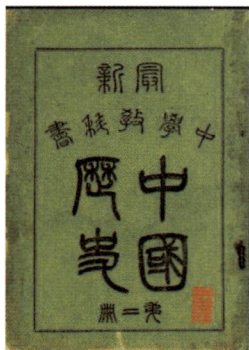

图1-38　《最新中学教科书·中国历史》（第二册），夏曾佑编，商务印书馆

　　除了自己组织编写的历史教科书外，商务印书馆还把学制颁布前翻译的一些历史教科书重新改编，纳入"最新教科书"系列，以适应学制需求和新式学堂教学需要，特别是中学阶段的教科书。如《最新中学教科书·西洋历史地图》，小川银次郎编，1904年10月初版，该书印制精美，是少有的硬皮精装本。

图1-39　《最新中学教科书·西洋历史地图》，小川银次郎编，张元济校订，商务印书馆

　　除了"最新教科书"系列，商务印书馆还出版了若干种中小学历史教科书，有《简易历史课本》（富光年编，1906）、《普通新历史》（1906）、《简明中国历史教科书》（初等小学，上下册，蒋维乔编，1908）、《中学中国历史读本》（2册，吴曾祺编，赵玉森重订，1909）。

　　蒋维乔的《简明中国历史教科书》（初等小学）共80课，取材适当，文句简明，注重我国文学、风俗、农工商等之进化，名人、风俗、艺术等，插图搜罗颇富。

[1] 璩鑫圭，童富勇. 中国近代教育史资料汇编：教育思想[G]. 上海：上海教育出版社，2007：654.

[2] 周容. 中国近代史学[M]//李孝迁. 中国现代史学评论. 上海：上海古籍出版社，2016：19.

[3] 韩复智. 钱穆先生学术年谱[M]. 北京：中央编译出版社，2012：528.

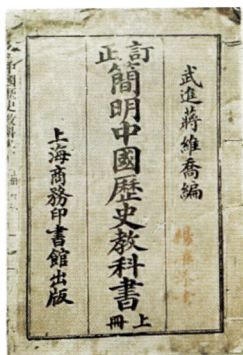

1—40

图1-40　《简明中国历史教科书》（初等小学，上册），蒋维乔编，上海商务印书馆

在新学制颁布（1903）到辛亥革命之前，商务印书馆还组织编写、编译和出版了不少新式教科书。如1906年出版的一套简易教科书，包括简易修身、简易国文、简易历史等，专门给家贫不能正常上学、中途曾经辍学的简易学堂、半日学堂、夜学堂学童学习使用。半日学堂是清末推行以识字为主的普通教育的一种机构。1904年始设，专招失学儿童及贫寒子弟，半日学习，半日谋生，每日授课3小时。不论年龄，不收学费。至1909年，全国共有半日学堂975所，学生有25 545人[1]。

《简易历史课本》由富光年编，内容上启上古传说时代，下至清光绪末年，也以课时体编写，共60课，每课一百余字。该书文字简练通俗，于历代兴亡、种族兴衰、政治学术演变、文化宗教等皆略具面貌。该书初版于1906年5月，1个月后即再版。

《简易历史课本》作者在"编辑大意"中说：

> 是书专为寒素子弟不能受尽完全教育者而设，故自伏羲氏起，迄庚子议和止，悉缩聚于一册，网罗删订，颇费苦心。
>
> 是书共六十课，每两点钟授一课，每星期授三课，定半年毕业。
>
> 是书词语虽极简略，然历代之兴亡，种族之盛衰，政学之隆替，宗教之变迁，靡不备载。
>
> 是书前四十课，课历代，后二十课，课本朝，庶半年毕业后，亦可略识全书纲领。[2]

该书附有伊尹、孔子、班超、谢安、司马光、朱熹、元世祖、王守仁以及利玛窦、汤若望等图十四幅。

1—41

图1-41　《简易历史课本》，富光年编，上海商务印书馆

[1] 齐高岱，赵世平. 成人教育大辞典[M]. 东营：石油大学出版社，2000：360.

[2] 富光年. 简易历史课本[M]. 上海：商务印书馆，1906：编辑大意.

吴曾祺的《中国历史读本》（高等小学用，2册）于1909年初版，这前后还出版了吴曾祺的《中学中国历史读本》（2册）。

吴曾祺（1852—1929），福建侯官（今福州）人，历任平和、泰宁等县学教谕、漳州中学堂监督、全闽师范学堂教务长。清末入商务印书馆编译所，协助张元济、高梦旦创办"涵芬楼"图书馆（后扩充为东方图书馆）。

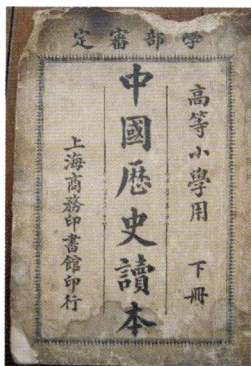

1-42

图1-42　《中国历史读本》（高等小学用，下册），吴曾祺编，上海商务印书馆

在中学历史教科书方面，商务印书馆出版的中学历史教科书还有以下几个版本。

《新体中国历史》，吕瑞庭、赵澂璧编著，1907年初版。该书按照卷—编—章—节的体例编写，编写形式基本属于章节体，但体例上稍显复杂。该书在"叙论"中指出："历史者，研究人类进化、社会发达、文明进步之学也。凡道德智慧之进化，农工商业之发达，治术学术之进步，皆属历史之范围。"[1]它体现出"新史观"，强调历史不是停滞的，研究历史不仅要记述人间过去之事实，还要阐明事实之关系，并指引现在以及未来的社会。该书在每一编前几章主讲朝代兴衰隆替，最后的一章，专门设置制度、学术、宗教、技艺和产业几个小节来讲这一朝代的其他历史内容。时评该书"是编体例，仿东西洋历史最新之式，夹叙夹议，断制谨严"[2]。该书是一部从上古到清代记载完整的历史教科书，有着明确的历史分期，不再仅以朝代来断限。全书分六卷：卷一，太古史、三代史；卷二，秦汉三国史；卷三，两晋南北朝史；卷四，隋唐五代史；卷五，宋元史；卷六，明清史。每卷之末详举制度、学术、风俗、技艺、产业诸门，以见文明进化之序。正因为这样，该书在当时很受欢迎，1907年由商务印书馆初版，1912年赵澂璧重新修订，从清末到民国都在使用，至1921年统计，已出到第27版。

1-43

图1-43　《新体中国历史》，吕瑞庭、赵澂璧编，上海商务印书馆

[1] 吕瑞庭，赵澂璧.新体中国历史[M].上海：商务印书馆，1907：叙论.
[2] 陈庆年.中国历史教科书[M].上海：商务印书馆，1909：广告页.

《中国历史教科书》，陈庆年编，商务印书馆1909年初版。该书是陈庆年在两湖文高等学堂讲授国史时，依照桑原骘藏的《东洋史要》改编补正而成，刚成书，就被友人索去，在浙东一带广为传抄。目前发现的最早版本是癸卯版，即1903年版，共6册，武昌两湖文高等学堂出版。封面题名《中国历史》，作者自序中题名《中国历史教科书》。该书后来经商务印书馆出版，有清学部审定版和民国教育部审定版。1913年商务印书馆请原南洋公学教习赵玉森重新修订，增补清代史事，列为近世史，合成一部完整通史。该书后多次重订再版。

陈庆年（1862—1929），我国近代史学家、教育改革家和国家图书馆事业创建者，江苏丹徒人，终身从事文化教育事业，先后在江苏、湖南、湖北讲学近40年。曾任湖南高等学堂监督，并建成长沙图书馆，后协助缪荃孙创办南京图书馆。

陈庆年的《中国历史教科书》以资产阶级历史进化论为指导，认为中国的历史发展不是孤立的，它是与外部世界相互联系的，历史发展的本身存在因果关系。作者认为今天的史家，对中国国内事情或许有所了解，但对于世界大势可能懵然无知；对前代历史或许有所了解，但对当代史可能懵然无知，"其与世界之思想无所鉴观，而多所障距。一遇事变，不为狂举以凶于而国，则坐视天下瓦解以去，为括囊之腐儒"[1]。所以，注重中西交通史与当代史是其编写《中国历史教科书》的特色。书中运用进化论观点，把中国历史分为四个时代：一是由太古至秦统一的上古期，"此时代汉族势力日渐增进，与塞外诸族时有竞争，故名之曰汉族增势之时代"；二是由秦统一至唐亡的中古期，凡千百年间，由于"汉族在秦汉时代实凌压塞外诸族，虽五胡十六国之际，尚能与之颉颃，及隋唐之际又大拓版图，故名之曰汉族盛势时代"；三是自五代至明的近古期，此时代"汉族势微，塞外诸族次第得势"，尤其是"蒙古势力极盛，其于世界命运一切事变，彼等盖居其主位者也，故名之曰蒙古族最盛时代"；四是自清朝建立后的三百年的近世期，因欧洲势力东侵，"故名之曰西力东渐时代"[2]。

图1-44　《中国历史教科书》（6卷），陈庆年编，商务印书馆1903年版

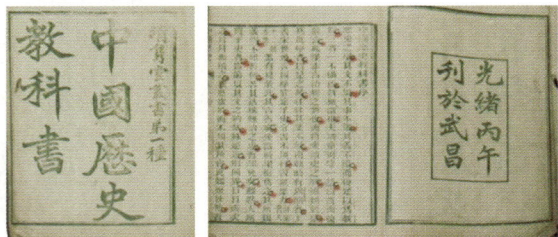

图1-45　《中国历史教科书》，陈庆年编，商务印书馆1906年版

[1] 陈庆年. 中国历史教科书[M]. 上海：商务印书馆，1911：序.
[2] 陈庆年. 中国历史教科书[M]. 上海：商务印书馆，1913：4.

图1-46　《增订中国历史教科书》（下册），陈庆年编，赵玉森增订，上海商务印书馆

　　《西洋历史教科书》，傅岳棻编，庄俞校订，1906年初版。《西洋历史教科书》的原本是《西史课程》，《西史课程》由山西大学堂教员傅岳棻编译，共3册，由山西大学堂1906年出版，1909年再由商务印书馆以《西洋历史教科书》为名出版。此书被学部审定通过，并被给予较高评价："杂采诸书，抉择精当，编次亦多合法度。泰西史家最重批评，编中案断多俊伟自憙之论，足以开浚学生智识，于中外交通，考证详确，尤为各本所无。"[1]

　　傅岳棻（1878—1951），湖北省武昌区（江夏县）人，清光绪举人，张之洞门生。曾任山西大学堂教务长及代理监督，京师学部总务司司长，普通司司长，教育部次长；后任北京大学、北京师范大学等高校教授。傅岳棻教授长期从事外国历史、国文课的教学和研究工作。

图1-47　《西洋历史教科书》（中学校用），傅岳棻编，庄俞校订，上海商务印书馆

　　《中国历史教科书·本朝史》由汪荣宝受邀讲学于京师大学堂译学馆，授课时自编的讲义补充修订而成，原名《本朝史讲义》（又称《清史讲义》），讲义稿经张元济校订成《中国历史教科书·本朝史》，由商务印书馆出版。

　　汪荣宝（1878—1933），字衮甫，出身于苏州官宦世家，我国著名的外交家、法学家，中国第一部宪法的主要起草人。早年就学于南菁书院、南洋公学，后留学于日本早稻田大学和庆应义塾。

　　汪荣宝才华横溢，既是晚清著名诗人，又是清末民初著名外交家，而且是新史学的拥护者。早年留日期间，汪就曾与留日学生组织国学社，编辑中小学各科教材[2]，在庆应义塾学习期间，他专攻东西洋历史，并于1902年发表代表其新史学观点的《史学概论》[3]。《中国历史教科书·本朝史》从明末讲起，纵贯清朝。汪荣宝《中国历史教科书·本朝史》可能是第一部详细叙述"第二次

[1] 审定书目：书目提要[N]. 学部官报，1908-06-19.
[2] 吴洪成. 中国学校教材史[M]. 重庆：西南师范大学出版社，1998：231.
[3] 赵林凤. 汪荣宝评传[M]. 南京：南京大学出版社，2012：364.

鸦片战争"的教科书[1]。在第三编第二十五章"英法同盟军之入寇"中，他不仅用近7200字的篇幅勾勒了战争的全过程，而且把对战争原因的分析追溯至 1856年之前的中英关系，在行文中通过"广州绅民之排外"和"叶名琛之外交政策"两小节展开。

该书以章叙说，章下面却没有节的形式划分，所以不是完整意义上的章节体。但该书内容上秉承新史学观点，批评旧史"详于状个人，而疏于谈群治"，汪在"绪论"中如是说：

> 书契以来至于今日，历史之著述，自官定史鉴，及私家志乘，汗牛充栋，毕世不能举其业。然纪传之属，详于状个人，而疏于谈群治，编年之作，便于检日月，而难于寻始终。要之事实散漫，略无系统，可以为史料，不可以为历史。历史之要义，在于钩稽人类之陈迹，以发见其进化之次第，务令首尾相贯，因果毕呈，晚近历史之得渐成为科学者，其道由此。[2]

在作者看来，传统历史书更多的是写史料，而不是历史，他对新史学、进化论和因果关系的强调都证明了他史学观点的先进。

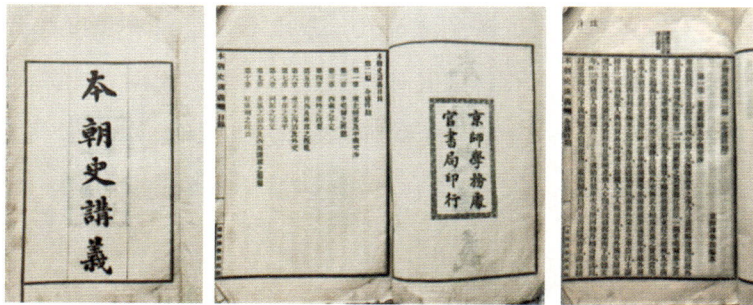

图1—48　《中国历史教科书·本朝史》（原名叫《本朝史讲义》），汪荣宝编，京师官书局印刷，京师译学馆、商务印书馆

另外还有：《中学中国历史读本》（2册，吴曾祺编，1909），该书还有增订版，《（增订）中国历史读本》，吴曾祺编、赵玉森重订，商务印书馆1913年5月4版；《新编中国历史全书》（18册，又名《新编中国历史教科书》，张运礼编辑，熊希龄、袁树勋、彭言孝审定，1909）。

## （二）彪蒙书室和我国最早的白话历史教科书

彪蒙书室由施崇恩于1903年创办于杭州，是我国近代史上最早尝试教科书编写的代表性民营出版机构之一，也是我国最早尝试用白话文书写的出版机构之一。彪蒙书室是一家极具创新精神的教科书编写机构，由它编写出版的教科书在"图"和"文"方面堪称"两绝"：在文字方面，力推白话文，并绘制有大量插图，图文并茂。这种编写的用心之举大大方便了儿童的学习和知识的普及。须知，当时的教科书基本使用艰深晦涩的文言文书写，很不利于儿童的接受和学习。拿中国历史的书写来说，"往往中史浩繁，编纂非易。新辑历史课本类皆文义稍深，初学未能领会"[3]。而彪蒙书室的历史教科书都用白话书写，希望通过较为浅显的白话文，使得儿童可以"略通文义者即可

---

[1] 宋逸炜. 近代历史教科书中的"第二次鸦片战争"[J]. 史学月刊，2019（3）：72.

[2] 汪荣宝. 中国历史教科书：本朝史[M]. 张元济，校订. 上海：商务印书馆，1909：绪论.

[3] 石鸥. 我国最早的白话文教科书：彪蒙书室出版的教科书[J]. 书屋，2008（3）：1.

读"[1]。在配图方面，多用丰富且优美的插图（插图主要分为人物画像、形势图和其他如运河图、长城图等历史性建筑图），大大提高了教科书的可读性和审美体验。

据不完全统计，彪蒙书室历年出版的各种以白话编写的小学教科书不少于75种[2]。其中白话历史教科书和相关读物有10余种，分别是《绘图中国白话史》《绘图外国白话史》《绘图中外豪杰史读本》《绘图中外神童史》《绘图蒙学中国历史实在易》《绘图蒙学外国历史实在易》《初等小学中国历史教科书》《初等小学中国历史教授法》《中外历史分类问答》，以及最早的乡土教科书之一——《杭州乡土历史教科书》等。

《绘图中国白话史》，由戴克敦、钱宗翰合编，共4册。该书分绪言、目录、正文、历代帝王总记、大事年表五部分，结构设计巧妙，采取简易的课时体编写，省去许多纷繁的细节，使主题更为突出。行文简洁，采用白话文，每课又配置插图，适宜蒙童教学。全书共127课，大致按照朝代次序，选取重要的历史事件，每课不超过200字。内容从黄帝、唐虞、夏、殷、周初、周得天下开始，一直写到1905年的"日俄议和"。应该说把最新的历史事件编写进了教科书，也充分体现了略古详今的史学思想，反映了作者对现实的关怀。

受19世纪至20世纪之交新史学思潮的影响，《绘图中国白话史》不只叙述了帝王将相的历史，也注意到了学术思想层面的内容。涉及这方面的内容共计12课（如周的学术、两汉学术和教派、隋唐文学、元代的文学和宗教），使蒙童"俾知中国文化之所由来"。

《绘图中国白话史》最大的特点从书名就可看出，即"绘图"和"白话"。插图可分为三类：（一）人物画像，从黄帝、尧、舜，到孔子、墨子，再到林则徐、曾国藩、李鸿章等；（二）形势图，从春秋形势图、战国形势图，到元末割据图、大清疆域图、中俄交涉图等；（三）其他插图，如长城图、学宫图、运河图、西人东渡图等。插图的选取，编者是煞费苦心的。在人物画像中，不仅有贤君名臣，还有学者文人，不仅有中国的圣人贤儒，还有西方的宗教领袖，古今中外各个时代的英雄伟人，都值得当时的中国人学习，以激发国人的爱国热情。又如"徽钦二帝被掳图""中俄交涉图"，则折射出近代中国"爱国救亡"这一强烈追求。课文标题大量使用助词"的"来取代"之"字，如"汉朝衰败的原因""唐威力所到的地方""明太祖治国的方法"等，都让这种课文语言显得颇具现代白话语言的色彩，使得接受和理解变得不再那么困难。取材上注意选择那些能够弘扬民族气节的史事，如讲到两汉势力的对外扩张时说"这也是我们中国人顶有势耀的时候"。

作为小学历史课本，该书在深浅、取材、用语方面都注意到蒙童的实际情况。行文简洁，采用白话文，图文并茂，诱导学生阅读兴趣，增强学生对历史的直观认识，符合儿童的学习心理。书中出现的专门用语一般都加以解释，如"战国七雄"，解释注明"七雄就是七个强国"；又如"周的学术"，向学生解说所谓"学术"就是"一些学问的事同有学问的人"，便于儿童理解。

[1] 戴克敦，钱宗翰. 绘图中国白话史[M]. 上海：彪蒙书室，1905：广告页.
[2] 彪蒙编译所. 绘图蒙学论说实在易[M]. 上海：彪蒙书室，1909：广告页.

《绘图中国白话史》刊登出版广告说："中史浩繁，编纂非易，新辑历史课本类皆文义稍深，初学未能领会。是书将五千年大事纯用白话演说，略通文义者即可读，此小学之佳本也。"晚清出版的各种历史教科书多数采用文言文或浅近文言文，对于初学儿童来说，阅读理解颇有障碍，不利于新学堂的新式教育。彪蒙书室出版的《绘图中国白话史》及其他白话教科书，是目前所见极有代表性的教科书，在清末教育界并不很多。谭彼岸在《晚清的白话文运动》一文中说："这种进步的启蒙思想，对于晚清白话文运动起了推进作用。"不过，今天来看，该书名并非很恰当，容易引起歧义，改为《绘图白话中国史》也许更合适[1]。

关于编写出版白话教科书，书室主人在1903年就表示："做这种书的人，因为我中国识字的人很少，便想一个容易识字的方法，要使我中国的男男女女大大小小，无一个人不识字，无一个人不知道字的用处，这是做书人的主义。"[2]明确说明了白话之于教育的意义。1905年彪蒙书室就大力推出白话文教科书，而白话文作为文本书写语言被官方正式承认是十多年以后的事情，可见彪蒙书室在教育和教科书编写上的前瞻性眼光。民国后，彪蒙书室考虑其绘图白话系列的畅销，又多次重印或改编，如1920年出版的《中华民国绘图白话历史》。但总体上，彪蒙书室的教科书不是很畅销，已经是现代学制颁布后的教育了，但它编写出版的教科书仍然没有按照学制设置的课程来编写，不系统，不完整，这也注定它的教科书成不了主流。

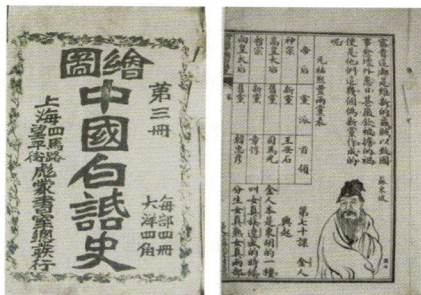

图1—49 《绘图中国白话史》（第三册），彪蒙书室

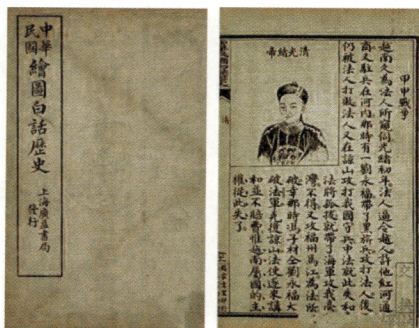

图1—50 《中华民国绘图白话历史》，戴克敦、钱宗翰合编，上海广益书局发行，彪蒙书室出版

## （三）中国图书公司的历史教科书

上海是中国现代教科书出版业最为发达的地区。据统计，1911年5月以前，上海一地加入书业

[1] 石鸥. 百年中国教科书忆[M]. 北京：知识产权出版社，2015：181-183.
[2] 施崇恩. 绘图识字实在易[M]. 上海：彪蒙书室，1903：凡例.

公所的书局、印刷所就有110多家[1]。在清末民营出版业兴起之初，"绝大多数都是以出版教科书为专业的"[2]。上海书业的营业，"在前清末年，大约每年不过四五百万元，商务印书馆约占三分之一，文明书局、中国图书公司、集成图书公司等合占三分之一，其他各家占三分之一"[3]。在这些出版机构中，文明书局、中国图书公司是商务印书馆的直接竞争对手，他们出版的教科书在清末的影响也十分大。

1906年，苏州人席裕福与曾少卿成立了以出版教科书为业务重心的中国图书公司。中国图书公司起步虽晚，但阵势颇为壮观，是"商务的劲敌"[4]。中国图书公司人力资源相当丰富，编译所长是苏州人沈恩孚，在江苏教育界有相当声望，其麾下有一批有能力、学术水平高的教师做编辑，如朱树人、徐傅霖、姚明晖、秦同培等。另外还聘张謇为董事长，张謇是清末状元，与清朝权贵交情颇厚，又是江苏教育会会长，掌握全省教育大权。由此可见中国图书公司实力之雄厚。中国图书公司成立不久，就出版印行了多种教科书。从初小到高小再到师范学堂用书，领域涉及修身、历史、国文、数学、地理和体操等各方面。据《家事课本》广告，到1908年6月，中国图书公司已出版教科用书37种71册，包括《高等小学历史课本》8册（赵钲铎编）、《高等小学历史教授本》1册（赵钲铎编）等[5]。

中国图书公司出版的教科书影响力不如商务印书馆和文明书局，但其门类比较齐全。

《高等小学历史课本》（8册），赵钲铎编，沈恩孚校订，中国图书公司于1907年初版。民国成立后，此书经过重新修订，以《中华民国高等小学历史课本》之名重新出版。从封面可以看出，此书经过江苏省图书审查会审查，列为采定用书。

随着20世纪初新史学的兴起，人们关注的重心由王朝转向国家，由"精英"转向民众，所述的内容亦由政治、经济扩展至文化、宗教等项。清末高等小学历史教科书的编纂也凸显了这种倾向。在赵钲铎编的这套《高等小学历史课本》中，详述了文字之变迁："太古之世，有语言而无文字，至庖氏，作八卦，为我国文字之肇端。黄帝时，史官仓颉复依类象形作蝌蚪文，是为古文。其后形声相益，即谓之字，而六书兴焉。周宣王太史籀作大篆，视古文体稍变，而不失其真。及秦并天下，李斯等复改大篆而为小篆。又因官狱事繁，篆文不便，命程邈作隶书，而古文由此遂微……汉元帝时，史游作急就章，是为章草。至后汉，张芝作草书。又有王次仲者，采隶与章草而作楷书。

[1] 来新夏. 中国近代图书事业史[M]. 上海：上海人民出版社，2000：12.
[2] 李泽彰. 三十五年来中国之出版业：1897—1931[M]//张静庐. 中国近代出版史料：丁编. 上海：上海书店出版社，2003：214.
[3] 陆费逵. 六十年来中国之出版业与印刷业[M]//张静庐. 中国近现代出版史料：补编. 上海：上海书店出版社，2003：279.
[4] 章锡深. 漫谈商务印书馆[M]//中国人民政协会议全国委员会文史资料研究委员会. 文史资料选辑：43辑. 北京：文史资料出版社，1964：69.
[5] 黄端履. 家事课本[M]. 上海：中国图书公司，1908：广告页.

刘德升作行书。"对汉字的演化叙述得相当详细。

　　和清末许多其他历史教科书一样，该教科书也带有浓浓的民族主义色彩。书中提道，黄帝"欲张大华种之势力"，败北狄，战神农，杀蚩尤，尊为天子，都于涿鹿，"是为华种建立大帝国之始"，"酋长政治之部落国家遂进为君主政治之国家"，突出其中华文明创始人之地位[1]。

图1-51　《高等小学历史课本》，赵钲铎编，沈恩孚校订，中国图书公司

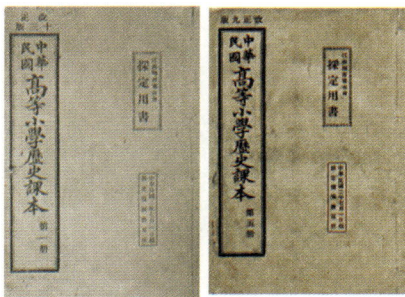

图1-52　《中华民国高等小学历史课本》（第一、第五册），赵钲铎编，沈恩孚校订，中国图书公司

图1-53　《历史教科书·本朝史》，沈恩膏编辑，朱寿朋校订，中国图书公司

　　《历史教科书·本朝史》，沈恩膏编辑，朱寿朋校订，中国图书公司1908年出版。另有《中国历史教科书》，叶维善编，沈彭年、沈恩膏修订，许国英修改，中国图书公司，1913年改正5版。

## （四）新学会社的历史教科书

　　20世纪初，浙江人孙表卿等日益感觉到新政治经济与新学知识传播的重要性，因此想开办一所供应新书的书店，遂创建了新学会社。新学会社最初设在宁波，后来迁至上海，新学会社出版了很多新式教材。

　　孙表卿（1870—1967），名振麒，奉化人。曾任浙江省议员、四明日报社经理、鸿庆轮船公司

---

[1] 赵钲铎. 高等小学历史课本：第2册[M]. 上海：中国图书公司，1908：3-4.

董事长、奉化孤儿院院长、奉化农工银行总经理等。

　　下面是新学会社出版的部分历史教科书：《初等小学国史第一读本》（2册，封面题名《初等小学简明历史教科书》）（苏民编辑，1906）；《小学中国历史教科书》（2册，周世棠编，庄景仲校订，1906）；《第一简明历史启蒙》（胡朝阳编，1908）；《女子历史教本》（江起鹏编，1909）；《东洋历史地图》（周世棠、孙海环编，1905）；等等。

　　《第一简明历史启蒙》，胡朝阳编写，新学会社1908年初版。该书出版后，经过多次订正，到1920年已经有30版。该书采用章节体，课文断句明显，字斟句酌，是文言文教材中的上品，只是该书内容上仍沿袭对清王朝的尊奉，虽处民国共和时代，在历史观上仍因袭传统，没有大的改观。

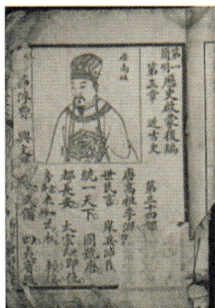

图1-54　《第一简明历史启蒙》，胡朝阳编，新学会社

　　《女子历史教本》，江起鹏编，上海新学会社1909年初版，民国后修订出版。该书分前后两编，专供女子小学历史科教学使用，在内容选择范围上，"于普通历史中兼详女史，凡历代兴亡之大略，与夫女后之有关系，于国家及女子特行之有影响于社会者，皆备著焉"。作者还特别说明普通史与女史混合的原因，在于"盖普通史为人生应有之智识，而女史尤为女子切要之学问，二者混合，一回授之，视修普通再修女史者，用力自为简捷"[1]。该书分为总论、上古、中古、近古、近世共5卷，共94课，每课70~100字，逐渐增加，句子务求浅显，避免冗长，并且附有系谱图、历代地图和人物肖像图，人物肖像图旨在引起学生的学习兴趣。

图1-55《女子历史教本》，江起鹏编，上海新学会社

　　《东洋历史地图》。当时的历史地图教学书籍已经有很多，但大部分是翻译自日本，如前述小川银次郎编写的《东洋历史地图》。该书由周世棠、孙海环编，学部审定，新学会社1905年11月初版，1906年10月再版。孙振麒作序。孙振麒即孙表卿，新学会社社长、创办人，同盟会会员。孙振

[1] 江起鹏. 女子历史教本：前编[M]. 上海：新学会社，1912：编辑大意.

麒作序如下：

历史地理皆卓然为近今一大科学，历史所以综合人类经营运动之成迹，地理所以标志人类经营运动之区划，二者有密切之关系而不可偏废者也。历史之学有历世现世之分，而地理亦如之。现世之地理著各国土地形势、人口、物产，以研究其强弱盛衰之迹，而疆域沿革、国势变迁、人种消长之故，则属之历世地理。网罗数百年之遗迹，而纳之片（篇）幅之中，能使读者了然于当日之情势与夫相互之关键，而情感勃然其不能已，此历史地图之所由尚也。

我国古者，左图右史，二者并重，秦汉以后，国史林立，论者或识其中无统系，而地理之书有说无图，其学几绝。近世李申耆氏研精历史，始制《历代疆域沿革图》，以资查考。其后，杨守敬、饶敦秩二氏有《沿革形式险要图》，又附之以说，灿然较备矣，然皆详于中国本部，而略于外部，有形迹而少意趣，读者憾焉。

…………

诸家之说，间有异同，亦多舛误，未足为我国普通学科之用。予友周石愚孝廉族子海环，明经既在日本编印二十世纪中外大地图百余幅，乃复博采诸家历史图，校讹补缺，仍其旧者什六七，手著者什三四，成东洋历史地图六十四幅以饷学子。

夫研究现世之地理，以定社会之趋向，又历考往古盛衰变迁之迹，以兴发其意气，其较之拘守故纸，举一代之事故以资谈助，而诩诩然自为史学者，得失之效，不显然哉？然则斯图之成谓为历史地理而家之精粹无不可也。[1]

作者在"例言"中介绍道：

本图为中学教科参考用，而辑自古代以迄今世绘图六十有四，凡亚细亚各邦之兴亡，时代之变迁，周不详为弹述，而于民族兴衰之迹尤三致意焉。

各代地名概据正史，复取近译外国地名人名辞典以补之，而新译地名亦取其习熟者，弗尚新奇，以滋阅者之惑。

图中所注年号，概用西历，借便读者记忆，末附东洋大事年表，中外对照，一览了然。[2]

图1-56　　《东洋历史地图》，周世棠、孙海环编，新学会社

[1] 周世棠，孙海环. 东洋历史地图[M]. 上海：新学会社，1905：序言.

[2] 同[1]凡例.

### （五）会文学社的历史教科书

1903年，沈玉林、汤寿潜等创办会文学社，经理陈鉴堂。会文学社亦称会文堂书局，后改为会文堂新记书局，位于上海河南路（今河南中路）325号。会文学社清末以出版新式教科书闻名，特别是其女子教科书，影响很大。会文学社的主体成员是浙江籍留日学生，主要作者有何琪、杜芝庭、寿孝天、寿潜庐等。因蔡元培也是浙江人，和主要创始人汤寿潜有交情，因此会文学社的不少教科书蔡元培也参与了校订或鉴定等工作。如《初等小学本国地理教科书》（何琪编辑、蔡元培鉴定，1905）、《最新官话识字教科书》（16册，寿潜庐编辑，蔡元培、寿孝天参阅，1907）、《初等小学本国历史教科书》（3册，蔡元培鉴定，1905）。会文学社出版的历史教科书还有《最新高等小学中国历史教科书》（杜芝庭编纂、何琪校订，1908）、《高等小学中国历史教科书》（或称《中国历史教科书》）（张家模编，1905）、《初等蒙学中国历史教科书》（上下册，瞿树墉编，1905），还有中学师范学堂用《本国历史教科书》1本等[1]。

《初等蒙学中国历史教科书》（上下册），瞿树墉编，上海会文学社于1905年9月出版第1版，由益智官书社发行。

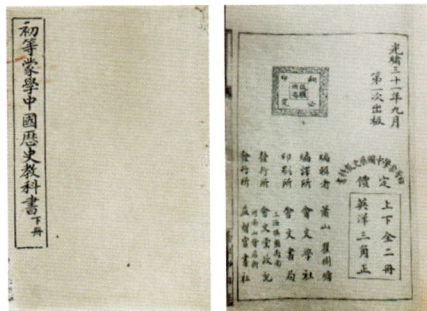

图1-57　《初等蒙学中国历史教科书》（下册），瞿树墉编，会文学社

《最新中国历史教科书》（初等小学，3册），1904年初版。会文学社编译所编纂，杜芝庭、蔡元培校阅，该书图文并茂，每册40课，共计120课。该书还多次订正再版，有1913年重订本《订正初等小学中国历史教科书》，出版社署名"上海会文堂书社"。1916年订正18版，1928年出版了订正第34版。

作者在"例言"中对本书的编写原则、内容、使用方法和教学方法做了说明：

> 历史为小学中最重之一门，凡爱国精神、强种思想，胥由此启发之。现今民国成立，教育更新，于历史上之观念关系尤大。本书分上中下三编，上启太古，下讫今时，凡古今事迹，足以感发爱国强种之观念者，靡不提纲挈领，极力发挥。借端小学之基础，以养成新国民之资格。

> 是书都一百二十课，分为三编，每编四十课，足供初读历史者两年之用。惟童年读史，但期略知大概。故每课字数宜有限止，否则长短不齐。是书逐课增添，自数十字起至百六十字为

---

[1] 何琪. 最新女子初等小学修身教科书：第2册[M]. 上海：会文学社，1911：广告页.

率，从少至多，以期适合程度。

历史上国土分合，列国交通，领地广狭，均非图不明，是书关于此数者，均详绘一图。其中所载地名，概系课中所有，否则尽行删去，以免混淆耳目。并将列朝界限，用虚线划定，教员于讲授时，务须随时指出，俾学者按图索骥，益臻明了。

初授历史时，学生于郭文成帝都尚未深造，是以是编措词属事，务求浅显，不敢稍涉深奥，并遇课中紧要之处，加以密点，俾学者知所注意，不致失于忽略。

前圣仪容，足资观感，是书特集古贤真迹，模绘数幅，以搏（博）儿童兴趣，似与他书之凭空臆造，毫无所据者不同。[1]

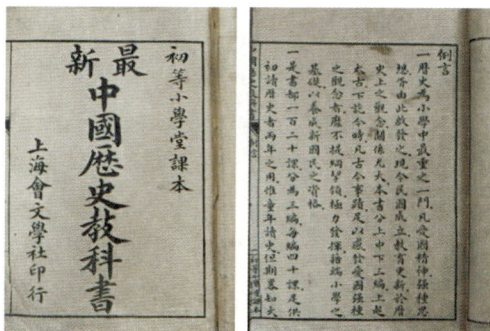

图1-58 《最新中国历史教科书》（初等小学），会文学社编译所编纂，杜芝庭、蔡元培校阅，上海会文学社

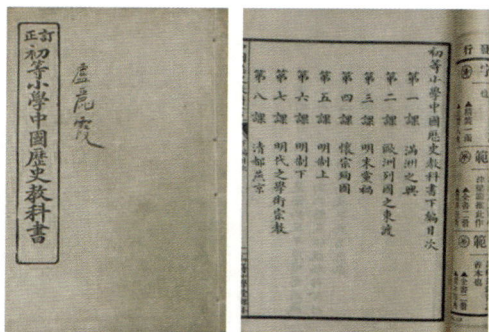

图1-59 《订正初等小学中国历史教科书》（下编），上海会文堂书社

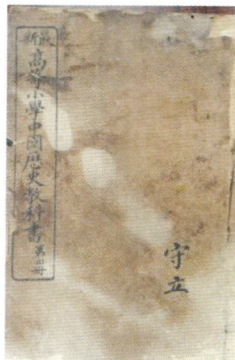

图1-60 《最新高等小学中国历史教科书》（第四册），杜芝庭编，何琪校订，上海会文学社

《最新高等小学中国历史教科书》（4册），杜芝庭编，何琪校订，上海会文学社1908年初版，1909年出到第3版。

---

[1] 会文学社编译所. 最新中国历史教科书：初等小学[M]. 上海：会文学社，1906：例言.

《初等小学本国历史教科书》（3册），蔡元培鉴定[1]，上海会文学社1905年初版。该书民国后有修订重印，3册共120课。民国修订版特别提到"历史一科，关系甚巨，凡爱国强种之观念，皆赖是以启发之"，以历史"树新国民教育之基"[2]。

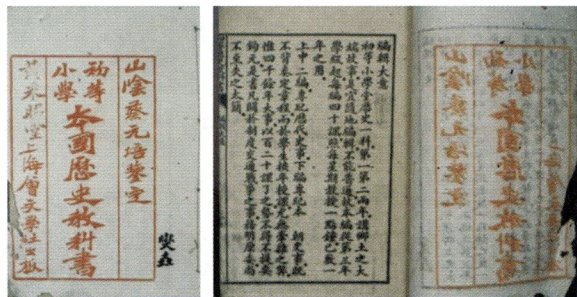

图1-61 《初等小学本国历史教科书》（修订版），蔡元培鉴定，上海会文学社

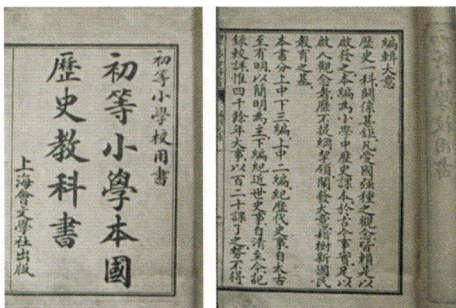

图1-62《初等小学本国历史教科书》（修订版），蔡元培鉴定，上海会文学社

## （六）其他机构的历史教科书

《中国历史新教科书》（初等小学，3册），浙江人李培锷编写，1906年再版。配3册教授书，均由上海乐群图书编译局出版。

当时很多书局都参与了教科书的编写，乐群图书编译局就是其中之一。乐群图书编译局由汪继甫创办，光绪二十七年（1901）沈知方与王均卿接管该局。主要经营教科书，曾编辑出版国文、格致、历史、地理等小学课本多种。如1906年，该局出版《最新小学女子历史教科书》（张倬云，李恢伯编）等[3]。后因该局所编教科书被商务印书馆指控侵害版权，败诉，遂售予商务印书馆。

作者在"编辑要旨"中列出十条内容，第一条就指明：是书遵《钦定初等小学章程》按课编辑。那么可以推理，初版应该在1903年，1904年后应该按《奏定学堂章程》了。

一、是书遵《钦定初等小学章程》按课编辑，专备小学堂第三年至第五年三年级教授之用。

二、盘古三皇年代愈远，事益难信故，是书谨遵《御批通鉴辑览》始于伏羲。

三、全书三册，每册四十课，每周授历史一小时，每年适毕一册。

四、教授历史宜详于近世而略于古代，故是书分上古至隋为一册，唐至明为一册，本朝为

[1] "鉴定"本身具有审定、评价的意思，这里倾向于个人评鉴。

[2] 蔡元培鉴定. 初等小学本国历史教科书：上册[M]. 上海：会文学社，1912：编辑大意.

[3] 陆保璿，金念祖，王文濡. 国文新教科书：第1册[M]. 上海：乐群图书编译局，1906：广告页.

一册，而于近年时事尤特加详。

五、现时我国学制尚未统一，故各学堂分配时间往往不同，若遇每周需教授两时者，教师当随时变通，不妨一时讲一时令学生选讲或习问，仍合每年一册。

六、小学历史只宜述一人一事之始末，为儿童历史观念之基础，故是书按课标题，自为起结，但序时代而不及统系。

七、近日通行之初等历史，非失之文字艰深，即失之不按年级，故编辑虽完美，多不适于教科，是书力矫其弊，务求合用。

八、是书内容分三大别：（甲）关于种族之盛衰者；（乙）关于学术之进退者；（丙）关于事业之发达者。凡书内加圈处，皆是课重要之所在，教师宜注意焉。

九、我国历史向无图画，是书特插图数十幅，凡著名伟人以及历朝地势沿革，皆附图以作学生之兴味。

十、是书文义务求浅显简以省儿童之脑力。另编教授法三册，以为教员讲解之助。

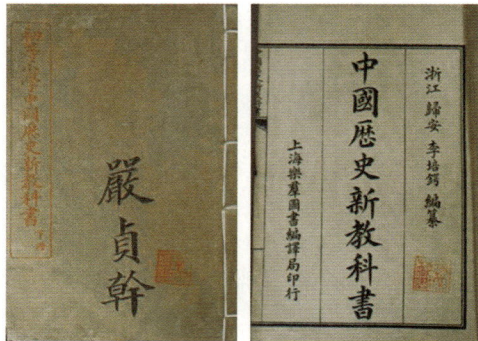

图1-63 《中国历史新教科书》（初等小学），李培锷编，上海乐群图书编译局

《小学中史图说》（3册），刘子澄编，1905年出版。该书以图为主，用白话文编写。天津著名书法家赵元礼题写书名，陈恩荣作序。陈恩荣是刘子澄的同学，从他为该书作的"序言"可以看出此书受到日本的影响：

> 癸卯秋，予留学日本，见日本小学校教授法皆用实物教授，即如讲历史时，必示以图画，所谓直观主义也。吾国之历史文深义奥，读者难之，而开民智，作民气，历史之力居大。故欲知识齐一，教育普及，非通行白话书不可。吾友刘子澄所著中史白话图说，见示其立意之精，文辞之浅，稍能识字，即能了解其善也。

直观而易于被儿童理解接受是本书追求的目标，作者在"凡例"中也说明：

> 凡讲授各学科，以启发童蒙视觉之精神为尚，否则注意不强，而记忆亦必薄弱。历史之事皆与吾隔绝，必因想象而得之，所谓视觉者，何可得也？故是书事必绘图以立标本，所以启发视觉之精神，辅助坚强之记忆。

> 凡讲授各学科，宜适于童蒙理解之程度，使之感动记忆。是书为最初之童蒙而作，故图说纯用白话，为其便于感动记忆也。

此外，该书还确立了自己的宗旨，不过其宗旨是"忠君爱国"：

> 为学贵立定宗旨，宗旨不定，恐如张稷若先生所云：所学皆毒人之具，转不如不学之为愈也。夫天下无无国之民，民亦无无君之国，则忠君爱国则是通国人民所当共守之宗旨。故是书课课提醒童蒙忠君爱国之心，处处表明忠君爱国之义，且多引胡曾诸先生之言，使童蒙知所取法，庶幼而习焉，长而安焉，不致为流俗邪说之所诱耳。

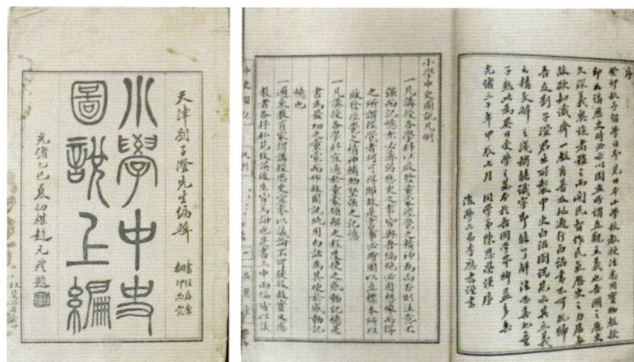

图1-64　《小学中史图说》（上编），刘子澄编，燕翼堂

《中国历史课本》（4册），常堉璋、刘乃晟编著，北京华新书局1904年初版。书分四编，一为上古史，二为中古史，三为近古史，四为近世史。该书由袁世凯审定，钱鑅序。袁世凯也为之写序，认为"编撰历史，必明著国家社会文化，所以变迁精进之故，使读者晓然于天下万事，皆人类所构成，如是而竞争之心生，勇往之志固"。袁世凯评价此书"条分缕析，词约义丰"，"足以鼓吾文明种族爱国之精神"[1]。

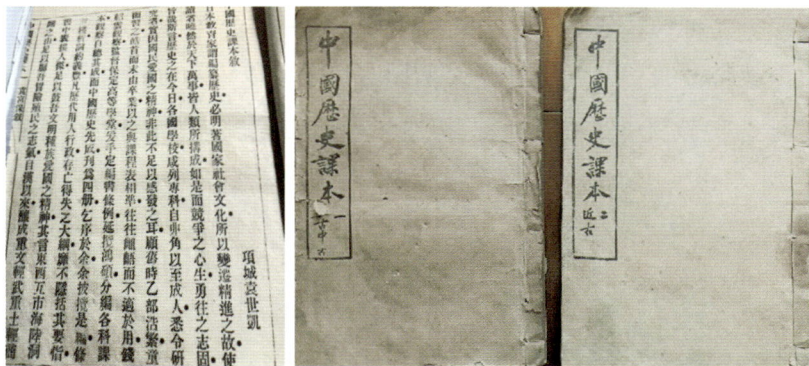

图1-65　《中国历史课本》，常堉璋、刘乃晟编著，北京华新书局

《国史读本》，李岳瑞编，共10卷10册，卷一到卷七1908年初版，卷八到卷十1909年初版，广智书局出版。该书适于高等小学及以上学生使用，注重民史书写，由此，民国时期世界书局将之进行了修订："一洗旧日神史君史之旧习性，而与吾全国国民以更始，则斯书之出，谓为吾国今日史界之明星可，谓为吾国五千年来民史结晶亦无不可。"[2]

[1] 常堉璋，刘乃晟. 中国历史课本：卷1[M]. 北京：华新书局，1906：袁序.
[2] 李岳瑞原编，印水心修订.评注国史读本：第1册[M].上海：世界书局，1926：支序.

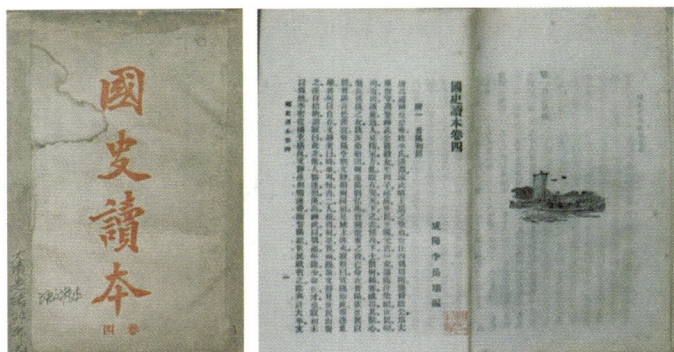

图1—66 《国史读本》（卷四），李岳瑞编，广智书局

李岳瑞（1862—1927），字孟符，陕西咸阳人。清光绪八年（1882）中举，次年中进士，先授翰林院编修，后改任工部员外郎，兼充总理各国事务衙门章京。光绪三十年（1904）受张元济邀请，赴上海商务印书馆任编辑。辛亥革命后，一直任清史馆编修，参与编纂《清史稿》。

《初等小学本国历史教科书》，泰州单毓元编，上海震东学社出版印行。该书分3册，每册40课。该书有特色的地方是，完全按课文体编排，每课课后安排"讲授法"，"讲授法"部分以小字排版，主要涉及教授法的内容，有背景性的知识介绍，便于教师讲解。同时每课前有"课前习问"，有意思的是，课前习问相当于今天的复习，而不是预习，都安排在后面课程的课前。比如第四课的内容，会安排在第六课课前习问。第四课是"郑氏与台湾之关系"，第六课"尼布楚之条约"的课前习问有三个问题，其中一个是"问郑成功爱国思想之发达"[1]。

单毓元，江苏泰州人，江苏私立法政专门学校毕业，曾任南通国文专修学校教师，江苏通志局分纂，泰县教育局局长、民国泰县国学研究社评议员、民国《泰县志稿》总纂、县教育会会长。

出版机构震东学社也是清末一家以教科书编写出版为主的私营出版印刷机构，至1906年9月，已编写出版的历史教科书有：《高等小学历史教科书》4册、《高等小学西洋历史教科书》2册、《高等小学东洋历史教科书》2册、《初等小学乡土历史模范教科书》4册、《西史简易教科书》1册[2]。

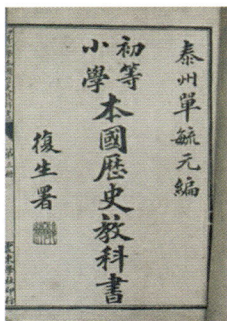

图1—67 《初等小学本国历史教科书》（第三册），单毓元编，震东学社

这一时期民营书坊编写历史教科书可谓百花齐放，充分反映了教科书出版业和自编教科书的兴起。据不完全统计，其他历史教科书还有：

《小学历史读本》（华阳书局，1901），《普通历代史》（广益书局，1902），《普通历代

---

[1] 单毓元. 初等小学本国历史教科书：第3册[M]. 上海：震东学社，1906：8.
[2] 同[1]广告页.

史》（世界公学辑译，1902），《蒙学历史读本》（作新社，1904），《高等小学中国史教科书：上世史》（时中书局编辑部编，1905），《中学本国史教科书》（夏清贻编著，上海开明书店，1905），《高等小学西洋历史教科书》（黄朝鉴，上海震东学社，1906），《中国历史讲义》（汪镇，普益书局，1906），《小学本国史教科书》（澄衷学堂编辑，澄衷学堂刊印，1904），《精图中等本国历史教科书》（延通人辑，出版者不详，1904），《东西洋历史教科书》（吴葆诚编译，上海科学书局印行，1905），《中国史讲义》（汪镇编纂，南昌普益书局，1906），《最新通州历史教科书》（或《通州历史教科书》）（陈罗孙编，上洋书局，1907），《西洋历史》（涂澍霖编纂，江西抚州府印书局，1907），《新体中国历史》（西农氏编，均益图书公司，1908），《中国历史讲义》（徐念慈著述，宏文馆，1908），《泰州乡土历史教科书》（马锡纯编，泰州教育会劝学所，1908），《简明新国史教本》（中学适用，许志毅编辑，上海邮传部高等实业学堂，1909），《新体高等小学中国历史》（国民教育社编，编者刊，1910），《中国历史》（赣州中学堂编，出版社及出版时间不详）等。

## 五、乡土历史教科书

甲午战争的失败，在当时中国较广的范围内激起了一股巨大的爱国浪潮。为了进行爱国主义教育，许多人认为要把爱乡作为爱国的基础。由是，乡土教育兴起。由于乡土教育的需要，特别是受德国和日本乡土教育的影响，加上我国自古以来修撰地方史志的传统和传统文化特有的故乡意识、家国情怀，清末我国乡土教材的编写也掀起一股小高潮。所谓乡土教材，一般是以学校所在地自然、地理、历史、政治、经济、文化、民族、民俗等为内容编写的补充教材，多由学校或者地方教育行政部门或个人编写。

"教育之宗旨"在于"令人爱其国"，而"令人爱其国，尤在令人爱其乡也，自蒙学而小学而中学"，"莫不同一目的，同一方针，审是则乡土教科书之为用大矣"。但是，"吾国今日学堂虽立，其所以唤起一般青年之爱乡观念者，果有此种教科书乎"。因此，"学堂急宜编定乡土教科书"[1]。清政府支持乡土教材的开发，1904年颁布的《奏定初等小学堂章程》规定，历史课程"尤当先讲乡土历史，采本境内乡贤名宦流寓诸名人之事迹，令人敬仰叹慕，增长志气者为之解说，以动其希贤慕善之心"。1905年，学部还颁布《学务大臣奏据编书局监督编成乡土志例目拟通饬编辑片》，以此作为全国范围内编辑乡土教材的指导方案。清政府希望借乡土教育"由爱乡而爱国"，以培养忠君爱国思想，由此掀起了乡土教材编写的热潮。乡土教材中又以历史和地理较为突出。

---

[1] 短品[N]. 广益丛报，1907-10-29.

## （一）国学保存会的乡土历史教科书

在编写乡土教材的群体中，以国学保存会的乡土教材编写成绩最为显著。国学保存会以"研究国学，保存国粹"为宗旨，由邓实、黄节、刘师培等人于1905年在上海成立。该组织在政治上反对清政府的统治；在文化上反对"醉心欧化"，宣传"爱国、保种、存学"。国学保存会虽然反对清政府统治，但也希望借乡土教材编写，达到其政治和文化的目的。为此，国学保存会专门设立了乡土教材编写部门——"乡土教科书社"。

国学保存会编写的乡土教材皆使用了"教科书"一词取代"教材"，说明他们很重视这个引入不久的学术性强的术语，对自己的乡土教材非常珍惜看重。国学保存会的乡土历史教科书的编写人员主要有刘师培（曾编写《中国历史教科书》）、陈去病、黄晦闻等人。国学保存会原计划出十八行省乡土历史、地理和格致教科书，在出版刊物《国粹学报》中，该会宣称："以保土爱国为愿，特集合国学深邃数人，编辑十八行省乡土历史地理格致教科书……实期爱国教育普及全国，海内君子爱其国而爱子弟者，或有取焉。"[1]最后经过努力，江苏、江宁（南京的旧称）、安徽、江西、广东、湖北等地的乡土历史、地理志相继于1906—1907年编成。其中，江苏、江宁和安徽的乡土历史教科书由刘师培编写，湖北、江西的乡土历史教科书由陈去病编写，广东的乡土历史教科书由黄晦闻编写[2]。有研究指出，20世纪初年的乡土历史教科书约有16种，其中由国学保存会编印，乡土教科书发行所发行的7种，刘师培编著了其中3种（《江苏乡土历史教科书》《安徽乡土历史教科书》和《江宁乡土历史教科书》），都是1907年出版的。其他9种包括：浙江3种，《杭州乡土历史教科书》（上海彪蒙书室发行，1908）、《余姚乡土地理历史合编》（诚意学堂印，1906）、《定海乡土教科书》（1907）；江苏3种，《松江历史教科书》（上海时中书局，1907）、《泰州乡土志》（上海锦章书局，1908）、《元宁乡土教科书》；广东3种，《广东乡土历史教科书》（时中学校，1906）、《嘉应乡土历史教科书》（嘉应启新书局，1909）、《潮州乡土历史教科书》（1909）[3]。其实，不论对全国，还是对国学保存会或刘师培个人而言，这个数据都不够准确[4]。

国学保存会对乡土教科书的重视，源于对乡土教科书意义的认识。国学保存会在编辑十八行省乡土历史、地理和格致教科书兼办《神州乡土教育杂志》的"报告"中指出，"小学一级为国民之基础。泰西各国教育，咸注重乡土史志一门，就其见闻中最亲切有味者以为教授，则其记忆力与感觉力皆易粘触，所以触发其爱乡土心，由是而知爱国也"[5]。又"吾国今日当重小学教育，夫人皆知，而惟乡土史志教科书，坊间无善本，盖抉择甚难，非通才不办也。敝会以保存孤学、发扬国光为愿；特集合国学深邃数人，编辑十八行省乡土史志教科书，举吾国可宝可贵之事物，编为课本，

[1] 广告[J]. 国粹学报，1905（3）.

[2] 李新. 百年中国乡土教材研究[M]. 北京：知识产权出版社，2015：58.

[3] 俞旦初. 爱国主义与中国近代史学[M]. 北京：中国社会科学出版社，1996：129.

[4] 石鸥. 百年中国教科书忆[M]. 北京：知识产权出版社，2015：212.

[5] 国学保存会报告[J]. 国粹学报，1906（21）.

务求合初等小学之程度，以印入全国青年脑中"[1]。

此外，由国学保存会组织编写出版的这批乡土教材，均用教科书命名，而未采用"乡土志"这个官方的提法；没有按《乡土志例目》规定的十五目进行编排，而是按照学部章程所定的课时，以教科书课目体的形式编排。由此可见，国学保存会编写的乡土历史教科书的编写具有一定的计划性、系统性。

就全国而言，其时推动乡土教科书编纂最力者为国学保存会，而国学保存会中，又数刘师培成绩最为显赫。当时，刘师培作为国学保存会的中坚，直接针对乡土志编纂与乡土教育专门作《编辑乡土志序例》，并于1906—1907年连载发表[2]。在写《编辑乡土志序例》的同时，刚过20岁的刘师培以常人难以想象，更不可企及的速度，从1905年开始就推出《经学教科书》2册（1905）、《中国历史教科书》2册（1905）、《中国地理教科书》2册（1905）、《伦理学教科书（中学用）》2册（1906）、《中国文学教科书》2册（1906），《初等小学中国文字教科书文法总教授法》（1908）等[3]。从1906年开始，刘师培本人亲自撰写了《安徽乡土历史教科书》（1906）、《江苏乡土历史教科书》（1906）、《江宁乡土历史教科书》（1907）等。除了刘师培，在国学保存会的乡土教科书编纂中成绩显著者就算黄晦闻、陈去病（陈庆林）等人了。1907年始，推崇旧学的黄晦闻，先后出版了新式教育倡导的多种乡土教科书，包括《广东乡土地理教科书》《广东乡土历史教科书》《广东乡土格致教科书》等，均由国学保存会编辑印行。

当时旧的传统教材非常不利于学童的学习，"祖国典籍浩如烟海，学人苦无门径，每兴望洋之叹。非提要钩玄，重行编辑，不能合学堂教科之用"[4]。刘师培等人在编撰乡土教科书时，力求注意和克服既有不足，他们的乡土教科书比较关注学生的接受能力以及如何激发学生的兴趣。而且，不同的人编写的乡土教科书其编辑形式和体例都大体相似，线装竖排，内容组织也颇为接近，均由国学保存会编辑印行。

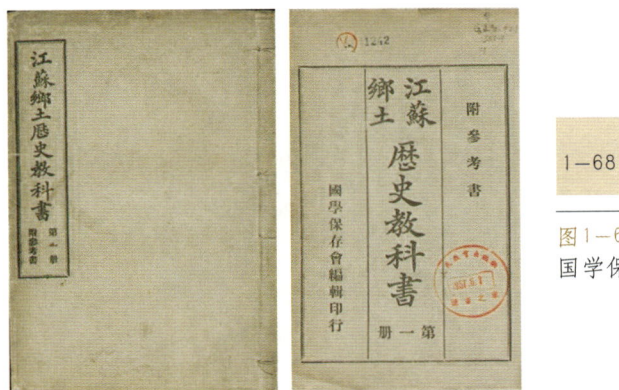

图1-68　《江苏乡土历史教科书》（第一册），刘师培编写，国学保存会

[1] 国学保存会报告[J]. 国粹学报，1906（21）.

[2] 刘师培. 刘申叔遗书[M]. 南京：江苏古籍出版社，1997：1586-1600.

[3] 石鸥. 百年中国教科书忆[M]. 北京：知识产权出版社，2015：212.

[4] 编辑国学教科书广告[J]. 国粹学报，1905（8）.

## （二）其他乡土历史教科书

国学保存会在乡土教科书建设中发挥了中坚作用，功不可没。除此之外，各地不同出版机构、学术组织和个人也都参与了乡土教科书的编纂，为清末民初乡土教材的繁荣做出了贡献。

《扬州历史教科书》，汤寅臣撰，1908年初版。本书共4册，但装订为1册，共80课，每课60~100字。汤寅臣，晚号公亮，江都（今属扬州）人。曾任初等小学教员、两淮公立第一国民学校校长。精文字之学，并工诗，著作甚丰。该书收集其家乡扬州历代名人事迹编成。每册末附"扬州历史沿革表"，加有注音、注释。每课讲述一人或一家，起春秋吴王夫差，迄清阮元，共101人。简明扼要，通俗易懂，为扬州较早的乡土历史教科书。

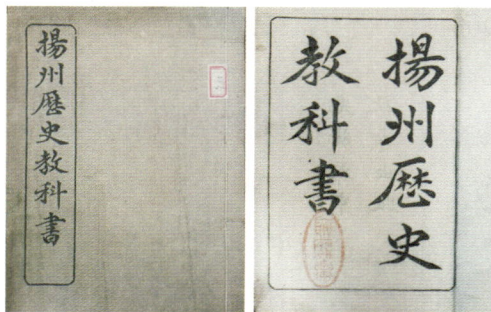

图1-69 《扬州历史教科书》，汤寅臣撰

《新宁乡土历史》，雷泽普编，1909年初版，上下卷分2册，共85课，供2学年使用。新宁即今天的广东省台山市，于明朝弘治十二年（1499）建县，当时县名为新宁县。1914年1月30日，北京政府因湖南、四川、广西等省（区）都有新宁县，为避免混淆，下令改名为台山县。

该书由雷泽普编，利璋评定并写序，没有出版机构，但有若干分售处。雷泽普（1878—?），新宁人，光绪中叶时，曾受学于多位著名塾师，后又兼应广州越华、粤秀、羊城三大书院月课，后再入读新式的广东高等学堂，《新宁乡土历史》就是在这段时间编写的。当他1911年毕业时已33岁，尔后回乡主持学务，组织团练，1919年选为省议会议员。

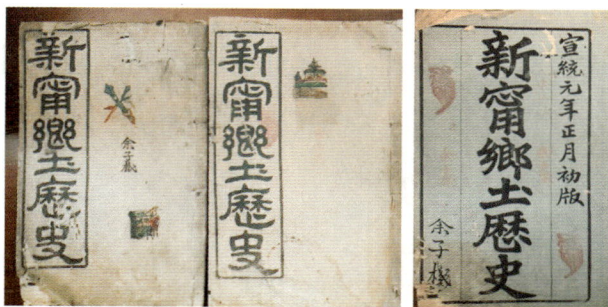

图1-70 《新宁乡土历史》，雷泽普编

《余姚乡土地理历史合编》（全一册），谢葆濂编，1906年初版，诚意学堂印。该书不分课，应"诚意学堂蒙学改良会"之邀而作。编者在"序言"中提道："足迹遍全球，眼福收五洲，口述列强形势及其规制人物滔滔不绝，至叩以桑梓闻事则嗫如木偶，此所谓远见泰山近不见眉睫甚矣，为学界缺点。"正因为如此，编写乡土教材就极为必要。诚意学堂创办于1902年，是革命教育家杨

贤江的母校。杨贤江这样评价自己母校："转入诚意学校，教师多热忱教授，余是时年龄略长，稍能自修，指导又得力，故进步较速，一切根基皆培植于该校焉。"[1]

谢葆濂（1858—1922），字寅生，号鲁珍。浙江余姚人。清优廪贡生。光绪二十八年（1902）春，受诚意高等小学堂之聘任教员，执教十余年，桃李满天下，时人皆尊称其"鲁珍夫子"。

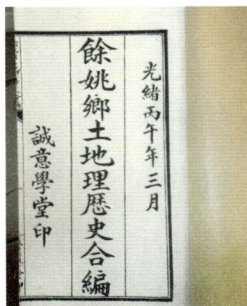

图1—71　《余姚乡土地理历史合编》，谢葆濂编，诚意学堂印

《奉天全省乡土历史教科书》（上下册），杜瀚生编写，由上海会文学社于1908年初版。该书特点是字大，每册40课。1909年再版时，配了教授参考书。除了学校用外，而且注明"家庭适用"，扩大了教科书的使用范围。

图1—72　《奉天全省乡土历史教科书》（下册），杜瀚生编写，上海会文学社

《石门乡土历史》，杨圭章著，1909年初版。全书32课。浙江嘉兴石门（以前叫崇德县）是个江南水乡，是著名文学家、艺术家丰子恺的故乡，丰子恺曾说过"石门是个好地方"。石门镇古称石门市，形成于春秋时期，距今已有2500多年历史。相传越国为了抵抗吴国，在此垒石为门，故称"石门"。石门又称"杭白菊之乡"，也是良渚文化的遗址之一，也是当年乾隆皇帝南巡的必到之地。石门，紧靠古运河，文化底蕴不亚于乌镇，有"古韵石门"之称。

图1—73　《石门乡土历史》，杨圭章著

[1] 金立人，贺世友. 杨贤江传记[M]. 南京：江苏教育出版社，1990：11.

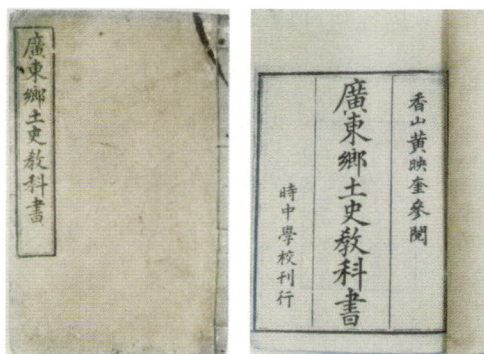

图1—74 《广东乡土史教科书》，黄映奎等编辑，时中学校刊行，卷上、下二册，附录一册

乡土教科书生于乡土，实施于乡土，从乡土中获取基本的素材和动力，并促进乡土文化的传承，由知乡、爱乡而爱国。清末民初乡土教科书掀起了我国乡土教育的一个小高潮，并产生了广泛的社会影响，据国学保存会《已编成湖北江西乡土历史地理教科书出版》报道："本会所编乡土教科书出版后，颇受海内教育家之称许，以为书之图画文字引证，皆具有精神特色，最足以助长儿童爱乡爱国之心，为效至巨。"[1]

我们看到，教科书从引介到自主编写的过程中，各种编写群体涌现，编写主体更加多样化，教科书这一需求巨大的文本极大地促进了中国近代出版业的发展。这一时期，像商务印书馆、文明书局等一些近代知名出版机构靠教科书事业发展壮大起来，逐渐成为中坚的民营出版力量，为西学的引进、民智的开启作出了巨大的历史性贡献。教科书出版市场也逐渐发育形成，各种官方、民间书局争相编译各类教科书，清末教科书的审定制也应运而生，为教科书市场发展的规范奠定了制度基础，也为教科书市场的繁荣和多样化创设了条件。

我们也欣喜地看到，适应新学制体系的现代意义的教科书产生了。它们及时满足了新式学堂对教科书的需要。随着清末新式学堂如雨后春笋般涌现，壬寅学制和癸卯学制都明确把历史一科作为中小学必修科目，而学堂用教科书却处于稀缺状态。"中国历史一科，尚无适宜之本，故暂从缺如，俟选有佳构，再以本部官报公布之。"[2]对于中国史一科清学部竟然无善本可选，可见当时中国史教科书的匮乏；同样，西洋史也好不到哪里去，"吾国自有翻译西籍以来，西史寥寥，而可充中学堂用，已辑为教科书者，益不可得"[3]。彼时，以大批的留日学生为翻译主体的教科书编译队伍，广译日本各科用教科书，及时解决了学堂用"课本荒"的难题。一些书在中国出版后广受好评，像《东洋史要》等成为一时经典，凭借这些课本，一代人获得了系统完整的历史认识。

在这一时期，新式教科书的新史学观、新体例、新历史分期成为历史教科书编写的潮流。当时梁启超先后发表《中国史叙论》和《新史学》，抨击旧史学"知有朝廷而不知有国家""知有个人而不知有群体""知有陈迹而不知有今务""知有事实而不知有理想""能铺叙而不能别裁""能

[1] 国学保存会报告[J]. 国粹学报，1907（27）.

[2] 审定书目：学部第一次审定高等小学暂用书目凡例[N]. 学部官报，1907-05-22.

[3] 绍介批评：中学西洋历史教科书[N]. 教育杂志，1909-07-12.

因袭而不能创作"，疾呼"史界革命不起，则吾国遂不可救"，揭开了20世纪初中国新史学思潮的序幕，为历史教科书的编撰提供了新思想、新视野。

从历史观上讲，新式教科书提供了全新的历史观念，包括进化史观，以及历史视野从封建史学的帝王大事扩大至文化史、经济史等领域。传统史学观念广受诟病，进化史学、科学史学开始大范围在中国传播。可以说，新式教科书所秉承的历史观念直接影响了一代新人对历史和社会发展的认识。在编写体例方面，教科书编写的章节体形式被广泛引入中国。不同于传统的编年体、纪事本末体和纪传体，章节体这一形式化繁为简，使历史知识的安排更加科学合理，更加条分缕析，更加适应现代学制系统，从而也更便于学生的学习和教师的教学。章节体体例适应了教科书文本特征的需要，实际上也为我国知识分子编写近代史教科书提供了指南。另外，新式历史教科书历史分期的"三部"或"四部"划分也为以后教科书编写提供了范例。

此外，新式历史教科书的翻译和编写有力地推动了"新史学"在中国的传播和发展。我们的民族自古以来就是一个注重历史的民族，相比于其他学科，我国的历史学有着深厚的传统根基，而步入近代后，传统史学已不太适应时代形势的发展。"二十世纪初，辛亥革命前十年间的中国史学，既是十九世纪末戊戌变法时期史学的继续与发展，又是辛亥革命以后一个时期的新史学运动的先导和前奏，在中国近代史学史上占有重要地位。"[1]而这一时期正是留日风潮高涨和汉译日本教科书大规模出现的时期，从新史学实践与历史教科书编写关系上考证，有人认识到"国外历史教科书的翻译和编译是20世纪初清政府教育改革的产物，同时也是新史学思潮的重要组成部分"[2]。汉译日本历史教科书承载了新的史学观念和方法，它的广泛引入大大促进了新史学在中国的传播和发展。

清末新学制的颁布实行和新史学的产生，极大地推动了我国近代历史教育和自编历史教科书的发展。回首我国近代教科书学习他国的历史，从借助于传教士编译，到翻译日本教科书，再到大批知识分子参与到历史教科书的自主编写中来，这一发展过程是漫长的，但这一过程也意味着现代历史教育思想正在中国历史学者和教育者脑中生根发芽，意味着现代历史教育正在与中国文化传统相互融合，正是在这一过程中，中国现代历史教育发展的萌芽才破土而出。

除了推进史学发展外，清末历史教科书也在教育学维度进行了新的尝试。清末，赫尔巴特的课程理论通过日本传入中国，进而对当时的高等小学历史教科书的编纂产生了一定影响。赫尔巴特认为课程内容的选择必须与儿童的经验和兴趣相一致，并依据统觉原理提出课程设置的两大原则——相关原则和集中原则，要求学校教育和课程设置必须注意儿童身体和心理在不同发展阶段的共性和特性。一些新式历史教科书编者注意控制课本内容字数和知识难度，使用浅显的文言文进行历史叙述。如商务印书馆出版的姚祖义编的《最新中国历史教科书》，"各课均限定字数，自一百余字起

[1] 俞旦初. 二十世纪初年中国的新史学思潮初考[J]. 史学史研究，1982（3）：56.
[2] 李孝迁. 清季汉译西洋史教科书初探[J]. 东南学术，2003（6）：130.

至二百余字为率，以期适合程度"[1]；采用浅显易懂的文言文行文，使学生易于理解。还注重运用大小字，大字叙述正文内容，小字对主体部分进行解释、说明、补充和扩展，以吸引学生注意力。

同时，一些教科书编者在课文中大量使用各种图表，以适合儿童的学习习惯。"图文并茂"在这个阶段得到快速发展并普及（1897年的南洋公学的《蒙学课本》还没有运用插图）。赵钲铎编的《高等小学历史课本》用了59幅插图、1个表格。姚祖义编的《高等小学中国历史教科书》插图众多，有"帝尧""班超""诸葛亮""颜真卿""玄奘"等历史人物画像，"大月氏货币""刘备墓""唐平百济国碑"等实物文物图像，"蔺相如奉璧图""荆轲刺秦王"等历史故事图像；表格也不少，如"春秋列国兴亡表""五胡十七国兴亡表""人名地名异译表"等。这些图表使相对枯燥乏味的文字叙述变得生动形象、鲜活具体，从而更好地激发了学生的学习兴趣。

清末历史教科书汲取新史学的精髓，顺应新的教育理念，以日本历史教科书为参照系，改革了教材内容，更新了教材体例，在一定程度上推进了历史教育和新式教科书的发展，但也存在观念滞后、内容不当、体例不合等问题。如不少教科书中既没有课前提要，也没有课后习题，不利于教与学；教科书普遍内容艰深难懂，"动辄数册，册数十课，不啻以少壮通人目十龄左右之童子"[2]。

---

[1] 姚祖义. 最新高等小学中国历史教科书：第1册[M]. 上海：商务印书馆，1904：编辑大意.
[2] 绍介批评：高等小学中国历史读本[N]. 教育杂志，1909-05-12.

# 第二章

## 中华民国初期的历史教科书
## （1912—1927）

　　1912年1月9日，南京临时政府教育部正式成立，随即着手进行资产阶级性质的改革。伴随着教育方针的制定、学校制度的变革、课程设置的更新，教科书变革的时代来了。

1912

# 第一节
# 中华民国成立后历史教科书的发展

随着清王朝被推翻，塑造新国民成为临时政府教育部重要的使命。在教育部首任总长蔡元培的领导下，教育部及时制定并颁布新的教育宗旨。与清末"忠君、尊孔、尚公、尚武、尚实"的教育宗旨不同，新宗旨旨在培养民主共和政体下的新国民，这是一种完全不同的理想人格。在新的教育宗旨指引下，近代教育迎来了一个崭新的发展时期。

## 一、民国初期历史课程的设置

1912—1913年，经过一系列改革，中华民国第一个较为完善的学制——"壬子癸丑学制"逐渐形成。"壬子癸丑学制"对中小学历史科目的课程设置、课程目标、内容大要等方面作出了明确的规定。在这个新学制中，初等小学修业4年，不设历史科目，高等小学修业3年，开始设置本国历史一科，教育部颁布的《小学校教则及课程表》规定高小历史科目的内容要求：

> 本国历史要旨，在使儿童知国体之大要，兼养成国民之志操。

> 本国历史宜略授黄帝开国之功绩，历代伟人之言行，亚东文化之渊源，民国之建设，与近百年来中外之关系。

并在教学方法上强调，在教授本国历史时，"宜用图画、标本、地图等物，使儿童想见当时之实况，尤宜与修身所授事项联络"[1]。

中学实行不分级的制度，共4年，均设置历史科目。1912年12月教育部公布《中学校令实施规则》，其中第五条说明了历史教学的要旨：

> 历史要旨在使知历史上重要事迹，明于民族之进化、社会之变迁、邦国之盛衰，尤宜注意于政体之沿革，与民国建立之本。[2]

---

[1] 舒新城. 中国近代教育史资料：中册[M]. 北京：人民教育出版社，1961：457.
[2] 同[1]527.

中学历史分为本国历史、外国历史，各学年课时内容安排如表2-1。

表 2-1　中学历史各学年课时内容 [1]

| 学科 | 第一学年 | | 第二学年 | | 第三学年 | | 第四学年 | |
|---|---|---|---|---|---|---|---|---|
| | 每周时数 | 教学内容 | 每周时数 | 教学内容 | 每周时数 | 教学内容 | 每周时数 | 教学内容 |
| 历史 | 2 | 本国史<br>上古、中古、近古 | 2 | 本国史<br>近世、现代 | 2 | 东亚各国<br>史、西洋史 | 2 | 西洋史 |

与清末《奏定学堂章程》不同，民国"壬子癸丑学制"在初等小学阶段没有设置历史课程，并且在高等小学阶段用"本国史"取代了清末学制中"国史"的说法。历史课程的安排在理念和内容方面也有不少变化。首先，教科书中的进化史观更加明显。清末学制着重历代帝王、本朝列圣以及"古今忠良贤哲之事迹"等历史内容，历史观表现为帝王历代家谱的静态历史观；而"壬子癸丑学制"对中学历史教学提出理解历史"进化""变迁""盛衰""沿革"等教学要求，跳出了循环史观、帝王史观的"樊笼"，表现为历史是不断发展的、进化的历史观。其次，历史课程内容的范围进一步扩大。实际上，清末历史课程已经开始重视历史上的学术、技艺、武备、政、农、工、商、风俗等内容，民国历史课程则在范围上进一步扩大，特别指出"注意于政体之沿革，与民国建立之本"[2]，而且对本国史和外国史的教学任务分别有更加明确的说明："本国历史授以历代政治文化递演之现象与其重要事迹，外国历史授以世界大势之变迁，著名各国之兴亡，人文之发达，及与本国有关系之事迹。"[3]

1916年1月颁布的《高等小学校令实施细则》基本照搬1912年12月北洋政府颁布的《小学校教则及课程表》，其中历史课程的教授要旨基本不变，高小历史课程各学年安排如表2-2。

表 2-2　高级小学历史各学年课时内容 [4]

| 学科 | 第一学年 | | 第二学年 | | 第三学年 | |
|---|---|---|---|---|---|---|
| | 每周时数 | 教学内容 | 每周时数 | 教学内容 | 每周时数 | 教学内容 |
| 本国历史 | 1 | 本国历史之要略 | 2 | 本国历史之要略 | 2 | 本国历史之补习 |

中华民国的成立为新思想的传播扫清了部分障碍，新史学思潮正式从幕后走向台前，成为民国中小学历史课程的学术指导思想，新史学所宣扬的进化史观、新的历史分期理论和章节体编写体例，都直接指导和深刻影响着新政体下历史教科书的编写。当然，民国的历史课程理念和课程安排也存在其问题，北京高师（现为北京师范大学）教育系教授韩定生就指出1913年的《中学校课程标准》有很多值得商榷的地方，比如外国史占的比重过多，中学课程应该以本国史为中心，东洋史和

[1] 舒新成. 中国近代教育史资料：中册[M]. 北京：人民教育出版社，1961：535.

[2] 同[1]527.

[3] 课程教材研究所. 20世纪中国中小学课程标准·教学大纲汇编：历史卷[G]. 北京：人民教育出版社，2001：11.

[4] 同[1]493.

西洋史应并称世界史等[1]。但得益于共和政体的民主参与性，教育政策的议政规则得以改变，一些中西贯通、学识渊博的历史学者和教育家受邀参与到历史课程的制定和教科书的编写中来。历史教育进入相对平稳的发展阶段。

民国伊始，历史课程设置清晰，但教科书却成了问题。教育部规定："凡各种教科书务合乎共和民国宗旨，清学部颁行之教科书，一律禁用。""凡民间通行之教科书，其中如有尊崇清廷，及旧时官制、军制等课程，并避讳、抬头字样，应由各书局自行修改呈送样本于本部及本省民政司、教育总会存查。"[2]新政体、新政权的改革要求正形成一股强力，对历史教育和历史教科书的编写产生巨大影响。

## 二、民国初期历史教科书的发展

中华民国成立后教育部即要求"凡各种教科书务合乎共和民国宗旨，清学部颁行之教科书，一律禁用"，但学校得运行，学生得上学，课程要开设，适应新政治体制的教科书不可能马上编写出来满足中小学需要，怎么办？两种办法：一是修订老的，一是编写新的。

### （一）修订清末旧教科书

1912年1月19日教育部下发的《普通教育暂行办法》明令清朝颁行的教科书一律禁用。[3]但开学在即的压力使得相关各部不得不采取折中的办法。2月19日，上海书业商会呈文教育部《关于请将旧存教科书修正应用》获得批准。出于权宜之计，教育部暂时规定各书局可以自行修改原有教科书，并呈送相关部门存查，以应一时之需。教育部指出，"现距开学日期已迫，为应急需，各书局已修改之教科书，如重印不及，则准许先印校勘记，随书附送，或备各处索取，以免延误开学"[4]。于是，一些清末编写的教科书经删改修订后，得以重新行销于市。表2-3列出了一部分修订的书目。

表 2-3　民国初期改编自清末的历史教科书书目

| 清末历史教科书 | 编者 | 民国初期改编出版情况 |
| --- | --- | --- |
| 《蒙学中国历史教科书》 | 丁宝书 | 商务印书馆1913年出版 |
| 《高等小学历史课本》 | 赵钲铎 | 沈恩孚校订，名为《中华民国高等小学历史课本》，商务印书馆1912年2月第8版，同时又出改正8版，1912年4月出改正9版 |
| 《简明中国历史教科书》 | 蒋维乔 | 商务印书馆出订正版，名为《订正简明中国历史教科书》 |

[1] 何成刚. 民国时期中小学历史教育发展研究[D]. 北京：北京师范大学，2006：5-6.

[2] 朱有瓛. 中国近代学制史资料：第3辑：上册[M].上海：华东师范大学出版社，1990：2.

[3] 同[2].

[4] 王建军. 中国近代教科书发展研究[M]. 广州：广东教育出版社，1996：260.

（续表）

| 清末历史教科书 | 编者 | 民国初期改编出版情况 |
|---|---|---|
| 《历史启蒙》 | 胡朝阳 | 江起鹏二次订正、周世棠三次订正、江起鲲四次订正，新学会社出版，名为《第一简明历史启蒙》 |
| 《东洋史要》 | 桑原骘藏 | 金为译述，商务印书馆1913年4月第6版 |
| 《普通新历史》 | 普通学书室 | 赵玉森增订，名为《增订普通新历史》，商务印书馆1913年11月初版，1915年7月再版 |
| 《最新中学教科书·中国历史》 | 夏曾佑 | 商务印书馆1914年第10版 |
| 《中国历史》 | 东新译社 | 翼天氏译，1912年3月再版，卷端题名《普通学教科书·中国历史》 |
| 《中国历史教科书》 | 陈庆年 | 赵玉森增订，名为《增订中国历史教科书》，商务印书馆1912年后出增订本，1912年3月初版，1921年出第16版 |
| 《中国历史读本》 | 吴曾祺 | 赵玉森重订，名为《增订中国历史读本》，商务印书馆1912年10月出第3版，1915年出第5版 |
| 《新体中国历史》 | 吕瑞廷、赵澂璧 | 赵玉森重订，商务印书馆于1912年6月出第14版，1926年1月出第29版 |
| 《中国历史讲义》 | 沈颐 | 许国英订补，商务印书馆于1913年初版，1923年出第9版 |
| 《中学中国历史教科书》 | 章嵚 | 文明书局1912年修订版 |
| 《国史读本》 | 李岳瑞 | 广智书局1912年出增订本；印水心评注，名为《评注〈国史读本〉》，世界书局出版，新学制中学校用 |

资料来源：根据刘超《历史书写与认同建构——清末民国时期中国历史教科书研究》（社会科学文献出版社）整理。

## （二）编写新教科书

这些经删改修订的课本只能满足一时之需，重新编写适应新教育宗旨和学制要求的教科书显得尤为迫切。这是机遇与挑战并存的时代。

### 1. 中华书局的历史教科书

在这巨大的历史机遇面前，与中华民国同时宣告成立的中华书局因为对革命形势的准确预判，较早地对新政体的教科书编写工作做了准备，凭借其紧跟形势的《中华教科书》乘势而起，一举占领教科书市场，夺得了新政体下教科书市场的先机，分割了商务印书馆的教科书市场。

1911年武昌起义后，在商务印书馆任出版部长的陆费逵"预料革命定必成功，教科书应有大的改革"，在劝说商务印书馆进行教科书革命未能奏效的情况下，同戴克敦、沈颐等在家秘密编辑合乎资产阶级共和体制的教科书。1912年1月1日，在中华民国成立的同日，陆费逵等策划的中华书局也同时宣告成立，并提出"教科书革命"的口号。他们认为：

> 立国根本在乎教育，教育根本，实在教科书。教育不革命，国基终无由巩固；教科书不革命，教育目的终不能达也。往者，异族当国，政体专制，束缚抑压，不遗余力，教科图书钤制弥甚。自由真理、共和大义莫由灌输，即国家界说亦不得明，最近史事亦忌直书。……非有适

宜之教科书，则革命最后之胜利仍不可得。[1]

"中华教科书"。顺应时代潮流的中华书局，迅速推出"中华教科书"系列，该系列成为民国第一套教科书。整套书从1912年正月开始出版，到1913年出齐。"中华教科书"破除原来旧教材的封建主义传统，积极迎合社会变革的需要，贯穿了陆费逵先生思考多年的教科书革命的新思想和新方法，加之推出及时，商务印书馆等老牌书局的教科书尚不能使用，一出版即大获成功，迅速流行，几乎独占了当时的民国教科书市场。同时，它的成功也为中华书局在出版界的突起和繁荣打下了经济基础。[2]

这套教科书的历史科目系列包括《中华高等小学历史教科书》4册（1912年1月初版），配有4册教授书。作者有汪楷、华绍昌，第四册作者中增加了中学历史教科书的作者潘武。因为清朝的教科书一律禁止使用，此书初版时市场上几乎没有适合民国的教科书，所以中华书局这套教科书很快占领市场，第二册是1月初版，8月就出了第八版了，第三册1月初版，4月即出第五版了。

中学部分《中华中学历史教科书》4册，包括第一、第二册《本国之部》，第三册《东亚之部》，第四册《西洋之部》。

中学历史教科书由潘武编写，戴克敦、姚汉章、陆费逵校阅，第一册《本国之部》在1912年9月初版，适应新学制的要求。中华历史教科书响应创办人陆费逵"教科书革命"的号召，为共和政体下的历史教科书编写开了先河。该书的编写出发点是："中华史籍浩如烟海，不可卒读，近出教科诸书，类皆骨多于肉，非枯燥无味，即事实繁碎，教授者，既讲演困难，诵习者尤苦难记忆。夫历史本为至有趣味之学科，……本编注重于兴味，于提纲挈领之中，点缀生新，务使读者易受刺激为主。"[3]它大胆引入一些新近发生的重要历史事件，如《中华中学历史教科书》第二册《本国之部》有"清帝退位，南北统一"一课：

> 孙文以革命功成，让大总统之位而不居，改袁世凯为临时大总统，仍举黎元洪副之，此吾国历史上得一大结束，专制政体于此告终，共和政体，于此开幕矣。

"中华教科书"的历史科目系列也继承了清末以来教科书的一些成果，比如进化的历史观点、三段或四段的历史分期、章节体的编写体例（主要是中学阶段，高小阶段考虑到儿童的接受能力，仍采用课时体）、丰富的插图和表解等。

图2-1 《中华高等小学历史教科书》（第二册），汪楷、华绍昌编，中华书局

[1] 中华书局宣言书[N]. 申报，1912-02-23.

[2] 石鸥，吴小鸥. 中国近现代教科书史：上册[M]. 长沙：湖南教育出版社，2012：178-182.

[3] 潘武. 中华中学历史教科书：第1册[M]. 上海：中华书局，1912：编辑大意.

图2-2　　《中华中学历史教科书》（第二册），潘武编，中华书局

"新制中华教科书""新制中学教本"系列。"中华教科书"系列基本在"壬子癸丑学制"出台之前就编好了，实际上从1912年1月就开始出版，而新的教育方针在这以后才逐渐确立，各类教育改革政策与措施也在这以后陆续出台，所以这套书多与后来学制要求、教育宗旨有出入。1912年9月教育部颁布新学制后，在前一套书的基础上，中华书局又率先推出更加适应新学制的"新制中华教科书"（1913）、"新制中学教本"（1914）系列，涉及各个学科，并编写了相应的教授书，供教师教学参考。"新制中华教科书"系列的历史科目只编写了高等小学部分，一共9册，附教授书9册。当时教育部新规定的学制是每学年3学期，高小3年，3学年分编9册。1913年初版。该书宗旨"在使儿童知国家文化之源流、民族之特色，以养成尊崇国粹、融合各族之观念"[1]。该书较好地迎合了民国初期的教育需求，第一册于1913年3月初版，出书后供不应求，到当年5月就出到第5版。

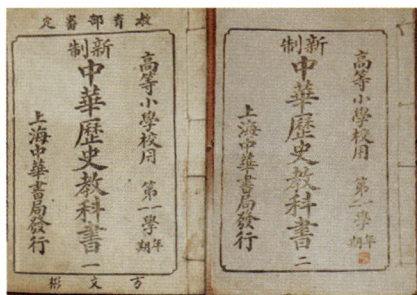

图2-3　　《新制中华历史教科书》（高等小学校用，第一、第二册），章嵚、丁锡华编，上海中华书局

"新制中学教本"系列在内容上紧随教育宗旨，遵循新学制，体现共和精神，并且注重实际材料与各科的联络。教育部的审查意见是："一曰取材精审，再曰编辑得体。"[2]

1914年中华书局出版的钟毓龙的《新制本国史教本》（3册），与以往历史教科书的四期分法不同，其采用了五期分法。该书作者钟毓龙（1880—1970），字郁云，号庸翁。杭州人。曾在浙江高等学堂、杭州府中学堂等校任教，后任宗文中学校长，曾任浙江通志馆副总编等职。该书另设"阅者"二人：姚汉章、谢无量。阅者应该相当于今天的审读者或校者。

该书把中国历史分为五期：远古史，邃古至秦统一前；中古史，秦统一至南北朝；近古史，隋至南宋末；近世史，元至清末；现代史，中华民国。中古主要有两件大事：一是汉族的拓展与外族

[1] 章嵚，丁锡华.新制中华历史教科书[M].上海：中华书局，1913：编辑大意.
[2] 张相.新制西洋史教本：上册[M].上海：中华书局，1918：封三.

的同化，一是君主专制制度的建立。与一些史家注重民族分合不同，《新制本国史教本》认为专制制度的建立对中国历史的影响尤为深远。为维护君主专制而实行的各项政策，是造成汉族衰微与外族入侵的重要原因，直接导致其后中国的衰落。中古期虽然有唐帝国的兴盛，但是在政治制度等方面并未改变其之前专制性质，政治日坏，以致造成五代百余年的混乱。宋代建立后，采取重文抑武措施，以致积贫积弱，终以灭亡，"此亦远古以来之大变故也"[1]。就中国历史发展趋势来说，近古期与中古期都是中国走向衰落的时期。

钟毓龙的《新制本国史教本》比较注重中国历史中的政治精神。该书在"编辑大意"中写道：

> 吾国历史，多偏于君主及战争之事。共和肇始，皇家一姓之事，苟非与大事有关者，皆在所宜删；而战争之事，则别有专史，非本书范围所及也。本书要旨，在发挥我国国民之特色，而更推究其贫弱之原因，故于专制之成因及流毒，言之较详；而社会变迁、风俗隆替，尤所注意，庶学者读之，得知现势造成之由来，借资反省与空谈往事而徒记姓名者不同。

为此，《新制本国史教本》就特别注重削弱君主专制制度的影响。中国专制制度起自秦之统一，终于清之覆亡，这一时期即专制时期。中古以来的专制孕育了中国衰微的因素，这种衰微，直到"现代"——民国共和制度建立后，才有可能发生转变，中国历史开始了一个新时期[2]。

图2—4　《新制本国史教本》（第二册），钟毓龙编，中华书局

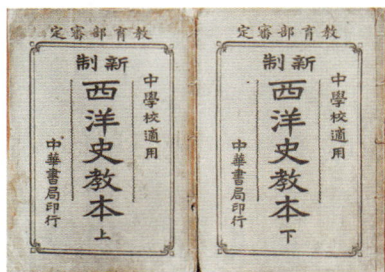

图2—5　《新制西洋史教本》（上册、下册），张相编，中华书局

"新编中华教科书"系列。1913年底，当时许多学校还没有按照教育部要求迅速实施秋季始业的变革，仍然沿用清末学制春季始业，因此，中华书局特别为高小阶段编写了一套"新编中华教科书"，春季始业。作者潘武、章嵚，阅者有范源廉。"新编中华教科书"系列封面、封二和封三都是红色字体印刷，高小历史教科书由原先的9分册改为6分册，更符合学期学习的要求。该书宗旨

[1] 钟毓龙. 新制本国史教本：中册[M]. 上海：中华书局，1914：1.

[2] 刘超. 古代与近代的表述：中国历史分期研究：以清末民国时期中学历史教科书为中心[J]. 人文杂志，2009（4）：138.

"在使儿童知本国文化之大要，兼养成国民之志操"，注重民族关系，"民国肇造，五族一家，是编于统一国土，融合种族，特为注重"[1]。内容更新到民国元年（1912）为止。此书也很受学校欢迎，第一册1913年11月初版，1917年4月出到了第11版。

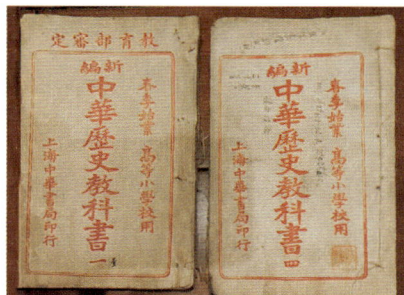

2—6

图2—6　《新编中华历史教科书》（第一、第四册），潘武、章嶔编，上海中华书局

三套书的具体出版信息如表2—4：

### 表 2-4　中华书局历史教科书书目

| 书名 | 编著（译）者 | 版本信息 |
|---|---|---|
| 《中华高等小学历史教科书》 | 汪楷、华绍昌编 | 4册，附历代大事年表，1912年1月初版，5月第7版 |
| 《中华中学历史教科书·本国之部》 | 潘武编，戴克敦、姚汉章、陆费逵阅 | 2册，1912年9月初版 |
| 《中华中学历史教科书·东亚之部》 | 潘武编，戴克敦、姚汉章、陆费逵阅 | 1册，1913年10月初版 |
| 《中华中学历史教科书·西洋之部》 | 张相编译 | 1915年版 |
| 《新制中华历史教科书》 | 章嶔、丁锡华编，戴克敦，沈颐，陆费逵阅 | 9册，高等小学校用，秋季始业，上海中华书局1913年5月初版 |
| 《新制中华历史教科书》 | 汪楷、章嶔编，戴克敦、沈颐、陆费逵阅 | 9册，高等小学用，春季始业，卷端题名《新制中华高等小学历史教科书》，1913年3~5月初版 |
| 《新制本国史教本》 | 钟毓龙编，姚汉章、谢无量阅 | 3册，中学校适用，第1册：1914年8月初版，1915年3月再版；第2册：1914年10月初版，1915年5月再版；第3册：1914年12月初版 |
| 《新制东亚各国史教本》 | 李秉钧编，范源廉、姚汉章阅 | 中学校适用，1914年11月初版 |
| 《新制西洋史教本》 | 张相编，姚汉章阅 | 2册，中学校用，1914年8~9月初版，附中西译名对照表 |
| 《新制中华历史教授书》 | 汤存德编 | 1913—1915年 |
| 《新制中华本国历史参考书》 | 钟毓龙著 | 3册，1915年4月 |
| 《新编中华历史教科书》 | 潘武、章嶔编，范源廉、沈颐阅 | 6册，高等小学校用，春季始业，1913—1915年 |
| 《新编中华历史教授书》 | 潘武、汤存德编 | 1914—1915年 |

　　资料来源：根据王有朋《中国教科书书目汇总》、北京师范大学图书馆和首都师范大学教科书博物馆（筹）藏书目录整理而成。

[1] 潘武，章嶔.新编中华历史教科书：第1册[M].上海：中华书局，1913：编辑大意.

中华书局历史教科书的编辑出版，得益于一些知名学者的参与和支持，如章嵚原先为文明书局编写教科书，是著名的史地学家，后来参与了中华书局多种历史教科书的编写。张相是中国语言文字学家，有"钱唐才子"之称，是一位学者型的人物，著有《诗词曲语辞汇释》，也是中华书局《辞海》的主编之一，他早年应中华书局之邀参与史地教科书的编审，负责中华书局教科书图书部，供职于中华书局编译所达30年之久。中华书局后来的历史教科书编写的骨干——金兆梓，也是张相的学生。范源廉是中国近现代教育创始人之一，他曾任清政府法政学堂主事、学部参事。辛亥革命后，先后4次出任教育总长，曾任北京师范大学首任校长、中华书局编辑部长、中华教育文化基金会董事长、北京首都图书馆理事及代馆长等职，曾参与创办清华学堂、南开大学等。

### 2. 商务印书馆的历史教科书

南京临时政府下发禁用清学部颁行的教科书文件之时，正值寒假，当时还是春季始业，新学期即将开学，新的教科书来不及准备，新成立的中华书局横空出世，抢占先机。但是，拥有雄厚人力、物力和财力的商务印书馆绝不会坐视其命脉——教科书市场的流失。商务印书馆"既将旧有各书遵照教育部通令大加改订"，凡与清廷有关系者，悉数删除，"并于封面上特加'订正为中华民国'字样，先行出版，以应今年各学校开学之用"[1]。同时，也开始集中力量着手编辑与南京临时政府的教育方针相吻合的教科书——商务印书馆将他们的这套书命名为"共和国教科书"，以适应新时代教育改革的需要。"共和国教科书"科目齐全，体系完整，被称为民国"第一套最完全的教科书"[2]。它的编纂理念紧紧围绕新教育宗旨及培养共和国民展开，"注重自由、平等之精神，守法合群之德义，以养成共和国民之人格"，"注重表彰中华之固有之国粹特色，以启发国民之爱国心"。在教科书内容安排上，强调"各科教材俱先选择分配，再行编辑成书，知识完整，详略得宜"，"各科均按照学生程度，循序渐进，绝无躐等之弊"且"书中附图和五彩画，便与文字相引证，并以引起学生兴趣而启发其审美之观念"。[3]这些也都成为"共和国教科书"所强调和宣传的教材要素。

历史一科也秉持"共和国教科书"的编纂理念，在适应新教育宗旨和新学制以及内容编排等方面都做出了许多有益的尝试。

"共和国教科书"历史科类包括《共和国教科书·新历史》（春季始业）、《共和国教科书·新历史》（乙种，秋季始业）、《共和国教科书·本国史》、《共和国教科书·东亚各国史》、《共和国教科书·西洋史》等，以及相配套的教授书。

《共和国教科书·新历史》。《共和国教科书·新历史》适用于高等小学，共6册，分适用于春

---

[1] 陈学恂. 中国近代教育史教学参考资料：中册[M]. 北京：人民教育出版社，1987：423.

[2] 同[1]424.

[3] 编辑共和国小学教科书的缘起[J]. 教育杂志，1912（1）.

季始业和秋季始业（乙种）两种，以封面的红黑字体区分。皆由史学家傅运森编写，高凤谦、张元济校订，该书从1913年开始陆续出版。

傅运森（1872—1946），字纬平，湖南宁乡人，是我国近代著名的历史学家、教育家和出版家。光绪二十年进士。1897年考入南洋公学师范班第一期。后入商务印书馆编译所任编辑。1912年参加编写《共和国教科书·新历史》（高小用），长期从事教科书特别是历史教科书的编写，还编写有《共和国教科书·东亚各国史》《共和国教科书·西洋史》《中学师范学校教科书·历史》《新法教科书·历史》《新学制教科书·历史》等教科书，曾任百科全书委员会史地系主任。

《共和国教科书·新历史》（下称《新历史》）涵盖了从远古到民国初期的历史，每册约有18课，30页左右，供一个学期的学习。书中的文章短小精悍，言简意赅，充分照顾儿童的阅读接受能力。第一至第四册后面附有与本册相关的大事年表，第五、第六册附有历朝统系表。第一册后面还附有时间分配方法，如：

> 每篇（即每节）教授二时者，其分配方法，可分三种：（甲）每篇平分二段，每时教授一段。（乙）每篇分二段，第一段较多，第二段较少；第一时教授第一段，第二时教授第二段并复习全篇。（丙）不分段落，第一时教授，第二时复习；其每篇教授三时以上者，以此类推（如三时者可分二三段，四时者可分三四段；或竟不分段落，视各篇内容而定）。[1]

在教学方法上，《新历史》注重联络各科教材，以求教授上之统一。比如，《新历史》充分结合历史与地理的联系，用丰富的历史地图帮助学生形成对历史的直观认识。《新历史》还充分结合历史与修身的联系，如用文天祥、岳飞、鸦片战争等人物和事件培养学生的爱国心。《新历史》也注重利用文化史帮助学生了解中华文化源流和发展过程，培养学生的文化认同感和对文化的自觉意识。此外，《新历史》借民族发展史阐述民主等新观念，如强调不同民族的团结和睦，有课文：

> 各民族同在一国中，休戚相通，谊属兄弟。前此为一姓专制时代，各私其种人，故多不平等之制度。今民国建立，凡我民族，不问何种何教，权利义务皆属平等，无所轩轾，利害与共，痛痒相关，同心协力，以肩国家之重任。[2]

《新历史》的另一大亮点是"圆周法"的编写体例。按照《普通教育暂行课程标准》的规定，高等小学第一、二学年的教学内容为"本国历史之大要"，第三学年要补习本国历史，依系统叙述，且要求注重文明开化。《新历史》按照教学要求把教学内容分为两个"圆周"，第一个圆周用"史谈体"，在一、二年级教授"本国历史要略"（第一至第四册），第二个圆周用"开化史体"，在三年级进行"本国历史之补习"（第五、第六册）。"史谈体"是以人物、历史事件为叙述中心，体现故事性和趣味性，有助于培养学生学习兴趣；"开化史体"是以通史叙述的形式系统梳理历朝历代兴衰过程，使历史具有清晰的脉络，便于学生形成完整的历史记忆。两个圆周都以时

---

[1] 傅运森. 共和国教科书：新历史：第1册[M]. 上海：商务印书馆，1913：附录.

[2] 傅运森. 共和国教科书：新历史：第4册[M]. 上海：商务印书馆，1913：18.

间为循序叙述，形成过程一致但侧重不同的两个闭环，有助于深化和丰富学生的历史认知。

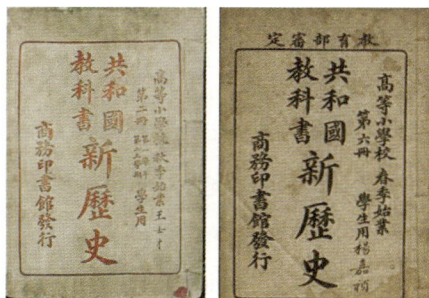

图2-7 　《共和国教科书·新历史》，傅运森编，高凤谦、张元济校，商务印书馆

《共和国教科书·东亚各国史》。《共和国教科书·东亚各国史》（下称《东亚各国史》）适用于中学，此书也由傅运森编写，1913年8月初版。《东亚各国史》只有1册，书后附有大事年表，并且多用彩图，图文并茂。该书将历史分为上古、中古、近古和近世四个时期。然而此书叙述的范围却不只是日本、朝鲜等东亚诸国的历史，还包括古印度、古巴比伦、波斯等南亚、西亚和中亚地区诸国的历史。故这本书准确来说是"亚洲各国史"。《东亚各国史》不仅介绍亚洲各国文明，而且特别关注东西各国间的关系和文明之间的冲突与演化，书中穿插了很多特别的章节，如上古史中的"外寇侵入印度""佛教东渐"，近古史第三章"西力东渐"中"葡萄牙西班牙之东略""耶稣教之东行"，近世史有"英法两国之竞争""俄人之东略""俄人取西伯利亚"等。这种结合东西各国冲突与交流的历史叙述使得人文与历史融为一体，有助于学生形成完整的历史观。另外，《东亚各国史》中对日本历史着墨较多，反映了日本对当时中国的影响。

图2-8 　《共和国教科书·东亚各国史》，傅运森编，商务印书馆

《共和国教科书·西洋史》。按照教育部章程，"中学校第三学年，除授东亚各国史外，兼授西洋史"。《共和国教科书·西洋史》（下称《西洋史》）适用于中学，由傅运森编写，1913年初版。该书被称为"民国初期我国自编的第一套中学欧美史教科书"[1]。《西洋史》分上、下两册，上册2篇6章31节，下册2篇23章74节，也分为上古、中古、近古和近世四个时期。第一篇是上古史，讲述古代东方、古希腊、古罗马史实；第二篇为中古史，范围从西罗马帝国的灭亡到新航路的开辟；第三篇是近古史，始自德国宗教改革，直到拿破仑帝国灭亡；第四篇是近世史，从神圣同盟建立开始，到20世纪初。为增强直观性，《西洋史》的教授和学习以大量图表作为辅助，这些图表包括人物肖像图、建筑物图、历史地图，以及《罗马帝系略表》《喀罗林朝统系表》《俄国罗曼诺

[1] 芮信. 傅运森《共和国教科书西洋史》述评[J]. 历史教学问题，2013（4）：133.

夫家系表》等帝王世袭表。《西洋史》采用公元纪年，同时兼用民国纪年，正文中还会保留一些专有历史地理名词的英文名称。当时的教育部对这部书评价很高，从审定批语中可见一二，上册批："条例分明，取材亦简而不漏，教科书体裁此为最宜。"下册批："取材叙事繁简合度，与上册同为中学校教科用书。"[1]从市场反应来看，这部《西洋史》也是成功的，它的上册到1926年已经印了22版，下册到1924年已经印了19版。

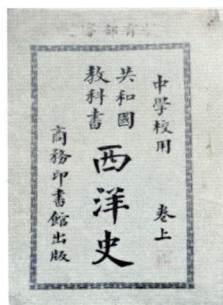

2-9

图2-9　　《共和国教科书·西洋史》（上卷），傅运森编，商务印书馆

《共和国教科书·本国史》。《共和国教科书·本国史》（下称《本国史》）适用于中学，分上下两册，章节体编写，按照上古史、中古史、近古史和近世史分为四篇，于1913年9月初版，赵玉森编。

赵玉森（1868—1945），江苏丹徒人。曾在上海南洋公学、南京方言学堂任教。清宣统二年（1910），应马相伯之聘，任复旦大学历史教授，后去商务印书馆任编辑。民国五年（1916），北上清华大学教文史两课。

《本国史》按照朝代划分成不同章目，每章多按照盛衰演变分成各节。在每篇最后专辟一章，按节讲这一历史阶段的制度、学术、宗教、技艺、产业、风俗等内容，使历史叙述转向更加宽广的领域，而并不是仅仅停留在王朝政治演替的范围内。书后的版权页印有教育部对《本国史》的审定批语："是书取材编次尚属合宜，叙事亦简洁得要，应准予审定，作为中学校用书。"[2]

2-10

图2-10　　《共和国教科书·本国史》（上卷），赵玉森编，商务印书馆

### 3. 其他机构的历史教科书

随着民国新学制的颁布与实施，学校教育管理日益规范，正规化程度提高。学校对教科书的使

[1] 芮信. 傅运森《共和国教科书西洋史》述评[J]. 历史教学问题，2013（4）：136.
[2] 傅运森. 共和国教科书：本国史[M]. 上海：商务印书馆，1923：版权页.

用也越来越规范，对教科书的完整性和系统性的要求逐渐提高。低年级一旦使用了某系列教科书，一般高年级也会接着使用；使用了某部教科书的第一册，一般也会接着使用第二册第三册。这样，那些不太系统的教科书便越来越没有市场，逐渐退出，历史教科书市场基本上由商务印书馆、中华书局等大书局的教科书占领，其他书局的历史教科书影响越来越小。但其他小书局的历史教科书凭借多种因素，还是有一定的适用范围，仍有一定的使用市场。

例如中国图书公司的《高等小学新历史教科书》。本书共6册，作者赵钲铎，本书旨在"使儿童知数千年国体变迁之大要与国力文化消长之梗概，以养成共和国民之志操"。在内容组织上采用圆周法，螺旋推进，并且在材料选择、图画、册数安排等方面都作出详细的说明，具体如"编辑概言"中说：

本书依据教育部公布之小学校教则及课程表，详慎编辑，其内容之要点，分述如下：

一、旨趣。使儿童知数千年国体变迁之大要与国力文化消长之梗概，以养成共和国民之志操。

二、材料。教材选择之标准如下：

（一）国家之由来

（二）圣贤豪杰之言行

（三）文化之进退

（四）事物之原始

（五）政制之因革

（六）历代兴亡之概略

（七）近世中外国际之关系

（八）共和国体之建设

三、编制。依圆周法全书统分两周，第一、第二学年为一周，用传记体，大半以人为纲。第三学年为一周，则纯然以事为纲，而叙述之材料乃由第一周单纯之观念渐进而及于复杂。

四、文字。课文辞（词）句以简明浅雅为主，务使教授时易于解释，无深奥佶屈之病。课文字数之分量，亦由少数而渐进于多数，第一周以百字为率，第二周以二百字为率。

五、图画。插制图画于教科书，使儿童得直观之效用，约分四种：

（一）沿革地图

（二）风景图

（三）古代器物图

（四）名人画像

六、册数及课数。全书分六册，每册二十八课，计一百六十八课。

七、学年学期之配当。

第一学年：第一、二学期（第一册）；第三学期（第二册）。

第二学年：第一、二学期（第三册）；第三学期（第四册）。

第三学年：第一、二学期（第五册）；第三学期（第六册）。

八、本书之附属物。

本书专供生徒课业之用，此外另编四种：

（一）教授书（教师用）

（二）参考书（教师用）

（三）教授法（教师用）

（四）历史地图（生徒用）

以上四种编辑体例，另有说明，资（兹）不赘述。

本章仅述编辑本书之概略，详细编辑方法，于教授法中另述之。[1]

除了学生用书外，《高等小学新历史教科书》还配备了两种教师用书，一种是教授书，另一种是参考书，这在当时实属少见。教授书主要讲本科目的教授法，主要是具体说明科目教旨、教材、教法以及教学提示等内容，来详细指导教师的教学，作为教师教学法训练的重要指导材料。

参考书也是教师用书，它是考虑教师的教学压力，"以一人而兼任数科目，课前预备时间恒苦"，且"历史之为物，至为繁博"，学校没有财力采购大量史籍而产生的，"则其穷源竟尾，朗若列眉，已经批阅，即能明澈，预备时之困难可免"。参考书是对教科书内容的进一步解释，这些解释多出自原典，包括对历史人名、地名和事件的详细注解等，是教师教学的拓展阅读材料和教学辅助性材料。[2]这实际上相当于今天教材之外的拓展资料。

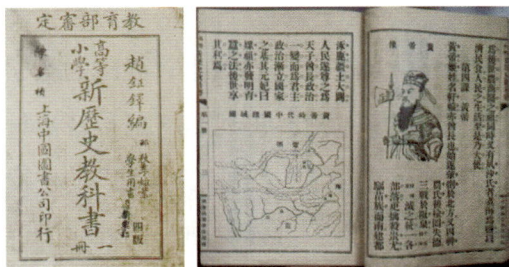

图2-11 《高等小学新历史教科书》（第一册），赵钲铎编，上海中国图书公司

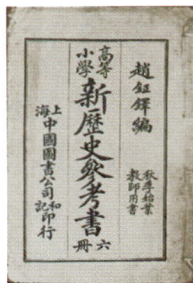

图2-12 《高等小学新历史参考书》（第六册），赵钲铎编，上海中国图书公司

[1] 赵钲铎. 高等小学新历史教科书：第1册[M]. 上海：中国图书公司，1914：编辑概言.
[2] 赵钲铎. 高等小学新历史参考书：第6册[M]. 上海：中国图书公司，1917：编辑概言.

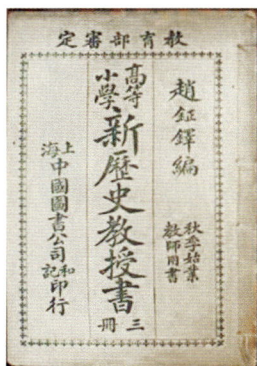

2-13

图2-13 《高等小学新历史教授书》（第三册），赵钲铎编，上海中国图书公司

## 三、新文化运动中的历史教科书变革

辛亥革命以后，"中国创建共和政体，开四千年以来东亚未有之创局"[1]，全国上下一片"共和"声，作为一定时期政治经济文化体现物的教科书，当时的教科书字里行间也洋溢着民主共和、新型职业观、破除社会陋俗和尊重女性等全新的价值观念。但同时中国的先进知识分子也逐渐感到，新的政治体制并没有阻止专制王朝的复辟思想，中国迫切需要一场文化上的批判和革新运动，于是新文化运动应运而生。通过对旧思想、旧道德、旧文学的深入骨髓的批判，新文化运动逐渐鼓动起一浪高过一浪的思想风潮，传统的桎梏被打破，思想的闸门也开启得更加广阔，各种运动和思潮汹涌澎湃涌进，一边洗涤着旧迹，一边激荡起探索和创新的朵朵浪花。教科书也反映了这一变革。

### （一）新教育理念对历史教科书编写的影响

这一时期，各种新教育和教学理念被大量引入中国，产生了巨大的影响。传统上，我国的教学方法基本以讲授为主，到了清末，赫尔巴特的教学方法（强调教师的权威和中心地位）最早经由日本传入我国，与传统的私塾教育强调灌输记忆的方式结合在一起。一方面，"五段教学法"[2]使得知识内容的讲授更加科学和更具有可操作性；另一方面，这种强调讲授的教学方法进一步强化了传统教育中教师主导和课堂中心的态势，教育教学变得沉闷、呆板和形式主义，因而饱受诟病。民国建立后，欧美"新教育运动"和"进步教育运动"的开展及其崭新的教育教学思想传入我国，新教育教学思想批判传统教育"以教师为中心""以书本为中心"的弊端，反对传统教学以课堂讲授和记诵为主的教学方式，同时主张"以儿童为中心""以活动为中心"，发展学生个性、培植学生谋生能力，一定程度上促进了当时我国中小学教育的改革与发展。

---

[1] 陈学恂. 中国近代教育史教学参考资料：中册[M]. 北京：人民教育出版社，1987：421.
[2] "五段教学法"指德国教育家戚勒和莱因基于赫尔巴特的形式教学阶段而提出的教学理论。清末传入中国，曾对我国中小学教学有广泛的影响。

新的教育教学理念对历史教科书编写影响较大的有实用主义和自学辅导主义思想。

1913年，黄炎培发表了《学校采用实用主义之商榷》，以及《小学校实用主义表解》等文，还做过以《实用教育》为内容的浸润实用主义教育思想的演说，强烈批判传统教育专重文字、脱离实际和空虚无用的弊端，主张学校教育要联系儿童生活和社会的实际需要。黄炎培批判往昔的教育与实际生活相隔绝，学生接受那种教育不但不能增进生活的能力，甚至可能失掉了生活的能力；他认为，实用主义教育旨在补救这种弊端，而使受教育者真正获得生活上必备的知识与技能。对此，黄炎培对小学各科如何以使用目的进行改良提出了自己的主张，其中他建议历史学科"除近世大事择要授之外，全不取系统，授以职业界之名人故事等"[1]。很明显，黄炎培对历史一科的实用主义改造稍显激进，有突出的去学科化倾向。1915年黄炎培赴美国考察回来，多次在报告或演说中提到美国的实用主义教育情况，如"鄙人此次调查美国教育所得之结果有两大端：一为生活主义，二为个别主义，此两大端又可一言以蔽之，则鄙人向所主持之实用主义是也"[2]。黄炎培所倡导的实用主义教育，在教育界引起了强烈的反响，在民国初年逐渐发展成为一种教育思潮，此说倡行一年后，江苏、上海各小学反应热烈，安徽、江西、浙江、直隶等甚少实行的省份，以"一见倾心，莫不以实用主义为其谈话之资料。盖此四字即于一股教育者之脑海深矣"[3]。

几年后，杜威的实用主义思想大规模传入中国，与中国当时流行的"实用主义""实利主义"思潮一拍即合，尤其是杜威来华访问及其信徒的传播，使得实用主义在当时产生了巨大的影响。受实用主义教学法的影响，杨玉如引入了美国学者瓦根的《历史实验室的教学法》，该教学法充分借鉴自然科学学科的做法，主张设立历史教学的实验室，实验室中的教学器材包括书桌、书籍、纲领、记录簿、图书馆、新闻纸剪段、新闻纸和期刊、图解、图画等，实验室学习尊崇"learning by doing"（"做中学"）的原则，旨在让学生在老师的指导下自己编写出历史。[4]虽然这种教学方式过于照搬自然科学的教学模式，但它的应用还是打破了传统历史教学只强调背诵的限制。

如果说实用主义使学习者的视线从书本转移到生活和社会实际，那么自学辅导主义对学习者的重视，显示出它对学习的认识和对教育的变革更加彻底。所谓自学辅导主义，即辅导学生自学和自习。它的出发点有两个：一是防止教师在教学过程中包办一切，旨在发展儿童的积极性与自主性；二是在学生自学的同时，教师要加以必要的辅导，以减少学生独自摸索的困难和精力的浪费。其具体办法是让学生自己先学习教材，遇到困难的地方，再由教师加以辅导。这种方法一般用于小学三年级以上。[5]自学辅导主义旨在克服传统教学偏向教师讲授和学生记忆的弊端，强调发展学生的积极性和主动性，突出学生作为学习主体的地位，同时要求教师在学生自学的同时，给予必要的辅

[1] 黄炎培. 学校采用实用主义之商榷[J]. 教育杂志，1913（7）.

[2] 田正平，周志毅. 黄炎培教育思想研究[M]. 沈阳：辽宁教育出版社，1997：207.

[3] 黄炎培. 实用主义产生之第一年[J]. 教育杂志，1915（1）.

[4] 杨玉如. 历史实验室的教学法[J]. 史地丛刊，1922（1）.

[5] 吴研因，吴增芥. 小学教学法[M]. 上海：中华书局，1936：133.

第一节 中华民国成立后历史教科书的发展

导。与传统教学法相比，自学辅导主义的长处在于能以儿童为主体，可以养成儿童自学的习惯。如时人所评价，它的特质在于：（1）反教师本位而为学生本位；（2）反教授本位而为学习本位；（3）反机械的记忆暗诵而为理解的实验和运用；（4）排斥强制注入，而唤起儿童自学的动机；（5）反个性的压迫而主张自发的活动；（6）反旧日无意识的模行，而注重创造的制作[1]。

除了实用主义、自学辅导主义，道尔顿制、设计教学法、单级教学法等新的教育教学方式也在当时受到广泛追捧。全新的、多样化的教育教学理念驱走了形式单一、内容乏味的传统教学的沉闷气息，带来了热情高涨的全国范围内的教育教学探索和实验，新的教育教学思想对历史教科书的编写理念产生巨大影响，于是，一股大胆探索和创新的气息从新文化运动时期的历史教科书中扑面而来。

《实用历史教科书》。为适应实用主义思潮，商务印书馆于1915年开始推出"实用教科书"系列，到1915年12月已出版小学用"实用教科书"9种和配套的教授书9种。商务印书馆为此书特别作出说明，特以彰显其实用主义的编写原则："教育之道与时势为转移，教科书为教育之主要品，尤当视教育之趋势按时编辑。现今教育方趋重实用主义，本馆有鉴于此，编成小学实用教科书多种同时出版。"[2]在这段时间，商务印书馆还出版了中学用的"实用中学教科书"系列。对于实用主义教科书的编纂，当时的作者基本上是从材料联系实际应用来落实的：

> 现今教育之趋势，应提倡实用，已为教育家所共识，故必有适宜教科书方足以达此目的。本馆有鉴于此，延聘名宿编纂实用初高等小学教科书外，复特编中学实用教科书，全套以期先后一贯，供各学校之采用，其特色如下：（一）各书无论形式材料，皆以合乎实际应用为主。（二）各书材料之多寡，悉准部定时间分配，无过不及之弊。（三）各科学说，均采自东西洋之最新者，并参合我国情势，悉心编纂，非旧日出版之书可与比拟，至于印刷鲜明、装订精美、插图丰富、定价低廉、犹其余事，现修身、国文、本国史、本国地理陆续出版，余已付印，不日出全。[3]

其中，编有适用于高等小学的《实用历史教科书》6册，版权页注明由北京教育图书社编写，王凤岐、邓庆澜[4]、赵玉森校订，线装排印。为满足当时部分学校还是春季始业的状况，该书特别按照春季始业编排。历史分期上，"本书按照历史之天然节段，分为六区划，自有史至战国定为上古史，自秦至南北朝定为中古史，自隋至五代十国定名近古史，自宋至明定名近代史，自清初至清季定名最近代史，清季以后至本书出版前定名现代史"。[5]这种历史六段分期的做法较为少见，不失

[1] 李晓农, 辛曾辉. 乡村小学教学法[M]. 上海：黎明书局，1936：26-27.

[2] 赵传璧, 秦同培. 普通教科书新手工：国民学校用[M]. 上海：商务印书馆，1915：封三.

[3] 北京教育图书社. 实用历史教科书：第3册[M]. 上海：商务印书馆，1915：封三.

[4] 邓庆澜（1880—1960），字澄波。天津人。日本东京弘文书院师范科毕业。一生从事教育管理。曾任天津县立师范讲习所所长、天津特别市教育局局长、河北省教育厅教育设计委员会委员、天津市立师范学校校长等职。1949年10月任天津市第一图书馆馆长。

[5] 北京教育图书社. 实用高等小学历史教科书：第1册[M]. 上海：商务印书馆，1915：编辑大意.

为一种创见。在教科书体例上，该套书"第一、二学年作为一周，授以本国历史要略，以史谈体为之，第三学年自为一周，授以历史补习，参用政治史体与开化史体为之"[1]。这种双圆周的编排是商务印书馆历史教科书编纂常用的一种方法。在每册目录页，每节课都有建议授课时数。

图2-14　《实用历史教科书》（第六册），北京教育图书社编，上海商务印书馆

《普通教科书·新历史》，赵玉森、傅运森编，1915年12月由商务印书馆出版。该历史教科书共6册，高等小学春季始业使用。是书"以道德实利尚武诸主义为体，以实用主义为用"，"尤注重国土之统一，种族之调和"。该书出版后大受欢迎，第一册当月就印了9次。[2]

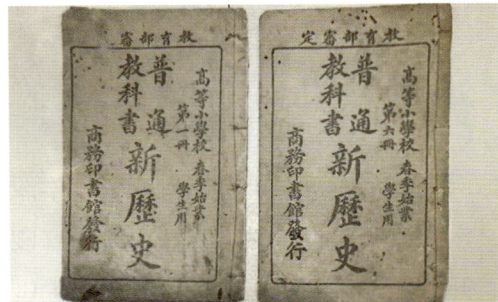

图2-15　《普通教科书·新历史》（第一、第六册），赵玉森、傅运森编，商务印书馆

《新式历史教科书》。1916年1月，中华书局开始推出"新式教科书"系列。该套书专为国民学校和高等小学各科编写，高等小学包含了历史一科。"新式教科书"的编辑宗旨遵循实用主义和自学辅导主义，并延请具有丰富教学实践经验的老师参与编写，该书认为，"自动主义，今世界公认最进步之教育方法。本书各科教授书，注意此点。特聘现在师范小学教员或现任小学教员担任编辑。所创各例，皆根据最近研究所得，于初学年采自学辅导主义，期以养成儿童自立之习惯"[3]。

《新式历史教科书》（高等小学用）的编者是杨喆、庄启传，一套6册，线装木刻，民国五年（1916）由上海中华书局编印发行，经民国教育部审定。另外，庄启传、吕思勉专门为《新式历史教科书》编写了配套的《新式历史教授书》，不过教授书的出版较晚，到了1922年才开始上市。《新式历史教科书》用浅显的文言文编写，文字考究准确，讲究押韵，朗朗上口，易读易记。其内容上启太古开化时期，下至清末君主立宪结束。全书清晰勾勒出华夏五千年文明史的脉络，涵盖了中国的历史沿革，朝代变迁，及各朝代的政治、文化和科技。对每个历史朝代的介绍都附有疆域

[1] 北京教育图书社. 实用历史教科书：高等小学：第1册[M]. 上海：商务印书馆，1915：编辑大意.

[2] 赵玉森，傅运森. 普通教科书：新历史：第1册[M]. 上海：商务印书馆，1915：绪论.

[3] 新式教科书编纂总案[J]. 中华教育界，1916（1）.

第一节　中华民国成立后历史教科书的发展

图、人物图，其中仅疆域图就达30余幅，完整地讲明了我国疆域的演变过程，而且特别标明南海自古就是中国领土。

2-16

图2-16 《新式历史教科书》（第一至第三册），杨喆、庄启传编，上海中华书局

2-17

图2-17 《新式历史教授书》（第二册），庄启传、吕思勉编，上海中华书局

## （二）白话运动与白话历史教科书

新文化运动的重头戏之一便是变革语言文字，1917年1月，胡适在《新青年》上发表《文学改良刍议》，号召用白话文取代文言文。其实在这之前，语言文字的改革已经探索了一段时期。辛亥革命结束不久，蔡元培等人就发起国语运动，于1913年通过召开"国语统一会"，议定了汉字的国定读音和读音的"注音字母"。1916年10月中华民国国语研究会（下称"国语研究会"）在北京成立，1917年国语研究会召开第一次大会，推选蔡元培、张一麟为正副会长，并制定了《国语研究调查之进行计划书》，试图促使最高教育行政机关采取断然措施改国文科为国语科。当时，一些人深感用来书写的文言文和平日交流的口语仍不统一，晦涩难懂的文言文把大部分人挡在了读书识字的门外，因此，新文化运动中，很多人主张"言文一致"和"国语统一"，即书写语言和口语交流语言要统一起来，这便为白话文运动创造了条件。1917年胡适在《文学改良刍议》中倡议："与其用三千年前之死字，不如用二十世纪之活字。"白话文取代文言文，已成为不可逆转的事实，提倡言文一致，在教育界逐渐汇成一股强大的时代潮流，中国大地掀起了提倡白话文的高潮。

一些人也很快把语言文字改革和白话文推广的重任寄托在教育和教科书上。1919年，曾任民国教育总长的张一麟在《我之国语教育观》中就指出："若是将来做成一种教科书，推广到全国，那么我国一千个人中的九百九十三个不识字的半聋半瞎半哑半呆等同胞，仿佛添了一种利器，叫他把天生的五官本能完全发达，那不是一种最大的慈善事业么？"[1]1917年10月，全国教育联合会向北洋政府教育部提交《请定国语标准并推行注音字母以期语言统一案》，呼吁在国家层面出台国语标

[1] 张一麟. 我之国语教育观[J]. 教育杂志，1919，11（7）：49.

准和国语统一的相关政策。1918年，北洋政府教育部开设"全国高等师范校长会议"，决定在高等师范设"国语讲习科"，为注音字母和国语的教育普及做准备。11月23日，教育部又公布了37个借鉴日本假名创造的注音字母。1919年4月，国语统一筹备会正式成立。在第一次大会上，刘复、周作人、胡适等人提出《国语统一进行方法》的议案，其中关于小学教科书方面作了这样的说明：

> 统一国语既然要从小学校入手，就应当把小学校所用的各种课本看作传布国语的大本营；其中国文一项，尤为重要。如今打算把《国文读本》改作《国语读本》。国民学校全用国语，不杂文言；高等小学酌加文言，仍以国语为主体。国语一科以外，别种科目的课本，也该一致改用国语编辑。[1]

10月10日，在山西太原召开的第五次全国教育联合会通过了《推行国语以期言文一致案》，决议规定了限制国文（文言文）和推行国语（白话文）的具体办法，办法的第四条规定："国民小学国文教科书，应即改为国语，高等小学国文教科书，应言文互用。"[2]1920年1月12日，北洋政府教育部明令改"国文"为"国语"，并且通令全国国民学校将一、二年级的"国文"（文言文）改为"国语"（白话文）。同年4月，教育部规定，自1922年以后，国民小学所用教科书一律用白话文编写。自此，教科书正式开启了白话文的新时代，中国中小学教育也开启了大众教育的新时代。为响应教育部号召，适应学校对教科书的新需求，全国许多教科书出版机构迅速启动了白话文教科书的编写工作，学校也开启了白话文的教学。此后，文言文教科书逐渐退出历史舞台。

最早用白话文编写的教科书是商务印书馆的《新体国语教科书》，于1919年出版，但只有国语，没有历史教科书。白话文历史教科书最早出现在1920年的"新法教科书"系列。

《新法历史教科书》。1920年1月12日，北洋政府教育部明令改"国文"为"国语"。教育部令刚下，当月商务印书馆便开始推出"新法教科书"系列。这套书最大的突破就是采用白话文编写，并使用了新式标点。其中，《新法历史教科书》（高等小学学生用）一开始有6册，满足高等小学3个年级使用。第一套《新法历史教科书》的编纂者是吴研因。该套教科书出版发行的过程中恰逢教育部1922年进行学制改革，新学制将小学分为前期小学和后期小学，科目也发生了一些变化。商务印书馆的"新法教科书"系列也随之变化：将高小教科书改为后期新法教科书，随着后期小学学制改为2年，《新法历史教科书》将原来6册改为了4册。《新法历史教科书》的作者也变成了宁乡人傅运森。封面书名由原来的竖排改为横排，并特别说明该书供"新学制小学后期用"。这套书选材更加强调"实用的、启发的"，受欧美新的教育理念和教学方法影响颇深。教育部在1923年4月12日的审定批语中评价道："呈及新法历史教科书四册均悉原书选择史料作为教材，具陶镕简练之长，无枝节繁芜之弊，供小学高年级教学之用，大体尚属合宜。"[3]此外，从封面设计上看，相比

[1] 刘复，周作人，胡适，等. 国语统一进行方法[J]. 教育公报，1919（9）.
[2] 第五次全国教育联合会. 推行国语以期言文一致案[J]. 教育杂志，1919（10）.
[3] 傅运森. 新法历史教科书：第1册[M]. 上海：商务印书馆，1924：版权页.

于商务印书馆的"共和国教科书"系列，"新法教科书"系列的设计显得十分朴素低调，这大概与当时流行的实用主义理念有关。

吴研因（1886—1975），江苏江阴人。早年曾任江阴县立单级小学和上海尚公学校校长，上海中华书局、商务印书馆编辑，江苏省立第一师范学校教员兼附属小学主任。编写过大量小学教科书。后任菲律宾华侨中学教员兼教导主任，《公理报》总编辑。1935年任全国义务教育委员会当然委员。1947年11月任教育部国民教育司司长。中华人民共和国成立后，历任教育部初等教育司司长、中学教育司司长。为中国民主促进会中央委员、中国人民政治协商会议全国委员会常务委员。一生致力于研究小学教育及编写教科书。

由于该套教科书编写体例新颖，又使用了新的标点符号，课文句与句之间，段与段之间明显，教科书从形式到内容都便于教学，因此受到学校欢迎。

图2-18 《新法历史教科书》（第四册），吴研因编，商务印书馆

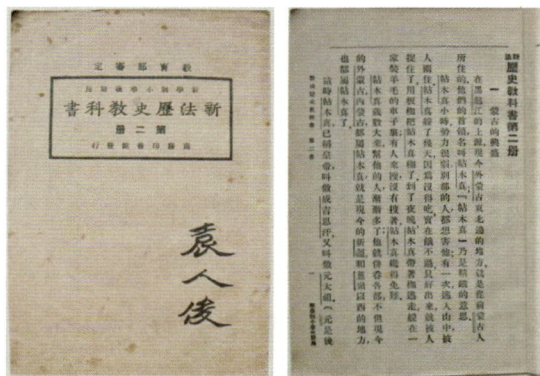

图2-19 《新法历史教科书》（第二册），傅运森编，商务印书馆

除了学生用书，《新法历史教科书》（高等小学学生用）还配有相应的参考书和自习书。吴研因为他的教科书编写了《新法历史自习书》（6册），于1920年6月出版。吕思勉编写了《新法历史参考书》（高等小学校用，6册），由商务印书馆于1920年7月出版。

《新教育教科书·历史》。受国语和注音字母改革浪潮的影响，根据教育部尽快实现白话文编写教科书的要求，同时也为了增强自身的竞争力，中华书局于1920年6月开始出版"新教育教科书"系列。中华书局给这套书的定位是："教育部采取全国教育联合会决议案，规定国民学校改国文科为国语科，高等小学言文互用，本局本此方针，并应世界之潮流，编辑之经验，编辑新教育教科书全套。"[1]

《新教育教科书·历史》（高等小学校用，6册）由洪鋆、朱文叔、李廷翰、陆费逵、李直、

---

[1] 中华书局. 新教育教科书样本[M]. 上海：中华书局，[1921]：封三.

张相编，于1921年1月出版。读者一看这个编写团队，就知道阵容强大。陆费逵是中华书局的创始人，教育家、出版家，多年从事教科书编写与出版；中华人民共和国成立后，朱文叔进入中央人民政府教科书编审机构，先后任教科书编审委员会委员、出版总署编审局编审、人民教育出版社副总编辑，成为新中国教科书建设的重要人物。这套历史教科书文言、语体互用，图文并茂。在编写理念上，该书"注重国家的社会发明的材料，以启发儿童进化之思想"[1]，同时也关注有关国耻的史实，以培养儿童卧薪尝胆之爱国思想。

图2-20　　《新教育教科书·历史》（第二册），洪鋈、朱文叔、李廷翰、陆费逵、李直、张相编，中华书局

《自修适用·白话本国史》。该书一般简称为《白话本国史》，由吕思勉编写。吕思勉（1884—1957），江苏常州人。我国史学大家。先后在苏州东吴大学、上海光华大学任教。1951年光华大学并入华东师范大学，其任华东师范大学历史系一级教授和终身教授。这是吕思勉早期编写的教科书，也是他早期的学术作品。

该书于1923年9月由上海商务印书馆初版。该书出版后获得较高评价，广受欢迎，成为历史学的经典之作。然而，本书一开始并非依照学制编写的狭义的教科书，它只能算作广义的教材，相当于参考书。作者在"序例"中解释该书的产生"是在学校里教授所预备的一点稿子，连缀起来的"，编它的目的在于"给现在的学生看了，或者可以做研究国史的'门径之门径，阶梯之阶梯'"。内容上，该书采用五段的历史分期，即上古史、中古史、近古史、近世史和现代史。全书基本采用白话文编写，但考虑"（1）文言不能翻成白话处，（2）虽能翻而减少其精神，（3）考据必须照录原文处，仍用文言"[2]。该书不重记忆历史史实，而重视学习方法，这使得该书专业性很强。总的来看，该书为白话文编写中学程度的本国通史开了先例，而且史料系统完整，洋洋三十万余言，且贵在"授人以渔"，成为后来史学爱好者的经典阅读书目，至今仍销售不衰。

这是我国最早用白话文编写的中国通史，更是我国历史上最早以白话文写成的历史教科书之一。无论是在学术界，还是教育界，都颇受好评。顾颉刚有感于旧教材"条列史实，缺乏见解"，称赞该书："以丰富的史识与流畅的笔调来写通史，方为通史写作开一个新的纪元。"[3]"书中虽

---

[1] 中华书局新教育科总案[J]. 中华教育界，1922（1）.
[2] 吕思勉. 自修适用：白话本国史[M]. 上海：商务印书馆，1923：序例.
[3] 李永圻，张耕华. 吕思勉先生年谱长编：上[M]. 上海：上海古籍出版社，2012：288.

略有可议的地方，但在今日尚不失为一部极好的著作。"[1]一些学者受该书影响很大，学者唐长孺曾说："我初知读书，实受《白话本国史》的启发，特别是辽金元史部分，以后治魏晋南北朝隋唐史，也受《两晋南北朝史》的启发。"[2]史学家杨宽曾经回忆说："我对中国古代史的钻研是由这部书引起的。"[3]正因为是一本难得的好书，因而初版后得以不断再版，到1926年就出到第4版。[4]

同样，该书的成功也鼓励了作者本人，后来作者在教科书编写上一发而不可收，编写了众多的教科书[5]。作者也因此成为民国横跨历史学和历史教育的巨擘。但此书也受到了一些批评和引发了一些争议[6]。

图2-21　《自修适用·白话本国史》（第二册），吕思勉著，商务印书馆

民国初期教科书的异彩纷呈，既有利益的驱动，也有爱国之心的历史责任感的驱动，在实际的效果上促进了编写人员素质的提高、教科书质量的改进、教科书编写的探索与创新、服务质量的提升和教科书价格的下降。此阶段的教科书在内容上大量宣扬现代进步思想与科学实用技术；在语言上，载体得以丰富与更新，更利于新思想的普及与传播。教科书本身也更注重编排与设计，其现代化步伐不断加快，各级各类教科书的编写出版均取得了显著的成就。康德曾说："公众只能是很缓慢地获得启蒙。通过一场革命或许很可能推翻个人专制以及贪婪心和权势欲的压迫，但却绝不能实现思想方式的真正改革。"[7]清末民初教科书促进了从"有限的启蒙"（开官智）[8]到"普遍的启蒙"（开民智）的转变。

[1] 顾颉刚. 当代中国史学[M]. 北京：胜利出版社，1947：85.

[2] 李永圻，张耕华. 吕思勉先生年谱长编：上[M]. 上海：上海古籍出版社，2012：1066.

[3] 杨宽. 历史激流中的动荡和曲折：杨宽自传[M]. 台北：时报文化出版公司，1993：47.

[4] 吕思勉的这本教材一直是影响深远的史学大作。2005年上海古籍出版社将其收入《吕思勉文集》重新出版；2008年新世界出版社改名为《中国通史》出插图珍藏版；2008年中国社会科学出版社改名《中国史》收入"大国历史"丛书出版；2008年，被长征出版社改名为《吕思勉讲史》出版；2010年中国言实出版社再版重印；2010年改名《中国史》由中国华侨出版社出版。

[5] 吕思勉编写的历史教科书还有《新学制高级中学教科书·本国史》《复兴高级中学教科书·本国史》《高中复习丛书·本国史》《初中标准教本·本国史》等。他还编写了国文等其他教科书。

[6] 石鸥. 教科书的记忆：难忘的故事[M]. 长沙：湖南教育出版社，2019：159-162.

[7] 康德. 历史理性批判文集[M]. 何兆武，译. 北京：商务印书馆，1990：24.

[8] 上海图书馆. 汪康年师友书札：1[M]. 上海：上海古籍出版社，1986：223.

# 第二节
# 新学制时期的历史教科书

1919年，全国教育会联合会从第五届年会起开始讨论修改学制系统，1920年组成学制研究会，酝酿制定具体的教育改革方案。1921年全国教育会联合会第七届年会在广州召开，以学制为主要议题，最后决议以广东的提案为基础，征求全国意见。1922年9月，北洋政府教育部召开全国学制会议，对提案稍作修改后，提交全国教育会联合会第八届年会征询意见。最终，于1922年11月1日以大总统令公布实施《学校系统改革案》，史称"壬戌学制"，又称"新学制"。

## 一、新学制及其意义

新文化运动的开展使得国民精神为之一新，来自欧美的新教育教学理念和方法渐渐被人们认可和接受，慢慢地，一种追求个性发展和实用主义的教育氛围开始形成。其中，欧美学者对当时我国教育的影响不可估量。1914年4月，杜威来华讲学，而在这之前，胡适、陶行知、蒋梦麟等已经为实用主义学说进行了宣传。杜威在华停留2年之久，足迹遍布北京、上海、山东、广东等地，演讲87场。之后，孟禄、伯克赫斯特、克伯屈也相继来华进行了访问。随着教育界开始向欧美新教育、进步主义教育学习，人们对既有教育越来越持一种批判的态度。同时，旧的学制也越发不适应当前社会发展的要求，在新学制颁布之前，各地已经跃跃欲试，在教育上谋求一种新的突破。

风起云涌的教育思潮渐渐形成全国性的改革呼见。1922年，教育部在北京召开了学制会议，对之前全国教育联合会的学制提案进行了审议和修改，11月1日，《学制系统改革案》便以大总统令的形式颁布。这就是"壬戌学制"，又因其采用了美国学制的六三三分段，所以又称"六三三学制"。新学制体现了新文化运动以来倡导的"科学"和"民主"精神，尤其是实用主义思想，以及个性化发展理念。它在学校系统总说明中提出：学制分期大致以儿童身心发展时期为依据，以儿童为中心，顾及学生个性及智能，高等、中等教育之编课采用选科制，初等教育之升级采用弹性制。新学制充分发挥了新文化运动以来所倡导的教育精神，它以七条"教育要义"取代"教育宗旨"，这七条教育要义对学校各科教育发挥着纲领性的指引作用。它们分别是适用社会进化之需要、发扬平民教育精神、谋个性之发展、注意国民经济力、注意生活教育、使教育易于普及、多留各地伸缩余地。学制还定有四项附则：为使青年个性易于发展，得采选科制；为适应特殊之智能，对于天才者之教育应特别注重，其修业年限得变通之；对于精神上或身体上有缺陷者，应施以特殊教育；对于年长失学者，应施相当之补习教育。

总的来看，"壬戌学制"比较彻底地摆脱了封建传统教育的束缚，教育重心明显下移，更重视基础的、民众的教育，注重人才培养，突出适应社会和个人需要；学制比较简明，又有一定的灵活性。因此，在此后的改革中，这个学制除了局部改动外，总体框架一直延续下来。"壬戌学制"的颁布和实施，标志着中国近代以来的学制体系建设的基本完成。由此，中国的学制系统从几乎完全抄自日本的壬寅学制、癸卯学制、壬子癸丑学制到取法欧美，发生了重大的转变，实现了从近代教育向现代教育的成功转型，并影响至今[1]。

## 二、新学制时期的历史教育思想

新学制是乘五四之风而颁布的，五四运动推动着历史教育不断往科学化迈进。

首先，在新史学运动时期批评历史只讲帝王史和政治史的弊端的基础上，新学制期间，历史学家和历史教育家在批判传统史学只注重政治史、帝王史的同时，倡导历史教育开辟文化史、经济史、对外交流交往史等新的领域。杜威于1920年在中国的讲演中说道："我们并不是说政治不重要，不过是有许多更为重要的事。如水火机器的发明，工业商业宗教的发生，都比王公大臣的生死重要得多。"[2]何炳松认为历史教科书编写应该说明历代社会进化过程，使学生明白社会的由来，历史不应只偏重政治，他主张打破历史朝代断限的过程，认为制度史应该是一个渐进发展的过程。[3]

其次，历史教育中出现关于世界主义与国家主义的论争。时值欧战结束，德国战败，世界国家主义、民族主义的发展势头骤减，世界交往交流代之以"世界主义""互助主义"。蔡元培对进化论的"优胜劣汰"的思想重新进行了思考，指出世界各国应展开合作，强调国际互助的必要性。1923年的旧金山世界教育大会，对"世界主义"教育的决议案予以通过，进一步强化了这种认识。当时孙中山提道："所谓欧洲各国今日已盛倡世界主义，而排斥国家主义，若我尤说国家主义，岂不逆世界潮流而自示固闭。"[4]而蒋梦麟也发表过深刻的观点："欧洲教育可分为两派，曰条顿派，注重军国民主义，德国是也。曰盎格鲁撒逊派，注重人格主义，英国是也。美国教育为人格主义所推衍，故能产生共和精神。法国自共和成立以来，国中主持教育者极力发挥共和精神，国基因

[1] 石鸥，吴小鸥. 中国近现代教科书史：上册[M]. 长沙：湖南教育出版社，2012：228.

[2] 杜威. 杜威五大讲演[M]. 胡适，译. 合肥：安徽教育出版社，2005：89.

[3] 何炳松. 编辑或讲授历史应以说明历代社会状况之进化[J]. 史地学报，1922（1）：4.

[4] 中山大学历史系孙中山研究室，广东省社会科学院历史研究所，中国社会科学院近代史研究所中华民国史研究室. 孙中山全集：第5卷[M]. 北京：中华书局，1985：558.

以巩固。吾国以共和政体应世界潮流，当采英法美三国之长。"[1]世界主义反映在新学制课程历史科的内容中，就是中外史混合，教科书里中外史合编。但现实中弱国无外交，五四运动等一系列外交事件刺激着民族主义敏感的神经，对于中外史合编这一做法，一些人认为"不利于学生认识国史发展的基本线索和脉络。国史的发展进程被割裂成一系列缺乏内在联系和零散的知识点，……实际上，历史教学界基本上不认可这一方案，和以前一样，商务等出版社继续大量出版国史教科书，供历史教员使用"[2]。

此外，新学制时期对历史教育教学方法还有更加广泛且深入的讨论。比如对历史教材的认识，何炳松认为应该使用"最初材料"，并且要"说明来历，附于每章或每节之末"。在章节的后面，最好列举参考书目，而且"不宜多举，仅列最佳者三四种已足"[3]。而北大西洋史教授陈衡哲的观点则显得较为激进，她主张完全废止讲义，不使用教科书。在她看来，历史教学的弊端之一就是偏重"注入事实"，"不求发展学生研究学问之本能"，导致学生没有学习历史的兴趣。她的观点有一定道理，但废止教科书显然是片面且过激的主张。这些关于历史教育的争论和观点对当时中小学的历史教育产生了一定的影响，强化了我国历史教育的研究，也促进了历史教育的科学化进程。

## 三、新学制与历史课程的变革

新学制将原先七年小学改为六年制，并且采取了四二分段，分成初小和高小两级，这样更有利于教育普及。

新学制中关于历史科的教育教学采纳了很多发达国家的做法和我国一线教学实践经验，这体现了国人对历史教育新的认识。历史教育研究更加倾向于实证主义，倡导历史教学的理论基础要建立在调查、观察、实验、试验、测量的基础之上，尤其鼓励历史教育的综合化发展。在小学低年级，历史一科统归于"社会科"（初小含卫生、公民、地理、历史4科），以此指导历史教育实践，推动历史教育的现代化发展。

初小取消历史单独设科，与卫生、公民、地理合并为社会科，高小则继续保留历史。这种做法，在当时既有助于减轻学生的负担，也便于教育的普及，一直被沿用下来。更值得注意的是，历史教育的目标已发生根本转变，体现在历史教学不再强调死记硬背历史知识，而是注意引导学生认识和参与社会，养成对国家的责任感和公民意识，这与清末和民国初期的历史教育理念有着本质的不同。如初小的社会科的教学目标如下：

　　一、使儿童养成知道社会过去、现在的情形，以及社会与人生的关系。

---

[1] 蒋梦麟. 欧战后世界之思想与教育[J]. 教育杂志，1918（4）.

[2] 何成刚. 民国时期中小学历史教育发展研究[D]. 北京：北京师范大学，2009：20.

[3] 何炳松. 编辑或讲授历史应以说明历代社会状况之进化[J]. 史地学报，1922（1）：4.

二、培养儿童观察社会的兴趣，尽力社会的精神。

三、养成儿童社会生活的种种必要习惯。[1]

另外，初小社会科中的历史内容更加注重近代史的学习，这些内容与现实生活联系比较紧密，便于引起学生学习兴趣。教学方法上，初小社会科纲要指出，要"以儿童切身经验为起点，用讲述、表演、设计、比较、问题、研究等方法，辅以参观讨论"。

高小阶段历史单独设科（各书局的历史教科书也基本按照高小课程单独编写）。1923年6月颁布的《新学制课程标准纲要》中包含了《小学历史课程纲要》（下称《纲要》），《纲要》总揽了小学六年的历史课程设计，强调学科联络和综合，特别指出历史"前四年与卫生、公民、地理，合作社会科教学，五六年仍宜与各科联络"。《纲要》目标明确，简洁明了，规定历史教学的目的在于"使知生活演进、社会变迁和世界趋势的大概。培养正确的人生观念。养成探索事物原委的兴趣和习惯"。并简略列出"程序"，即各学年教授的大概内容，如第一学年重点在"基本的历史故事讲述——如动物的原始及人类的裸体、生食、穴居、巢居的片段故事"，"关于纪念日的历史事迹"。在教学方法上除了强调与各科联络外，《纲要》还建议"注重以表扬或其他发表方法为目的设计教学。高年级并注重问题研究——以听讲、阅书、调查、思考、证养等为研究过程"。《纲要》还规定了毕业的最低限度的标准：

初级：

1. 能知一年间各种纪念日的由来。

2. 能知衣、食、住的原始和进化大概。

3. 能知中华民国建国史的大概。

高级：

1. 略知中外历史有影响于现代文化、政治、社会状况的各事项。

2. 略知中国和外国的关系，并在国际的地位。

3. 能略举重要时事。[2]

中学学段由原先的4年延至6年，并分成初中3年和高中3年。初中课程包括社会、言文、自然、算术、艺术和体育6科，社会科包括了公民、历史和地理。1923年通过的《初级中学历史课程纲要》对历史课程有如下要求：

一、研究人类生活状况之变迁，以培养学生适应环境，制御天然的能力；

二、启发人类同情心，以养成学生博爱、互助的精神；

三、追溯事物的原委，使学生了解现代各项事情的真相；

---

[1] 课程教材研究所. 20世纪中国中小学课程标准·教学大纲汇编：自然·社会·常识·卫生卷[G]. 北京：人民教育出版社，2001：137.

[2] 全国教育联合会新学制课程标准起草委员会. 新学制课程标准纲要[M]. 上海：商务印书馆，1924：15-17.

四、随时以研究历史的方法指导学生，以养成学生读史的兴趣和习惯。

从以上要求中，可以看出该目标鼓励学生探求历史真实，培养学生学习历史的兴趣和终身读史的习惯，第二条则体现历史教育的"世界主义倾向"，这符合当时第一次世界大战刚刚结束，国际社会普遍存在对民族主义的批判时代氛围。《初级中学历史课程纲要》对初中历史的内容安排如下：

表2-5　初中历史内容安排

| 历史分期 | 具体内容 |
| --- | --- |
| 上古史 | 1. 人类之起源分布及原始社会情形；2. 中华民族神话时代之传说及虞夏商周之文化；3. 埃及、巴比伦及古代亚洲西部各国；4. 希腊之兴亡及其文化；5. 中国春秋、战国时代之政治及文化；6. 佛教之起源与印度文化 |
| 中古史 | 7. 两汉之内政外交；8. 中古亚洲西部诸国之情形；9. 罗马之兴亡；10. 三国六朝时代；11. 中古欧洲；12. 基督教之西渐与佛教之东渐；13. 回教（伊斯兰教）之兴；14. 唐宋内治；15. 日本与中国之关系；16. 蒙古之东西经营 |
| 近古史 | 17. 新大陆发现与欧人探险事业；18. 文艺复兴及宗教改革；19. 明清史迹；20. 欧人经营亚非二洲；21. 美国独立；22. 民权思想之发达与法国革命 |
| 近世史 | 23. 近百年来欧洲大事；24. 清末大事；25. 清末外交；26. 中日关系；27. 民国史迹；28. 欧战经过；29. 战后世界之大势；30. 近代科学之发明与经济革命 |

《初级中学历史课程纲要》在采取"世界主义"的历史教育理念的同时，还采取了中外历史混合陈述的方法，不仅以世界史囊括原先的东洋历史和西洋历史，而且也将本国历史完全包括在内，这是历史教科书编写的一种新的尝试，是一次重大变化。对于历史混合编写和教学的方式，《初级中学历史课程纲要》解释道：

> 中学历史，向分本国史世界史二部。今为使学生明了世界人类生活共同演进状况，打破关于朝代国界的狭隘观念起见，初中历史编制宜取混合主义，以全世界为纲，而于中国部分，特加详述；使学生对于本国历史，得因比较而益审其在世界史中之地位，似较分授之制为善。

高中学段分为以升学为目的的普通科和以就业为目的的实业科，普通科又分为注重文学及社会科学的一组和注重数学及自然科学的一组。各组课程又分为公共必修课、分科专修课和纯粹选修课。高中历史称为文化史，属于公共必修课，其中普通科第一组为9个学分，第二组为6个学分。课程结构如表2-6、表2-7：

表2-6　高中学段普通科第一组课程结构

| 科目 | 公共必修课 | | | | | | | 分科专修课 | 纯粹选修课 |
| --- | --- | --- | --- | --- | --- | --- | --- | --- | --- |
| | 国语 | 外国语 | 人生哲学 | 社会问题 | 文化史 | 科学概论 | 体育：<br>甲：卫生法<br>乙：健身法<br>丙：其他运动 | 特设语文、心理学初步等 | |
| 学分 | 16 | 6 | 4 | 6 | 9 | 6 | 10 | 50 | 36 |

表2-7　高中学段普通科第二组课程结构

| 科目 | 公共必修课 | | | | | | | 分科专修课 | 纯粹选修课 |
|---|---|---|---|---|---|---|---|---|---|
| | 国语 | 外国语 | 人生哲学 | 社会问题 | 文化史 | 科学概论 | 体育：<br>甲：卫生法<br>乙：健身法<br>丙：其他运动 | 三角、高中几何等 | |
| 学分 | 16 | 6 | 4 | 6 | 6 | 6 | 10 | 65 | 30 |

　　高中历史的课程内容安排集中体现在《高级中学公共必修的文化史学纲要》中，该纲要指出，高中历史的教学目标在于"以说明世界文化之性质，及现代文化问题为主旨"，"本学程以领会现代为归宿"，并且列出教材内容选择的标准："一、过去事实能解释现代文化者，可选为教材。选取教材时，目光须注射现代。二、近世文化史教材，约须占全部教材2/3。"此外，该纲要特别强调民族危机意识的教育，这与初中历史的世界主义倾向稍显不同。

## 四、新学制时期历史教科书举要

　　新学制研究制定期间正是新文化运动风起云涌的时期。"整整一代接受过中西文化熏陶的中国知识分子怀着巨大的热情，投入这场——用胡适的话来说即'再造文明'——运动，而他们的共同的聚焦点便是教育。"[1]随着新学制的颁布，各家书坊迅疾开动了教科书编纂出版的机器，其中，具有代表性的为商务印书馆、中华书局和世界书局。

### （一）商务印书馆的新学制历史教科书

#### 1. "新学制教科书"系列

　　在百年中国教科书史上，商务印书馆的"新学制教科书"是至今唯一会聚如此众多社会精英与学界名流参与编写的一套教科书。胡适、冯友兰、任鸿隽、竺可桢、顾颉刚、叶圣陶、周予同、吕思勉、萧友梅、刘海粟等都参与了该套教科书的研制。商务印书馆"新学制教科书"从1923年2月开始陆续出版，大部分出版于1923—1925年。"新学制教科书"开创的全新学科知识体系，在更长远的时间内产生了重大影响，具有很高的认识价值和教育价值[2]。

　　《新学制历史教科书》（小学校高级用，4册），傅运森编，朱经农、王岫庐校订，商务印书馆1924年初版。该套历史教科书配有全套教授书。该书贯彻历史课程纲要精神，"慎选史实，次第编成"。为了体现课程的一贯性，此书上下衔接初小和初中，按照新学制纲要之规定，"初小历史注重原人生活、事物、发明、近代大事，是片段的。初中历史，要演述世界人类进化的情况，是混

[1] 王丽. 温故壬戌学制［EB/OL］.（2009-01-21）[2021-04-28]. http://www.chinanews.com.cn/edu/jygg/news/2009/01-21/1536480.shtml.

[2] 石鸥，吴小鸥. 中国近现代教科书史：上册[M]. 长沙：湖南教育出版社，2012：230.

合的。因此，本书对于政治和文化都依时代的统系来说明"，使得初小毕业学生能够"得此可以贯穿，将来受初中历史时，头绪也就早已分清了"[1]。另外，作者在本国史（第一至第三册）采用了双圆周的编排方法，第一、第二册为一个圆周，第三册为一个圆周，第四册讲外国史。

2-22

图2-22　《新学制历史教科书》（小学校高级用，第四册），傅运森编，商务印书馆

《新学制历史教科书》（初级中学用），傅运森、朱经农编，胡适、王云五校订，上海商务印书馆1923年10月初版。

该书分上下两册，以专题组成单元，采取中外历史合编的方式。该书内容分为九编，第一、第二编介绍"历史的定义"等历史入门的基础知识，其他内容分为五大专题，分类叙述。包括人类生活状况、人类信仰、人群组织、人类思想、人群的斗争和连合等专题，前有"历史以前的状况"，后有"中华民国"两个独立篇章。"中华民国"一篇，讲述"民国的建设""教育""财政""实业交通""外交"等内容，第九编是结论。该书采用白话文、新式标点编写，并注重学生兴趣，特在"编辑大意"中介绍：

> 打破朝代的、国界的旧习，专从人类文化上演述变迁的情形。这里有两个道理：一、使学生知道现在人类世界是怎样成功的；二、文化上研究的问题，都有个大概的始末，供学生自己探索。

> 旧时历史，差不多都是记叙战争和政治的事；本书所然注重文化，此等事也不忽略，概用统系的说明。

> 全书用白话体和新标点；书中材料，概采取有兴趣不枯燥的事情；并有插图很多以便印证。每章末并有附注，可供学者参考。[2]

由于该书体裁新鲜，颇受欢迎。该书于1923年2月初版，1923年9月出到第4版，到1929年就印到第102版了。

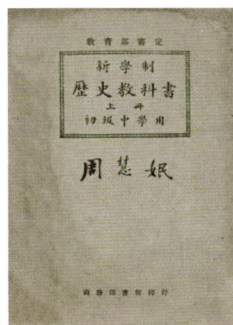

2-23

图2-23　《新学制历史教科书》（初级中学用，上册），傅运森、朱经农编，胡适、王云五校订，商务印书馆

[1] 傅运森. 新学制历史教科书[M]. 朱经农，王岫庐，校订. 上海：商务印书馆，1924：编辑大意.
[2] 傅运森，朱经农. 新学制历史教科书[M]. 胡适，王云五，校订. 上海：商务印书馆，1932：编辑大意.

《新学制高级中学教科书·本国史》，吕思勉编，商务印书馆1924年2月初版。本书大致是由《白话本国史》改编而成，用的是浅显的文言文，专门用作高中历史教学用书。作者特别注重历史考证的科学性和史料的准确性，"书中关涉考据的地方很多，似乎太专门了些。然而不论什么学问，研究的对象都贵于正确。历史是供给各种学问以正确的材料的，其本身的材料不能正确，无待于言，这是不得已的事情。提高学科的程度，其关键全在于此"[1]。这也印证了当时历史学科对科学性的价值追求。

图2-24　　《新学制高级中学教科书·本国史》，吕思勉编，商务印书馆

《新学制高级中学教科书·西洋史》（下称《西洋史》）由陈衡哲著，商务印书馆出版，分上下2册，上册1924年初版，下册1926年初版。作者陈衡哲是中国第一位女教授，历史学家，北京大学西洋史教授。该书采用文化史的、综合的宏观视野来考察历史活动，可以清晰地感受到作者深受当时西方新史学理论的熏陶，并以此作为"标鹄"来指导编纂活动。这本教科书叙述的女政治家、女英雄、女学者、女诗人等女性人物之多、涉及的阶层之广，大约是同时代历史教科书中绝无仅有的。[2]在当时西洋历史教科书很匮乏的情况下，这本书及时满足了当时教育的需要，而且堪称经典。与一些既往历史教科书内容干瘪、文字枯燥不同，此教材语言生动流畅，读起来饶有兴味，既可以作为教科用书，又可作为普通的历史读物。正如作者所说：

> 我编辑此书时，有一个重要的标鹄，便是要使真理与兴趣，同时实现于读书人的心中。我既不敢将活的历史，灰埋尘封起来，把它变为死物，复不敢让幻想之神，将历史引诱到它的域内，去做它的恭顺奴隶。……若能借此引起少年姐妹兄弟们对于历史的一点兴趣，若能帮助我们了解一点历史的真意义，那我的目的也就达到了。[3]

以兴趣和真理为"标鹄"，不被历史牵着走，而是以一种独立的、充满个性的眼光观察和研究历史，这种编书的初衷造就了此书的鲜明的风格和独到的见解。作者在该书中还提倡学历史要养成看图的习惯："表和地图，是历史的两双眼，本书插图甚多，俾养成学生看图读书的习惯。"[4]

[1] 吕思勉. 新学制高级中学教科书：本国史[M]. 上海：商务印书馆，1927：例言6.

[2] 石鸥. 弦诵之声：百年中国教科书的文化使命[M]. 长沙：湖南教育出版社，2019：167-168.

[3] 陈衡哲. 西洋史[M]. 北京：中国工人出版社，2007：例言.

[4] 同[3].

该书出版后风行一时，广受好评，胡适在评价《西洋史》时说："陈衡哲女士的《西洋史》是一部带有创作的野心的著作。……但在叙述与解释的方面，她确实做了一番精心结构的工夫。这部书可以说是中国治西史的学者给中国读者精心著述的第一部《西洋史》。在这一方面，此书也是一部开山的著作。"[1]胡适还说，"陈女士是喜欢文艺的，所以她作历史叙述也很有文学的意味"[2]。何兆武评价该书："此书现在看来，自然不免浅薄，但内容浅显、文笔清通、叙事清楚，在当时是一部优秀的教科书，尤其在政治上没有任何意识形态的说教，是颇为难得的。"[3]学者陈乐民评价说："到现在为止，中国人写的《西洋史》当中，我还没有见到比这本书写得更好的。"[4]到今天，《西洋史》仍被不断再版，已经出了多个版本，如辽宁教育出版社版（1998）、中国工人出版社版（2007）、东方出版社版（2007）和岳麓书社版（2010）等。

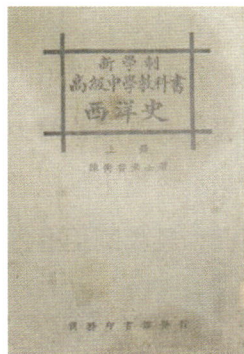

图2-25　　《新学制高级中学教科书·西洋史》（上册），陈衡哲著，商务印书馆

### 2. "现代初中教科书"系列

几乎在编写出版"新学制教科书"的同时，商务印书馆还出版了一套中学教科书，称为"现代初中教科书"。1922年新学制有一显著改进，即初中课程采用混合法讲授，如历史实行中外历史混合，算术以代数、几何为主，算术、三角为辅，合一炉而冶。但因师资难得，不少学校对混合讲授持有异议，仍然坚持分科讲授。为此商务印书馆出版了这套适应分科教学的"现代初中教科书"，该套教科书把中外混合的历史仍然按中国史和外国史分科编写。这是对新学制的一种变通与调适，也说明新学制对西方的学习模仿，有一点水土不服。

《现代初中教科书·本国史》（上中下册），由顾颉刚、王钟麒编辑，胡适校订，商务印书馆1923年9月初版。该书被胡适誉为"一部很好的历史教材"[5]，配有《现代初中教科书·本国史参考书》，由王伯祥（王钟麒）编纂。

年轻的顾颉刚毕业不久，便受老师胡适所托，开始独立编写本国史教科书，后与王钟麒合作完成。在这本教科书中，顾颉刚的学术思想初现端倪。他后来历任厦门大学、中山大学、燕京大学、

[1] 胡适.介绍几部新出的史学书[M]//顾颉刚.古史辨：第2册 下编.上海：上海古籍出版社，1982：340.

[2] 陈衡哲.西洋史[M].北京：中国工人出版社，2007：296.

[3] 何兆武.陈衡哲谈妇女缠足[J].读书，2001（1）：156-157.

[4] 陈乐民.陈衡哲和她的《西洋史》[N].南方周末，2008-06-12（23）.

[5] 胡适.新文化运动与国民党[J].新月，1929（2）：6.

北京大学、兰州大学等学校教授。中华人民共和国成立后，任复旦大学教授、中国科学院历史研究所研究员、中国民间文艺研究会副主席等职位，是现代古史辨学派的创始人，也是中国历史地理学和民俗学的开创者之一。

本书以中国史为主，并未采用新学制所建议的中外历史混合编写的做法。对此，出版者对该书单独设科作了特别说明：

> 新学制初中的特色，在混合教授，但师资难得，新近改组的各校，或仍有采用分科教授法者。本馆为应此需要，除采用混合方法已编《新学制初级中学教科书》全套外，另编《现代初中教科书》一套，分科较细，而仍注重于全体之联络。[1]

顾颉刚的教科书，时期划分与桑原骘藏相同，但表述上有很大差异。顾颉刚的教科书在历史划分上，将其划分为五个时期，分别是：上古——秦以前；中古——从秦初到五代之末；近古——从宋初到明末；近世——清朝；现代——中华民国。他认为从秦到唐末的中古时期，北方民族南下，五胡进入中原，使得中原文化南迁，也使后来中国文明同化了新民族，造成了隋唐统一帝国，对中国民族发展有重要意义。同时，佛教的传入给中国思想文化带来了活力，成为后来近古期中国哲学的基础。中国文化"到汉魏有暮气，中间吸收新血液，返老还童到唐灿烂"。因此，顾颉刚称中古期为"中国民族文化的蜕变时代"[2]。

本书的取材遵循作者赋予的标准——"时代精神"，"时代精神是历史的主眼，如民族的分合、政治的设施、社会的风尚、学术的嬗变，凡足以表现当时的特征而影响及后世的，本书便取材于此，都为简单的系统的介绍"[3]。以此足见作者对历史深刻的认识。

《现代初中教科书·本国史》在内容上最大的特点莫过于"疑古"。年轻的顾颉刚在编写该教科书时，萌发了对中国古史的一些"既定"结论的怀疑。他发现很多古代历史是把传说传来传去，传成事实了。他说：

> 在写作过程中，忽然发现了一个大疑窦——尧舜禹的地位问题！……《诗经》和《尚书》（除首数篇）中全没有说到尧舜，似乎不曾知道有他们似的；《论语》中有他们了，但还没有清楚的事实；到《尧典》中，他们的德行政事才灿然大备了。因为得到了这一个指示，所以在我的意想中觉得禹是西周时就有的……我就建立了一个假设：古史是层累地造成的，发生的次序和排列的系统恰是一个反背。[4]

一进入该书的历史叙述，作者即开门见山："自地面上初有人类以后，一直到所谓黄帝时，实在的事迹，还是暧昧难明。"[5]这样的观点归纳起来就是推翻"三皇五帝的系统"。这种大胆新奇

[1] 顾颉刚，王钟麒. 现代初中教科书：本国史：上册[M]. 上海：商务印书馆，1923：扉页.

[2] 同[1]19-20.

[3] 同[1]编辑大意.

[4] 顾颉刚. 古史辨：第1册[M]. 上海：上海古籍出版社，1982：自序.

[5] 顾颉刚，王钟麒. 现代初中教科书：本国史：上册[M]. 上海：商务印书馆，1924：23.

的观点成为重要卖点，所以教科书一出来，就大受欢迎，一再翻印，发行量猛增，四五年间发行160万册（上册1923年初版，到1927年就出到了第55版）[1]。本来这一疑古思想反映了作者注重历史考证的科学精神，是他一贯的学术风格所在，且有助于培养学生求真的精神，但作者对中华民族始祖——黄帝的怀疑，逐渐引起很多人的不满，甚至受到弹劾。国民党理论家戴季陶直接给教育部写信，认为顾颉刚的历史教科书竟然怀疑禹有无其人，实在是太过荒唐，容易误导学生，不应作为中学课本，应予以坚决取缔。当时的国务会议上还有人提议应对这样的书予以重罚。该书发行了大约160万册，以一本一元罚款计，要罚160万元。在20世纪20年代，这可是天价罚款，如果真的被执行，对作者和出版者都是灭顶之灾。商务印书馆老板听到这个消息后"大怖"，连忙找国民党元老吴稚晖斡旋，最终化险为夷[2]。钱没有罚，但书还是被禁了。南京国民政府第十七次国务会议决定由教育部查禁该教科书。

图2—26    《现代初中教科书·本国史》（上册），顾颉刚、王钟麒编，商务印书馆

《现代初中教科书·世界史》（上下册），傅运森、王钟麒编，朱经农、王岫庐校订，商务印书馆1923年7月初版。

《现代初中教科书·世界史》上册由傅运森编，下册由王钟麒编。书中将历史分为上古、中古、近古、近世、现代五期。该教科书"略古详今，注意于世界历史之常识及政治、宗教、文化、民生诸问题。庶初学了然于古今因果之关系，于世界之观念，得以正确"。为了便于教学，该书"每课后，附有注释，人名地名，并注西文，便学生自习。书中人物事实采西史中原有各图，分别附插，以增意兴。卷末附大事年表，并列中西年号，俾知史实之前后，易于寻其脉络"。[3]

---

[1] 宋世佳，石鸥. 差一点让出版者倾家荡产的教科书[J]. 课程教学研究，2016（12）：5.

[2] 汪修荣. 国学大师顾颉刚其人其事［EB/OL］.（2017-10-12）[2021-04-25]. https://www.sohu.com/a/197682152_486911.

[3] 傅运森. 现代初中教科书：世界史：上册[M]. 朱经农，王岫庐，校订. 上海：商务印书馆，1929：编辑大意.

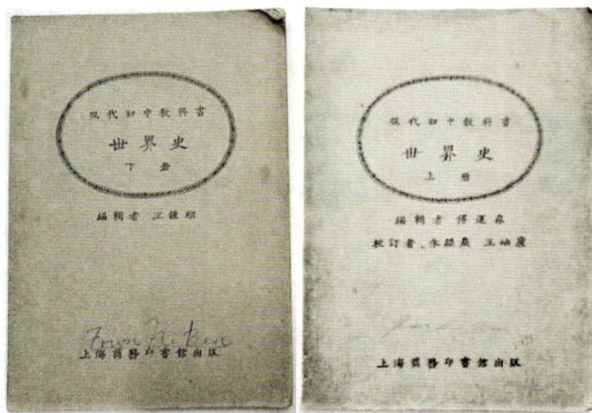

图2-27　《现代初中教科书·世界史》（上册），傅运森编；下册，王钟麒编。朱经农、王岫庐校订，商务印书馆

### 3. "新撰教科书" 系列

新文化运动确立了白话文在教科书中的合法地位，白话文正逐步取代艰深晦涩的文言文。然而，白话文尚不成熟，普及率还不高，一批教师习惯于文言文教学，一时难以完全改过来，文言文在很多老一辈学者心目中的地位根深蒂固，白话文取代文言文非一蹴而就、一朝一夕的事情。在这一转型时期，敏锐的商业机构总能捕捉到这种市场空白，于是，在提倡白话文的滚滚潮流下，商务印书馆为了满足部分市场需求，逆势而行，于1924年用浅近文言文编写了一套"新撰教科书"，并明确说明为什么这样做："学制革新以后，小学课本，改用语体，然各地学校，为适应环境之要求，仍多采用文言教本者。"[1]商务印书馆之所以称此套教科书为"新撰"教科书，可能是想有别于原来的那些文言课本，或是强调这是根据刚刚颁布的新学制而编制的，总之，特意标上"新撰"二字是想表明这套教科书的与众不同。

《新撰历史教科书》（新学制小学校高级用，4册），傅运森编，商务印书馆1924年6月初版。

该套书基本沿袭了傅氏编《新学制历史教科书》的基本特点，只是新学制教科书是白话文编写，而这套《新撰历史教科书》则是用浅近文言文编写的，虽一定程度上增加了阅读难度，但对历史尤其是中国史的描写也许更加准确和到位，部分师生还是比较欢迎的，尤其是教师。

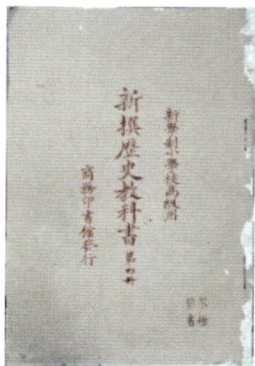

图2-28　《新撰历史教科书》（新学制小学校高级用，第四册），傅运森编，商务印书馆

《新撰初级中学教科书·本国史》（下称《本国史》）由陆光宇编，商务印书馆于1925年1月初版。

---

[1] 胡怀琛，庄适. 新撰国文教科书：第8册[M]. 上海：商务印书馆，1926：封面内页广告.

《本国史》作者是北京师范大学附属中学的历史教员陆光宇，该书的编写体例比较独特[1]，其分为"绪论""总论""分论"三部分。"绪论"分三章总述疆域、民族和历史沿革；"总论"为"历代兴亡述列"，分上古、中古、近古和近世四部分；"分论"专门论述几大专题，如"民族融合""学术进展""宗教沿革""风俗变迁""实业发达""法制兴废""近代外交"等，进一步深化学习。新文化运动以后，学习欧美先进教育思想的思潮汹涌澎湃，受此影响，历史教学对儿童的接受性和教材的趣味性提升到前所未有的高度。除了教科书采用"图文并茂"的做法，为了提高学生的思考和分析能力，在学习内容前后加入问题的设计也逐渐被编写者采纳。陆氏所编《本国史》就是较早采用问题设计的历史教科书。《本国史》的问题设计在正文的后面，问题类型主要分为如下三类：

第一类考查学生对历史教科书重要内容的梳理，属知识立意型，如叙述"周公之政绩""秦始皇政略""王安石变法"等；第二类考查学生对相近历史现象的比较能力，属能力立意型，如"成汤革命与武昌革命""南北朝文化比较""孙文与袁世凯"等；第三类考查学生对历史时事的判断、评论能力，亦属能力立意型，如"旅大问题之评论""山东问题之评论""英俄帕米尔问题之评论"等。值得关注的是，第二、第三类思考题，在全书中占大部分比重[2]。《本国史》还配有详细的近代历史地图，揭露俄、德、日、英等列强侵占我国领土的事实。

从问题设计的分析来看，《本国史》充分体现了新学制的精神，强调使学生形成自己的历史思考和见解，在历史教科书中引风气之先。该书1925年初版，到1928年2月，我们就看到了第48版。可见该书出版后受欢迎的程度。

图2-29　《新撰初级中学教科书·本国史》，陆光宇编，商务印书馆

《新撰初级中学教科书·世界史》（2册），周传儒编辑，何炳松、王岫庐、朱经农校订，由商务印书馆于1925年2—6月初版。

周传儒（1900—1988），四川江安县人。1918年毕业于北京师范大学史地系，入商务印书馆任编辑。1925年考入清华大学研究院，跟随梁启超学习，1928年毕业，入北京师范大学等校任教。1931年考入英国剑桥大学，专攻世界史和近代外交史，后入柏林大学学习，1936年获博士学位。

---

[1] 臧嵘. 我国五四运动到大革命时期的历史课本[J]. 课程·教材·教法，1983（5）：63.
[2] 何成刚. 民国时期历史教科书课文结构管窥[J]. 历史教学（中学版），2008（7）：34.

1937年回国，后任东北大学、西北大学、辽宁大学等校教授。曾任中国史学会理事、英国史学会理事、辽宁省史学会顾问、辽宁省政协常委等职。

《新撰初级中学教科书·世界史》书后附有彩色插图和大事年表。该书的编写目的明确，可谓是新学制时期初中世界史教育目的的充分表达："研究人类生活状况之变迁，以培养学生适应环境、制御天然之能力。启发人类的同情心，以养成学生的博爱、互助的精神。追溯事物的原委，使学生了解现代各项问题的真相。随时以研究历史的方法，指导学生，以养成学生读史的兴趣和习惯。"[1]

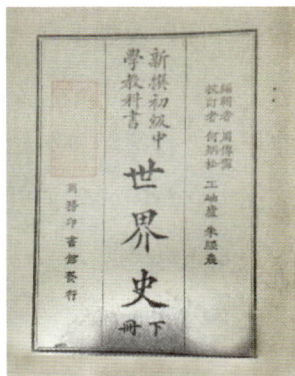

图2−30 《新撰初级中学教科书·世界史》（下册），周传儒编，何炳松、王岫庐、朱经农校订，商务印书馆

### 4. "新著教科书"系列

1924年商务印书馆组织编写出版了"适合新学制中等教育段课程取材至现代为止的新著教科书"[2]。"新著教科书"系列也是为适应1922年新学制而编写的，这套教科书主要是为中学阶段学生编写的，也是白话文编纂。其中包含若干种"新著"历史教科书。

《新著中国近百年史》（中等学校用，3册），李泰棻编纂，1924年5月于商务印书馆初版。

全书分为三编：第一、第二编讲清道光以来的政治历史，第三编为文明史，叙述清道光以来的学术、制度、社会诸方面内容。政治史部分作者基本按照统治者分篇章叙述，如"道光时代""咸丰时代""同治时代""光绪时代"……总共30余万字。该书虽然标明"中学适用"，作者在"例言"中却透露出其"既属大学讲义"[3]，从内容的深度和难度上讲，这本书对于中学来说确实偏难。本书也没有注明和提及新学制要求，似乎可以看作是学术著作用作中学历史教材的一种特殊情况。胡绳先生曾经评说该书是"所看到的较早出版的一部近代历史教科书，把辛亥革命以前的历史按照皇位的更迭而分成'道光时代''咸丰时代''同治时代'等，对于辛亥革命以后的历史也同样依照北洋军阀的当权者的更换来划分时期。——当然，这样的分期是毫无意义的，并不能说明任何问题"。[4]

---

[1] 周传儒. 新撰初级中学教科书：世界史：上册[M]. 上海：商务印书馆，1927：编辑大意.

[2] 石鸥，吴小鸥. 中国近现代教科书史：上册[M]. 长沙：湖南教育出版社，2012：77.

[3] 李泰棻. 新著中国近百年史[M]. 上海：商务印书馆，1924：例言.

[4] 刘斯奋. 今文选（叁）：论争卷[M]. 北京：中国言实出版社，2015：127.

《新著世界史》（中等学校用），李泰棻编纂，商务印书馆1922年5月初版。该书"将中学应授之东亚史及西洋史，合为世界史"，并提议"应在第三、四年讲授"。不同于李泰棻其他中学历史教材，该书体现了对教学和学生接受能力的考虑，并表明"全书七八万言，以每周两小时计算，适合讲授，无繁简过度之弊"。这是李氏其他历史教材所没有考虑到的问题。并且，作者也表明此书与教育部历史教学要求相契合："编辑方针悉依部定外国历史要旨：外国历史，应授以世界大势之变迁，著名各国之兴亡，人文之发达，以及与本国有关系之事迹。"[1]《新著世界史》还附地图二十余幅，以增强直观性。用万国史体裁编纂，分上古、中古、近古、近世和现世五段历史分期，各部分内容叙述详略得当，世界历史和发展大势一目了然。与李氏其他历史著作相比，该书更加通俗可读，更加体现教学适应性。

《新著西洋近百年史》（中等学校用，2册），李泰棻编译，谢观校订，由商务印书馆于1922年10月初版。此书原著为英国人埃德曼，李对原著进行翻译和适当的改编。第一编政治之部一：从维也纳会议至巴尔干战争；第二编政治之部二：自欧战至今日。以重要历史事件为章，按节记叙事件发展演变之过程。不得不说，从内容上讲，这部书也偏难，而且以政治史为主，显然与高中历史课程纲要注重"文化史"的意愿相违背。虽然当时缺少外国史教材，但以这类编译教材的难度，恐怕难以与学生生活实际相联系，可能只是为了满足中小学教学一时之需而作。

上述三种历史教科书编者均为李泰棻。

李泰棻（1896—1972），河北省阳原县人。北京师范大学毕业。曾在大学期间出版80余万字的《西洋大历史》，受到李大钊、陈独秀等教授的推崇，皆为其作序，22岁时，被破格聘为北大教授。后应中央文史馆之邀赴京编写《中国近百年史》，1964年调任东北文史馆研究院。

《新著本国史》（中学适用，2册），赵玉森编，李石岑、陈铎校订，由商务印书馆于1922年5月出版。赵玉森还专门为此书编写了《本国历史参考书》。

赵玉森在编《新著本国史》时已经是商务印书馆资深的历史教材编写专家了。此前赵曾编写过《共和国教科书本国史》（中学用）、《师范学校新教科书历史》、《普通新历史》、《商业历史》（职业学校用）、《新体中国历史》（中学用）等历史教科书。

李石岑（1892—1934），湖南醴陵人。1913年入日本东京高等师范学校。1915年在东京发起组织"学术研究会"。回国后，曾任上海商务印书馆编辑、商务印书馆《教育杂志》主编，先后任中国公学、大夏大学（今华东师范大学）、复旦大学、暨南大学、中山大学哲学系教授。

这本《新著本国史》将历史分作三期，但稍显不同的是，这三期分别为：文化发育的时代（自太古至周）、文化推衍的时代（自秦至明代中叶）、我国文化与世界文化融洽的时代（自明代中叶至今）。从体例上讲，《新著本国史》以"编—节"体例编排，编即历史的三个分期，每个编目下

---

[1] 李泰棻. 新著世界史[M]. 上海：商务印书馆，1922：例言.

有数十节，因此体例结构相对简单，基本属于课时体的体例。从内容上讲，《新著本国史》涉及了政治史、经济史、文化史、军事史、宗教史等，内容丰富，可读性强。作者提出："讲求人群进化关系的学术，就叫做历史学。"[1]面对浩如烟海的历史材料，作者提出了三条选材的标准："第一，社会方面一切民生问题、民治问题和民权问题，都不可不注意；第二就是国家方面一切政治问题；世界方面一切国际问题、交战问题、一切文明互换的问题，这也都不可不注意的。"[2]《新著本国史》用语体文编写，配有较多插图，增加了本书的可读性。教育部审定该书："取材列目斟酌合宜，敷议亦尚平正，可以疏论学生读史之心胸。应准予审定作为中学校历史教科书用。"[3]

《新著东洋史》（2册），王桐龄编纂，由商务印书馆于1922年6月初版。

王桐龄（1878—1953），河北任丘人，历史学家。曾留学日本，1907年毕业于东京第一高等师范学院，1912年获得东京帝国大学文学硕士学位，被认为"是我国第一个在国外攻读史学而正式毕业的学人"。[4]曾任北京高等师范学校教务部主任，北京高等师范学校改为北京师范大学后，任教授，直至中华人民共和国成立，其间曾任系主任，并先后在北京法政大学、燕京大学、清华大学、北京大学等校任课。

《新著东洋史》的目录达29页，采用章节体，结构庞大。分"序论"和"本论"，"序论"分为"定义""人种""地理"等章节，"本论"按照历史演变顺序具体展开论述。该书主要以汉民族的发展演变作为叙述的主干。《新著东洋史》在许多人名、地名后附注英文。不可否认，该书与本国史多有重复的部分，而且偏于学术，结构庞大，对于中学生来说难度较大。

## （二）中华书局的新学制历史教科书

根据1922年教育部新学制，与商务印书馆几乎同时，中华书局也迅速推出适应新学制需求的系列教科书。

新学制适用之"新小（中）学教科书"系列。该套教科书于1923年1月陆续出版发行。本系列教科书的编写队伍，会聚了大量学者名家以及富有经验的教育工作者，如黎锦熙、黎锦晖、戴克敦、朱文叔、钱基博等。其中初级世界史、初级本国史和新小学历史课本由金兆梓编写。

《新小学教科书·历史课本》（新学制适用，4册），金兆梓、洪鲎编，陆费逵、戴克敦、朱文叔、张相校，中华书局1923年初版。该书配有《新小学历史课本教授书》，金兆梓等编，中华书局1923年初版。

金兆梓（1889—1975），浙江金华人。曾在北京高等师范学校任教。后入中华书局编辑所，任

[1] 赵玉森. 新著本国史[M]. 李石岑，陈铎，校订. 上海：商务印书馆，1922：1.

[2] 同[1]2.

[3] 同[1]书后版权页.

[4] 王术军. 永远的北师大[M]. 北京：团结出版社，2012：42.

教科图书部主任、编辑所副所长。编辑中小学、普通师范及南洋中小学的课本。1942年在重庆中华书局，任《新中华》杂志社社长、总编辑。1951年退休后迁居苏州，后被选为苏州市人大代表，苏州市副市长，1961年任上海市文史馆馆长。

《新小学教科书·历史课本》共4册，前三册讲本国史，第四册讲外国史。采用课时体体例，讲述历史上重要的人物、事件和发明等，以白话文书写，通俗易懂，且配有插图。相比于之前文言互用的《新教育教科书·历史》，该书全面采用白话文编写的做法体现了中华书局在高小历史教材方面的一大变革。另外，作者还亲自编写了教授书，教授书后面附有参考书目、全书整理和测验举例，以方便教学。

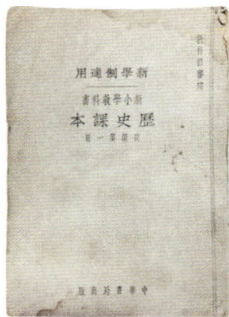

图2-31　《新小学教科书·历史课本》（第一册），金兆梓、洪蓥编，陆费逵、戴克敦、朱文叔、张相校，中华书局

《新中学教科书·初级本国历史》（初级中学用，2册），金兆梓编，张相、戴克敦校，中华书局1923初版。该书配有《新中学初级本国历史参考书》，金兆梓、李直编，1926年出版。

《新中学教科书·初级本国历史》分上下两册，采用章节体的编写体例，内容基本用语体文编写。作者认为历史学习的目的"在于明了人类社会延续之活动，与其活动递嬗之迹象，借以自认识其现处之地位"[1]。作者对该书叙述方式和编写主旨做了说明："本书之叙述以下述之纵横两个方面——纵的为：社会之进化，文化之发达，政治之变迁；横的为：疆土之发展，各民族之接触，文化之交换——为纲，而以下述两要点——先民精神之活动及其生活上之需要——为主旨。"在选材上，作者也以代表"时代精神"的历史材料为标准，并且考虑学生的接受程度，不作铺排门面的史料罗列："本书之叙述，基于上述之理由，故对于朝代之兴亡及制度、战争等事实，除与先民活动之演进及吾国现势有关者外，虽本身素有权威之史料，悉略而不取。即所取者亦以足代表时代精神者为限，不取铺排门面之办法，以期适合初级中学程度。"[2]另外，该书也配有专门的参考书。《新中学教科书·初级本国历史》"特色有五：一、浅显明白，可与小学衔接。二、注重与文化及生活上有关系之材料，一洗从前帝王家谱及相斫书之弊。三、分量较少，易于授完。四、附彩色沿革图，极便检查。五、用新式标点"[3]。本套教科书做到既有理论指导，又有实践要求，便于教师使用和学生操作。

---

[1] 金兆梓. 新中学教科书：初级本国历史[M]. 张相，戴克敦，校. 上海：中华书局，1923：编辑大意.

[2] 同[1].

[3] 宋崇义. 新中学植物学[M]. 上海：中华书局，1923：广告页.

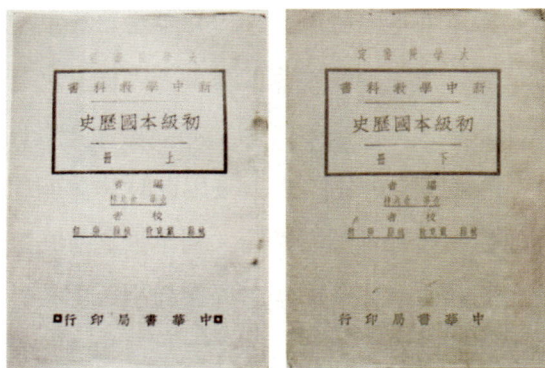

图2—32 《新中学教科书·初级本国历史》（上册、下册），金兆梓编，张相、戴克敦校，中华书局

《新中学教科书·初级世界史》（初级中学用），金兆梓编，张相、戴克敦校，中华书局1924年8月初版。

新学制颁布后，初中学段提倡中外历史混合教授，但这种方式可资借鉴的样板较少，所以，金兆梓先编写了《新中学教科书·初级本国史》（1923），接着编写了《新中学教科书·初级世界史》（1924），以适应新学制的倡议，并在编辑大意中特别说明"西洋史占2/3，东洋史占1/3"，"参酌教育改进社史学教学系之主张，仍列入中国史材，方便读者明了中国在世界之位置"[1]。在体例上，鉴于"向来历史之划分时期，本属勉强割裂，近来史学家已有反对之声音"，故摒弃历史时期的划分，以章节体的形式记叙历史事件的发展过程（纪事本末体），"取有相互关系之史实，不拘于地别时别，以贯穿之法叙述之，俾读者得世界大势之鸟瞰"[2]。

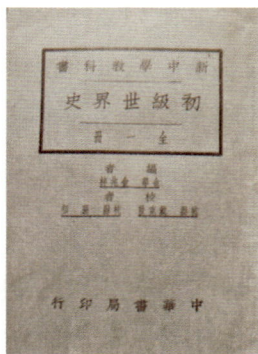

图2—33 《新中学教科书·初级世界史》（全一册），金兆梓编，张相、戴克敦校，中华书局

《小学高级·文体历史教科书》（4册），张鸿英编，中华书局1924年7月初版。

所谓"文体"，在这里是指用文言文来编写内容。出于与商务印书馆编写"新撰教科书"系列同样的目的，考虑到新学制后不少地方学校的教学仍依赖文言文，中华书局推出了"小学高级文体教科书"系列，包括《小学高级·文体历史教科书》《小学高级·文体地理教科书》《小学高级·文体理科教科书》等，它们与白话体的教科书大致相同，课文完全对应，只是"全书叙述，概用文体"。目前发现的各科皆由张鸿英编写。为了介绍说明新学制，张鸿英还曾经编写《新学制与普通教育》介绍和推广新学制。这套《小学高级·文体历史教科书》正是为适应新学制要求而编

[1] 金兆梓. 新中学教科书：初级世界史[M]. 张相，戴克敦，校. 上海：中华书局，1924：编辑大意.

[2] 同[1].

写。在白话文渐渐成为学校教材文本语言的大趋势下，无论是商务印书馆的"新撰教科书"系列，还是中华书局的"小学高级文体教科书"系列，都是为了照顾一些地区、学校仍使用文言文教学的习惯，从某种程度上说，这些都可称作在那个特殊历史时期的过渡教材。

图2-34　《小学高级·文体历史教科书》（第三册），张鸿英编，中华书局

### （三）世界书局的新学制历史教科书

世界书局由沈知方于1917年创办。世界书局成立后，就以咄咄逼人之势，展开了与商务印书馆和中华书局的全面竞争，特别是教科书市场的竞争。1922年新学制的颁布对于世界书局是一个绝好的机会，因为所有学校都要使用新学制教科书，而商务印书馆和中华书局等老牌机构也得重新编纂教科书。世界书局的教科书机器启动了，并高速运转起来，渐与商务印书馆、中华书局形成三家竞争的局面。1922年新学制颁布之后，世界书局开始编写"新学制小学教科书"系列，并于1924年陆续推出，初步统计有26种132册。[1]世界书局虽然是教科书出版的后起之秀，但沈知方及其他主要成员都是原来商务印书馆或中华书局的资深员工，对教科书编纂颇有研究，所以他们的竞争优势很大，加之他们的营销手段灵活，所以当时的教科书市场上世界书局来势很猛。新学制小学课程要求，卫生、公民、历史、地理4科，在初级小学4学年里应合并教学，称社会科；园艺应附入自然，称自然科。世界书局在到底是把社会、自然分编两部适用，还是合编一部适用的问题上，广泛征求了全国教育界的意见，征求结果以主张合编的占多数，所以世界书局的新学制教科书就合编一部，称常识[2]。初级小学的常识教科书的内容包括卫生、公民、历史、地理、自然、园艺等项。高级小学仍然分科，即历史单独设科，单独编写教科书。

《新学制小学教科书·高级历史课本》（4册），杨喆、朱翊新等编，范祥善、董文校订，上海世界书局1925年初版。

本书竖体编排，采用课时体体例，共4册，第一至第二册注重本国历史大事，第三册注重社会国家之变迁，第四册演述世界历史大事；各成一圆周，呈双圆周法编排。关于历史选材标准，本书特别强调与现代的关系，"取材注重现代社会，凡与现代政治、制度、文化、学术、风俗、习惯等

---

[1] 石鸥. 弦诵之声：百年中国教科书的文化使命[M]. 长沙：湖南教育出版社，2019：171.
[2] 董文. 新学制小学教科书：初级常识课本：第1册[M]. 上海：世界书局，1927.

有密切关系者，竭力搜集，酌量编入，其无甚关系者概不参加"[1]。而且这本书注重课文辅助系统的设计，体现在：一、注重问题设计，"每课标题，为研究某时代之中心问题"，课前列出"研究问题"，儿童可以此探索课文而求得答案，课后列"判断问题"，目的在于让学生总结归纳学习内容。二、注重注释的作用，文末附有"注释"，将本课所涉及的名词择要加以注解，供儿童自习之用。三、编入插图，增加学习的直观性。四、专门编有各册的教学法，方便教师教学。教育部对它的审定词是："是书取材赅备，文辞条达，所插画像及地图既便于参证，而每课又设研究判断，诸问题尤足兴起学生寻绎之趣味。"[2]总的来看，该书内容详今略古，注重教学便利和学生接受程度，但不足之处在于课文仍采用浅易文言文编写。

图2-35 《新学制小学教科书·高级历史课本》（第一、第三册），杨喆、朱翊新等编，范祥善、董文校订，世界书局

《新学制教科书·历史读本》（小学适用），李法章编著，秦同培参订，1922年10月由世界书局出版。本书共3册，为新学制小学（四·二制）后两年之用。作者李法章是史学家，江苏武进人。

本书共6部分，有关生活、政治、文化、学术、风俗、民族。其中第一册包括生活进化史和政治沿革史；第二册为文化演进史、学术变迁史；第三册包括风俗概要史、民族消长史。

本书以历史上最重要的组成部分分类编辑，如生活、政治、文化、学术、风俗、民族六端，每类前后贯通。每类均自上古起，至近今止；每类末两课并列满蒙回藏情形，读者对前后彼此能够做明确的比较，而且与五族共和的主旨相符，更能够证明"满蒙回藏皆与汉种同源"，能唤起读者的爱国心、民族团结意识。

本书"以民本群众进化为体，反证专制与一人一姓，及达反自然之弊害。课文，用白话体，惟史籍上之名词熟语等，则依照原句，取其不失本意。惟至最后学期，课文中偶用浅显文言；以便与中学课本衔接"[3]。

本书"编辑大意"对本书字句、标点的使用特点均有详细说明，亦提出本书的时间安排——

---

[1] 杨喆，朱翊新，等. 新学制小学教科书：高级历史课本：第1册[M]. 范祥善，董文，校订. 上海：世界书局，1925：编辑大意.

[2] 杨喆，朱翊新，等. 新学制小学教科书：高级历史课本：第4册[M]. 范祥善，董文，校订. 上海：世界书局，1926：封三.

[3] 李法章. 新学制教科书：历史读本[M]. 上海：世界书局，1922：编辑大意.

"除假期外每星期授课二时，每年约六十四时，全书教材依次支配"，而且目录部分每课都写有教授时数。本书师生共用，不再另编教授用书，使学生在教师辅导下能自主学习。书中所用插图、地图、古物皆记载详细。每课内容后，设有"指示""提要""考究""解释"4个栏目，"指示"即对本节主要问题的介绍，"提要"即本节的概括，"考究"即问题（相当于现在的课后作业），"解释"即对"考究"的回答。

图2-36　《新学制教科书·历史读本》（小学适用），李法章编著，秦同培参订，世界书局

　　1923年，世界书局出版了一套《新式初等历史读本》，该书由陈龢祥编写，秦同培校订，采用语体编写，适应于新学制小学阶段的历史课程。

图2-37　《新式初等历史读本》（小学适用），陈龢祥编，秦同培校订，世界书局

　　在新学制初中历史教科书方面，世界书局出版有初中历史读本，该书由李法章编著，世界书局1922年10月初版。

　　在新学制高中历史教材方面，世界书局出版有《评注近代史读本》（3册）和《评注国史读本》（12册）。《评注近代史读本》的作者是印水心，杨燧成等参订，由世界书局于1926年10月初版。《评注国史读本》的原著是李岳瑞的《国史读本》，印水心修订后改名《评注国史读本》，金式淘等参订，由世界书局于1926年1月初版。

　　印水心（1883—1968），原名印鸾章，知名学者和老报人。毕业于京师大学堂，遂被留校任教。先后任职于商务印书馆、中国图书公司等，曾任《神州日报》《民权报》《新闻报》主笔及上海广学会编辑，曾翻译和校刊过100多种图书，在上海出版界颇有影响。

　　关于《评注国史读本》诞生的背景，印水心在"序言"中有提及。原来，当时印水心先生正执教于沪北明强中学，教授国文历史。讲学过程中，有学生问及是否有"详略得宜"的历史教材，印先生推荐了李岳瑞的《国史读本》。又因为《国史读本》中尚有诸多不足，印先生有了要为该书做增修的想法。1924年春，印水心供职于上海世界书局，遂开始增修《国史读本》，"取原书钩稽剔抉，逐字磨勘，计删改者十之四五，补正者十之三四，而复区划时期，分配章节，加以评注，续以清史及民国史"，这种补正，是基于在新的时代完善前人佳作的目的，如其所言："余纠前人之失正，正欲使后人纠余之失，纠之不已，又从而正之，则亦庶乎得为完善之书也乎！"此书另有印水心门人支绍武的序言，记述其师"自民国成立以来，在上海民权、神州及新闻各报，任记述者，业既有年，又在上海东吴及明强各中学，任国文历史教授者又有年，兹以讲授余暇，应吾侪同学所要求，撰为是书"。[1]《国史读本》内容上自远古唐虞三代，下迄民国十四年（1925），评注增补后仍然卷帙庞大，达12册，在当时同类书中属于内容比较艰深的。

李岳瑞所著《国史读本》，受传统历史观和正统观的局限，主要依断代为史体例，自黄帝开始，直至明亡，未及清史及民国事，书中所记"有朝代无时期，有总目无章节……多叙记无表格……具本文无评注无提示"，部分内容"又极简单，只一两课即完"……且用旧式圈点，阅读不便，故而在世界书局出版该书之时，印水心先生对其进行了大胆的修订[2]。

除以上历史教材外，新学制期间，世界书局还出版：《小学补充教材历史读本》（4册），朱剑芒编辑，1929年11月初版；《新式初等历史读本》，1924年初版；等等。

### （四）其他机构的新学制历史教科书

除了大型出版机构之外，新学制颁布施行后，许多学校也自主编写了教科书，而且自主编写教科书的学校数量明显增加，这或许是"多留各地伸缩余地"这一原则的体现。在此介绍如下几种学校自编历史教科书。

《实验历史教科书》（新学制高级小学一二学年用，4册），卢秉征编，郑朝熙校订，国立北京师范大学附属小学1923年8月初版。作者卢秉征毕业于保定优级师范学校，曾任国立北京师范大学附属中学校长、河北百善学校首任校长。

《实验历史教科书》注重开化史，采用单元课时体的编写体例，不以朝代为系统，而以事迹作单元、材料的排列，由近及远，从人民生活的历史，逐渐讲到社会的组织、国家的演进、世界的趋势。内容列若干总目，总目以下，根据材料的主题，或安排子目或没有，根据一种历史主题，组成一个大的单元，使儿童获得统一概括的观念，而且更加便于设计教学。另外，《实验历史教科书》使用语体文编写，并加入新式标点符号。

《实验历史教科书》第一册目录：

    **第一单元　皇帝建国和历代系统**

[1] 印水心. 评注国史读本[M]. 金式淘，等参订. 上海：世界书局，1926.

[2] 乡贤印水心编校书籍两种记略［EB/OL］. 2014-08-14[2021-04-28]. https://www.douban.com/note/394080947/.

第二单元　历代人民生活的状况

一、衣服

二、饮食

三、居处

四、器用

第三单元　我国农工商的起源

第四单元　历史上的重农轻商

第五单元　近代实业的重要

第六单元　货币的沿革

第七单元　文字的起源

第八单元　文具的发明

第九单元　学术的变迁

一、实用科学的进步

二、关于国民思想的学术

从内容上讲，《实验历史教科书》考虑了高小学生的接受程度，语言表达简练，内容通俗易懂，每册平均有140余页，内容的概括和精练有助于学生在短时间内获得知识。而且本书在课文上面还列出关键字，指明学习的对象和主要内容，比如"货币的沿革"列有：贝币、五币（指珠、玉、黄金、刀、布）、铜钱、银币、纸币，这种列举关键词的办法，犹如学习的指引和标记，将货币发展的过程清楚勾勒出来。另外，该书各单元课时主题凝练，有助于加深学习，在师大附小这样的名校进行实验教学，或是可行的，但可能对一些程度一般的学生造成学习的困难。

《中学适用最新体裁本国史》（初级中学教本，中小学生自修用），陆光宇编，北京师范大学附属中学1923年11月初版；《初级中学本国史教科书》（上下卷），陆光宇编，太原平民中学1923年初版。

陆光宇是北京师范大学附属中学的历史教员，曾为商务印书馆编写《新撰初级中学教科书本国史》，在体例和观点内容上多有创新。张岱年曾经回忆说："教师中印象较深的，还有讲博物学的李士博（约）先生，讲中国历史的陆光宇先生，讲西洋史的程道弥先生，讲数学的丁文渊先生。"[1]这些人在当时都是与大学教授不分伯仲的名家。除了为北师大附中编写《中学适用最新体裁本国史》，当时，陆光宇还为太原平民中学编写《初级中学本国史教科书》。作者在序言中说："中学校三三制，将实行于我校矣！既行新制，则昔日之教本，自不适用。故编制新制课本，刻不容缓，而各科教本中，尤以初级中学本国史教本，宜从根本改革。"[2]改革出于三个原因：一、两

[1] 张岱年. 张岱年全集：第8卷[M]. 石家庄：河北人民出版社，1996：570.
[2] 陆光宇. 初级中学本国史教科书[M]. 太原：平民中学校印行，1923：编辑大意.

年学习本国史用时太多，将两年压缩至一年，从二年级教起，一年教毕，且每周授课三小时；二、宜以事实之始末为主，不宜以朝代先后为主，则能得有统系之观念，昔日片段零星之痛苦自除；三、政治材料过多，社会文化事业之材料则过少。

总的来看，陆氏编著的历史教科书有如下风格：一、注重问题设计，是较早采用问题设计的编写者；二、体例新颖，内容丰富，不拘泥于一般的按时间先后编排的叙述方式；三、强调爱国主义，尤其注意揭露近代列强对中国欺压的罪行。

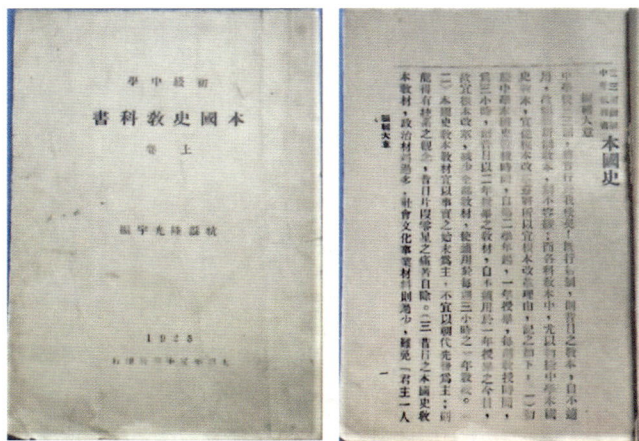

图2-38　《初级中学本国史教科书》（上册），陆光宇编，太原平民中学

共和政体的建立为新教育思想和教材编写理念的传播奠定了基础。但政体并不能天然生成和保护民主共和制度，故而有新文化运动。新文化运动并不满足于政体改变，人们深刻认识到，只有从国家的文化上、国民的道德上进行根本改变，才能使国家民族命运改变。与此同时，国内与欧美学术思想界的交流更加深入和广泛，欧美渐渐取代日本对中国的影响。新思想、新文化的传播和争论，尤其是"德先生"和"赛先生"两面旗帜的指引，使我国迎来了一个思想争鸣、学术大放异彩的时期。

在教育上，壬戌学制的颁布实施是新文化运动在教育上的结晶。从原则理念、课程结构、学科安排等各个方面上看，这都是一次全面而系统的学制改革。虽然新思潮、新理念早已推动着历史教科书走向现代化，但学制的变化对历史教科书的变革提出了必然要求。渐渐地，现代历史教科书逐渐成熟，在北洋政府执政时期发展成型，基本构成了我国现代历史教科书的"胚子"。

具体表现在以下几点：

第一，现代史观在历史教科书中取得主体地位。虽然清末就有历史学家用进化学说等现代史学观点编写教材，但毕竟只是少数人的探索尝试，且其应用尚显生硬，与封建帝王史观相混杂。而民国的建立从政体和法令上肯定了现代史观在教科书中的合法地位，同时废除了帝王政治史、朝代循环论等封建史观。由此，史学和历史教材迎来了新的发展时期。在此之后，进化史观、唯物史观、年鉴学派等新史观支撑起史学和历史教材的发展，众多历史学家、历史教育者加入历史教材的编写队伍中来，积极糅合中西史学，大胆创新，从理念、方法和内容上保证了历史教材的创新性和丰富性。尤其是进化史观在学界和教材中的兴起，让新一代了解世界发展的潮流和趋势，激发起他们为国家民族而奋斗的斗志和勇气，顺应和推动了历史潮流，为国家富强和民族振兴注入了活力。

第二，以章节体为代表的新体例成为教科书编写的主流。历史教科书采用章节体的意义重大，虽然早在清末，历史教科书就开始采用章节体，但还算不上成熟，构不成主流。一直到民国建立后，章节体才被广泛采用，且几乎成为历史教科书公认的编写体例。与此同时，高级小学因为知识量和学习深度的限制，仍普遍采用课时体。除去章节体和课时体，还有单元课时体、专题体等，一些作者也积极创新，采取了混合体例的编写方式，如陆光宇编写的《新撰初级中学教科书·本国史》分"绪论""总论""分论"三部分，"总论"纵向论述历史演变，"分论"则专门论述几大专题，如"民族融合""学术进展""宗教沿革""风俗变迁"等。章节体等体例的普遍使用也是我国现代历史教科书成型的重要标志。

第三，历史教科书正式告别文言文，采用白话文和新式标点编写。教科书体例的变化是结构和形式上的改变，对历史教科书的书写和内容呈现影响深刻，而用文言文编写教科书则是一种民族书写的文体习惯，多少年来，这一习惯已根深蒂固，其书写地位难以挑战。清末已有有识之士呼吁改变国人书写习惯，并尝试用白话文编写教材，到民国，这种声音愈发强烈，并发展成为一种运动——国语运动，以至北洋政府教育部规定改"国文"为"国语"，并要求自1922年以后，国民小学所用教科书一律用白话文编写，文言文书写除在高学段少数科目中或多或少地使用外，逐步退出历史舞台。同时，新式标点也开始被普遍认可和使用。这一文体书写习惯的变革意义重大，对教育普及和文化促进影响深远。对于历史教科书来说，采用白话文编写有助于历史知识的传播和普及。从更深层次上讲，白话文与文言文所呈现的语境有较大不同，阅读和书写的变化一定程度上会影响到新一代对历史的认识。

第四，众多著名历史学家、编辑、一线教师百家争鸣，参与历史教科书编写。像古史辨派的创始人顾颉刚，历史学家吕思勉、陈衡哲、朱经农、周传儒、李泰棻、王桐龄，资深教材编纂者傅运森、赵玉森、张相、金兆梓等，以及卢秉征、陆光宇等一线教师都参与到教科书编写中来，极大地推动了这一时期历史教科书的发展和创新。尤其是像吕思勉、顾颉刚、陈衡哲这些大家亲自编写历史教材，使得历史教科书不仅具有较高的学术水平，而且观点立意高屋建瓴，有助于学生明白历史学习的方向、原则和方法。这些大家编写的历史教科书往往具有鲜明的个性色彩，比一般的教材更具有文采，具有较强的可读性，是优良的学习指导材料。

第五，教科书内容略古详今，关注现实生活。历史是叙说过去的事情，新文化运动后，国人身上的文化、道德的枷锁逐渐被打破，教育上也更加注重实用性。如1923年通过的《初级中学历史课程纲要》对历史课程有如下要求：一、研究人类生活状况之变迁，以培养学生适应环境，制御天然的能力；二、启发人类同情心，以养成学生博爱、互助的精神；三、追溯事物的原委，使学生了解现代各项事情的真相；四、随时以研究历史的方法指导学生，以养成学生读史的兴趣和习惯。可见，新学制中历史教育的现实目的性更加强烈，察古而知今，譬如各个历史所展现的时代精神、所激发起的人类同情心，历史变化背后推动的因素等等，成为历史教育关注的重点。历史教育回归学生的现实生活，注意学生自身对历史的感受和思考，注重学生各项思维能力和兴趣习惯的养成。

值得注意的是，从这个时期开始，教科书装帧也逐步走向现代装帧，线装逐渐退出历史舞台。新学制几套教科书都是线装和现代装的结合，线装的份额显著减少了。

# 第三章

## 全民族抗战前南京国民政府时期的历史教科书
## （1927—1937）

　　1924年，孙中山采取"联俄、联共、扶助农工"的三大政策，在苏联顾问的指导下，加强了国民党在各个领域的控制。在思想领域，国民党期望构建以"三民主义"为核心的主流意识形态。特别是1927年南京国民政府成立之后，进一步强化国民党意识形态的主导地位，在各个领域大力实行"党化"政策，包括原先拥有相对独立地位的教育领域。国民党企图通过教科书阐释党义，维系国民党政权的正统地位，极力消除各种异端思想在教育界的传播。教科书形制日益模式化。

# 第一节
# 南京国民政府成立后历史课程的变化

1927年4月南京国民政府成立。在苏联顾问的指导下，国民党正式提出了"以党建国""以党治国"的政治理念。在思想文化教育领域，国民党实施党化教育。党化教育是国民党为了巩固其一党专政而采取的政治举措，形成于广东国民革命政府时期，在南京国民政府成立之后被强力推向全国。

## 一、新教育宗旨的颁布和三民主义教育的实施

1927年8月，国民党政府教育行政委员会制订的《学校实行党化教育草案》指出，所谓"党化教育"就是在国民党指导下，把教育变成革命化的和民众化的，换句话说，教育方针要建立在国民党的根本政策上。国民党的根本政策是三民主义、建国方略、建国大纲和历次全国代表大会的宣言和决议案。教育方针应该根据这种材料而定，这就是党化教育的具体意义[1]。

1928年10月，国民党通过的"党治教育实施方案"规定：教育宗旨应根据国民党的"主义"确定；与国民党党义有关的各种教育职务（如全国及各省教育行政长官，各级党校校长及各校训育主任，党义教师等），应由具备相当资格的国民党忠实党员担任；各级党部要遵照中央的规定，对各地教育行政机关实施党治教育的情况进行指导和监督；同时，还要调查统计各该地在党治教育实施方面的成绩，以资考核；各级教育行政机关既有执行党治教育的责任，又有指导和监督其下属机关和学校实施的责任；等等。

然而，"党化教育"招致了广泛的批评，国民政府遂以"三民主义教育"作为国民政府的教育指导思想，但从实质来看，仍不离"党化教育"。南京国民政府把"三民主义教育"作为"立国之大本"，并要求"本党今后必须确定整个教育方针与政策，其根本原则必须以造成三民主义的文化为中心。"[2]即要求教育根据三民主义来展开，最终也要服务于三民主义：

> 中华民国之教育，根据三民主义，以充实人民生活，扶植社会生存，发展国计民生，延续

---

[1] 舒新城. 近代中国教育史料补编[G]. 上海：中华书局，1927：8-9.

[2] 中央教育科学研究所. 中国现代教育大事记[M]. 北京：教育科学出版社，1988：176.

民族生命为目的；务期民族独立，民权普遍，民生发展，以促进世界大同。[1]

孙中山提出的"三民主义"包括"民族主义""民权主义"和"民生主义"。在当时的时代环境下，"三民主义"中的"民族主义"体现得尤为突出。强调"民族主义"以及加强对文教的管理和控制是国民党出于稳固自己执政地位的考虑；另一方面，我们也应该关注"民族主义"的历史背景。近代中国民族主义逐渐觉醒，民族主义思潮随着时代变化。在民国建立以及五四新文化运动后，各种"主义"、思潮涌现并传播开来，形成了一个激烈且精彩的文化论战的时期。在这一时期，国家虽形式上统一，但实质上军阀割据、常年混战，北洋军政府无暇去谋求思想上的控制，学界有一定自由，国家主义、实用主义、平民主义、民族主义、无政府主义竞相登台，文化事业因获得自由空间而蓬勃发展。

当时，世界主义所倡导的民族间自由、平等和博爱思想兴起，并且成为当时历史教育的一个重要指导原则。新学制《初中历史课程标准》宣传世界主义，提倡中外史合编，就是当时的一个典型代表。但实际上中国的民族危机正空前加重：外有日本帝国主义一直觊觎中国，而国内处于军阀割据的局面，缺少中央政府有效的领导，各地区各自为政，国家如一盘散沙。1927年后，在国家层面，国民党对三民主义尤其是"民族主义"的宣传越来越迫切。南京国民政府把自己看作孙中山衣钵的传承人，也把自己看作中华民族的合法和正统的代言人。在社会层面，很多学者已经认识到国家民族的强大需要民族自信和民族实力。五四新文化运动以后，一些人开始反思当时对传统文化批判的种种问题，重新开始回归传统文化。除此之外，一个更为紧要的问题是民族危机的再一次加重——日本的帝国主义政策对中国逐渐构成巨大的威胁。所以，无论从内部环境看还是从外部环境看，都为民族主义的发展提供了合适的土壤。到1927年南京国民政府成立时，民族主义实际上已经逐渐压倒了世界主义，成为上自国家下至民众的普遍共识。世界主义的理想不得不让道于更强调现实紧迫性的民族主义。

1928年发生的"济南事件"（即"五三惨案"）使得南京国民政府开始支持用民族主义来抵御外侮[2]。"济南事件"之后，蒋介石在5月22日提出："教科书之精神，其一即为国耻。……其次乃为三民主义与五权宪法，再次则为本党之历史与国民革命之意义。"这种表达颇使人意外，虽然是对教科书来说的，考虑到作为当时国家元首的蒋介石把国耻教育放在三民主义和五权宪法之前，足见当时蒋氏对"济南事件"的愤恨与复仇的欲望。1931年九一八事变爆发，民族危机进一步加重。在这样的时代环境下，贫弱但渴求新知、盼望强大的中国不得不重新审视自己的历史教育，不得不暂时把历史的学术和教育理想放在次要位置，把救国图存作为最直接的教育目标。南京政府颁布的三民主义教育宗旨，在教育宗旨附注的八条实施方针也特别指出"以史地教科阐明民族之真谛"[3]。

[1] 教育部教育年鉴委员会. 第二次中国教育年鉴[M]. 上海：商务印书馆，1948：2.
[2] 罗志田. 济南事件与中美关系的转折[J]. 历史研究，1996（2）：72.
[3] 教育部教育年鉴委员会. 第一次中国教育年鉴[M]. 上海：商务印书馆，1934：16.

## 二、三民主义历史课程标准的制定

1927—1949年间，南京国民政府分别于1929年、1932年、1936年、1940年、1948年颁布或修订新的课程方案，同时制定了相应的课程标准。课程标准如此频繁地颁布和变化，导致这一时期教科书的最大特点之一就是教科书版本五花八门。此处结合其他方案，主要介绍1929年颁布的课程方案与课程标准（因为1932、1936年方案基本上是1929年方案的修订，而1948年方案已经没有实施的可能了），从国家正式的教育政策文件上了解历史教育的变化。

国民党政府在出台新的教育宗旨之后，也加快制定新的课程标准。"以党治国""以党义治国"的思想强力而迅速地在教育领域得到实施。1927年8月，国民党政府教育行政委员会制订的《学校实行党化教育草案》指出：我们有了确定的教育方针，便要把学校的课程重新改组，使与党义不违背及与教育学和科学相符合，并能发扬党义和实施党的政策。我们应赶促审查和编著教科用的图书，使与党义和教育宗旨适合[1]。1928年2月，国民政府大学院公布《小学课程暂行条例》，增设三民主义和党童子军等科，三民主义和公民科目并行授课，理由是总理遗教亟待灌输[2]。而到1929年8月公布的《小学课程暂行标准》，则将"三民主义"改为"党义"，公民科被正式取消。

1928年南京国民政府组织专家成立"中小学课程标准起草委员会"，并于1929年颁布《学校历史暂行课程方案》，同时组织各地进行试验。这是突出三民主义的方案。因为试验效果不是特别理想，所以在综合各地试验意见的基础上，教育部经讨论修订了暂行课程方案，又于1932年颁布正式的《中小学历史课程方案》。针对1932年方案的不足，1936年教育部对原方案进行了修订，但总体上变化不大。三个课程方案，每一个仅时隔不到4年时间。课程方案如此频繁地变化，导致学校难适应，教科书编写也遇到很大困难。因为三个方案多有重复，在此不一一介绍，而以1929年版的课程方案中历史课程为主，分小学、初中、高中三部分分别介绍。

### （一）小学阶段的历史课程

1929年颁布的《小学课程暂行标准》中，小学历史已经完全纳入社会一科。社会科是一门综合性科目，其设定的目标也体现综合性质，其中有些条目与历史直接相关，有些则是间接相关。因为小学不单独设历史科，所以小学历史的课程和教学主要体现在小学社会科的课程标准中。历史的教学内容以国史为主，并开始有世界史的大概介绍。

小学社会科的课程目标包括：（一）启发关于社会的基本知识，引导学生对人生、社会活动、文明进化、革命意义等的认识。（二）增进对于社会文物制度的探索、思维、设计改进、参加活动等的兴趣和经验。（三）培养改进生活，救助民生，革新经济组织等的思想和愿望。（四）启迪尽

---

[1] 舒新城. 近代中国教育史料补编[G]. 上海：中华书局，1927：8-9.
[2] 魏冰心. 小学行政ABC[M]. 上海：世界书局，1929：132.

力社会，服从公意，信赖民权，忠于团体等的精神。（五）培植爱己爱人，参加民族运动，促进世界大同等的道德知识和志愿[1]。

小学历史教育主体定位在爱国主义上，"指导儿童了解国家民族的历史演进、地理状况和文物制度的大概，并培养儿童爱护国家努力自卫的精神"[2]。1936年的《小学高年级社会课程标准》则更加突出，指出历史教育要"指导儿童明了国家民族的现状和其历史、地理、文物制度的大概，并培养儿童救护国家、复兴民族的信念"[3]。根据这种定位，在历史教育的内容上，课程标准强调"国耻史""民族独立运动史""我国革命运动史""中华民国开国史""不平等条约大概""中国民族的起源演进和现状""我国古代文化""我国历代学术思想""我国历代重要发明""我国历史上重要人物""我国近百年来内政外交的重要事实和革命运动""我国历代疆土的变迁和现状"等方面的教育。此外，因为是低年级的历史学习，课程标准在内容选取上注意联系儿童生活实际，教学方法上注意培养儿童兴趣。比如1929年的《小学课程暂行标准·社会》中第一、第二学年的学习内容为：（一）纪念日历史事迹的讲述研究；（二）我国初民生活如生食、穴居、自卫、御敌、迁居、娱乐、组织政府、休闲活动等片段有趣的故事的设计研究、表演等——和今人比较；（三）本地祠、庙和其他纪念物所包含的历史故事的讲述研究[4]。

从小学高年级开始增加了世界史的内容，一是"考虑到相当多学生不能进入初中继续学习的事实"；再者，还是从培养爱国主义的方面考虑，"在课程目标上以对帝国主义的殖民性与侵略性最为明显，强调世界形势的险要及民族危机意识和自强意识"[5]。但另一方面，学习世界史也是为了世界的和平，正如《小学高年级社会课程标准》对目标的定位："明了人类文明进化的情形和世界大势，并培养儿童协同以平等待我的民族，自求出路，并促进世界大同的愿望。"[6]在内容上，一般选取"各国神权时代的史迹"、"封建制度和君权政治的流弊"、"各国民权趋势"、"英国革命运动"、"美国独立"、"法国革命"、"中华民族的民权运动"、"各国民权趋势"、"欧美工业革命"、"帝国资本主义的形成"、"列强对各国和我国经济侵略"、"俄国社会革命"（1929暂行版）、"日本的强盛及朝鲜、印度、南洋等和我国的关系"、"古代文明的大概研究"、"世界历史的重要发明"、"英、法、美、德、苏、意各强国"、"欧洲人殖民事业和世界各弱小民族独立运动"、"产业革命的因果及其对我国的影响"、"欧洲大战的影响及其与我国的关系"等。

[1] 课程教材研究所. 20世纪中国中小学课程标准·教学大纲汇编：自然·社会·常识·卫生卷[G]. 北京：人民教育出版社，2001：139.

[2] 同[1]145.

[3] 同[1]150.

[4] 同[1]140.

[5] 何成刚. 民国时期中小学历史教育发展研究[D]. 北京：北京师范大学，2009：34.

[6] 同[1]150.

第一节　南京国民政府成立后历史课程的变化

需要注意的是，虽然课标规定历史不在小学单独设科，但并不妨碍小学历史教科书的单独编写，一些高小历史教材仍在陆续出版。

## （二）初中阶段的历史课程

1929年的《初级中学历史暂行课程标准》由何炳松受民国大学院"中小学课程标准起草委员会"之托，与陈训慈合作起草完成。后来颁布的课标都是在此基础上修改完成的。

1929年的《初级中学历史暂行课程标准》包含了7条目标：

（一）研求中国政治经济变迁的概况，说明近世中国民族受列强侵略之经过。以激发学生的民族精神，并唤醒其在中国民族运动上责任的自觉。

（二）研求重要各国政治经济变迁的概况，说明今日国际形势的由来，以培植学生国际的常识，并养成其远大的眼光与适当的国际同情心。但同时仍注重国际现势下的中国地位，使学生不以高远的理想，而忽忘中国民族自振自卫的必要。

（三）研求各国重要民族学术文化演进的概况与中国学术文化演进的经过，使学生略知现代人类生活与文化的由来。

（四）对于中外各时代的政治状况，特别注意说明现代民权发展的由来，以树立学生政治训练与运用民权的基础。

（五）对于中外各时代之经济状况，特别注意说明现代经济状况与重要社会问题之由来，以阐明民生主义之历史的根据，并促进学生对于民生问题之注意与了解。

（六）由历史实例的启示，培养学生高尚的情操，服务人群与精进不息的精神，并增进其观察判断的能力。

（七）使学生明了近代科学对于物质文明及社会进化的贡献。[1]

其中，第一条主要强调"民族主义"，第二条仍强调学生国际眼光和国际同情心的培养，但也不要忘记中国民族"自振自卫"的必要。第三、第四、第五条分别是强调学术文化、民权、民生的学习，第六条强调高尚情操和判断力的学习，第七条关注科学对文明的贡献。

上述目标可以明显感受到"三民主义"教育的影响，但"民族主义"的色彩还不是特别明显，而1932年、1936年的课程标准中，由于中日关系的急剧变化，民族主义已经非常明显了，民族自信和自觉被提到前所未有的高度：

（一）研求中国民族之演进；特别说明其历史上之光荣及近代所受列强侵略之经过与其原因，以激发学生民族复兴之思想，且培养其自信自觉、发扬光大之精神。

（二）叙述中国文化演进之概况；特别说明其对于世界文化之贡献，使学生明了吾先民伟大之事迹，以养成其高尚之志趣，与自强不息之精神。

---

[1] 课程教材研究所. 20世纪中国中小学课程标准·教学大纲汇编：历史卷[G]. 北京：人民教育出版社，2001：21.

（三）叙述各国历史之概况与其文化、政治、社会之变迁，以培养学生世界的常识，对于世界潮流之趋势，获得正确认识与了解，并特别注意国际现势之由来，与吾国所处之地位，以唤醒学生在本国民族运动上责任的自觉。

（四）叙述中外各时代文化之变迁，应特别说明现代政治制度，及经济状况之由来，以确立学生对于民权主义，民生主义之信念。[1]

另外，从1929年的初中历史课程标准起，不再要求中外历史混编，而是改为中外历史分而编之。其实，从1922年新学制后历史教科书梳理来看，尽管学制要求合编，但事实上大部分还是中外历史分别编写，混合编写的做法不够成熟，也不被大多数人认可接受。有学者认为："中学历史之混合教授，在事实显已失败。曾以试行者，多能言之。而各地中学亦多已抛弃此法，而仍将中国史与世界史分别讲授。"之所以"失败"，陈认为混合编写的做法增加了学生学习的难度，比如"若初中学生在小学数年中，国史仅闻故事，西洋史所知更鲜（甚或全未教者），升入初中，基本知识尚待灌输，遽欲混中外为一家，求其贯通，自将感凌乱无序，茫然不解矣"。"照现行混合史之理想，实非初中学生程度所能及。"[2]

在取消中外历史混合编写的同时，中外历史统一分期也自然取消。《初级中学历史暂行课程标准》第一次在第三部分"教材大纲"中统一对中外历史分别做了分期，并指出外国史"惟仍须与中国史时谋相互的沟通和联络"。内容如下：

中国史

（一）绪论

（二）上古史（自太古至秦之统一即西元前三世纪初）

（三）中古史（自秦之统一至明季即西元前三世纪至西元后十六世纪初期）

（四）近世史（自明季至清季即自十六世纪初期至二十世纪初期）

（五）现代史（自清季即约1905年至最近）

外国史

（一）绪论——先史时代

（二）上古史（自铜之发明即西元前四千年至元后五世纪）

（三）中古史（自五世纪至十五世纪）

（四）近世史（自十五世纪至十九世纪末）

（五）现代史（自十九世纪末至最近）[3]

初中课程标准倾向于"略古详今"，同时批评过往的历史学习"详古略今"，指出初中历史教学要"注意时事与史事的联络研究历史。研究历史，可知时事的由来，注意时事，可明历史的应

[1] 课程教材研究所.20世纪中国中小学课程标准·教学大纲汇编：历史卷[G].北京：人民教育出版社，2001：43.
[2] 陈训慈.初级中学课程标准草案[J].史学杂志，1929（1）.
[3] 课程教材研究所.20世纪中国中小学课程标准·教学大纲汇编：历史卷[G].北京：人民教育出版社，2001：22-26.

用；故教者对于史事，在可能范围内，当竭力使与现代社会发生关系。并且于讲授中国史时，可酌量报告国内时事，而与以（予以）解释；于讲授外国史时，可酌量报告国际时事而加以解释。此外对于学生的阅览报章杂志，教者亦当与以（予以）适当的指导。"[1]

《初级中学历史暂行课程标准》的第四部分是"教法要点"，列举了11个要注意的地方，可以归纳为：

（一）支配教材要详今略古，重视近代史的教学。

（二）鼓励增加补充教材。

（三）鼓励使用各种教学方法，尤其是讲演法。

（四）编写纲要，帮助学生掌握要领。

（五）注意知识间特别是中外历史间的相互联络。

（六）指导参考书阅览。

（七）注意时事与史事的联络。

（八）采用公元纪年。

（九）鼓励使用地图、图表和图片增进学生学习。

（十）鼓励对古迹的访问和旅行教学，"历史古迹的访问，足以引起学生对前人或史事的想象"。

（十一）增设历史地图、图表、名人画像、古物和模型等设备，"学校当局必须打破历史为文学一类学科的观念，而将历史科设备与理化生理等科的标本仪器，看得同样重要。"[2]

从初中课程标准可以看出，这一时期历史教育中的民族主义愈发凸显，但这并没有限制历史课程标准制定者在教学理念和教学方法上的进步性，它是对1922年新学制初中历史课程标准良好的继承和发展，它的一些教学方法，如对历史古迹的访问和考察，讲演法，编排历史剧，以及对历史地图、图表、模型、古物、补充材料、历史名著等辅助学习材料的强调，都显示出这一标准先进的历史教育理念。

### （三）高中阶段的历史课程

与小学、初中同步，南京国民政府时期颁布的高中历史课程标准主要有5个，分别是1929年的《高级中学普通科历史暂行课程标准》、1932年的《高级中学历史课程标准》、1936年的《高级中学历史课程标准》、1940年的《修正高级中学历史课程标准》和1948年的《修订高级中学历史课程标准》。

1929年版高中历史课标分为本国史和外国史2部分。1932年版高中历史课标把本国史和外国史合

---

[1] 课程教材研究所. 20世纪中国中小学课程标准·教学大纲汇编：历史卷[G]. 北京：人民教育出版社，2001：27.

[2] 同[1]28.

二为一。1932年版课标分6条来说明高中历史教育的目标：

（一）叙述我国民族之拓展与历代文化政治社会之变迁，以说明本国现状之由来，而阐发三民主义之历史的根据。

（二）注重近代外交失败之经过及政治经济诸问题之起源，以说明我国国民革命的背景，指示今后本国民族应有之努力。

（三）过去之政治经济诸问题，其有影响于现代社会者，应特别注重，使学生得由历史事实的启示，以研讨现代问题，并培养其观察判断之能力。

（四）叙述各重要民族之发展与各国文化政治社会之变迁，使学生对于世界潮流之趋势，获得正确的认识与了解。

（五）说明近世帝国主义之发展，民族运动之大势与现代国际重要问题之由来，以研讨我国应付世界事变之方策，而促成国际上自由平等之实现。

（六）叙述各民族在世界文化上之贡献，及其学术思想演进之状况；应特别注重科学对于现代文明之影响，以策进我国国民在文化上急起直追之努力。[1]

可以看出，此时"三民主义"的教育宗旨已经出现在教育目标中，取代了1923年以文化史为中心的历史教育理念。该目标与初中的历史教育目标相一致，又是初中目标的深化和扩展，特别注重历史教育的研究性学习。总之，仔细分析发现，这些目标并没有停留在历史教育的表层，而是面对问题向纵深切入，"叙述""说明""研讨"可以显示出这种程度上的递进。而这一点在教学方法上有更显著的表现。

历史课标的"教材大纲"部分也有了中外的历史分期，但与初中课标历史分期的划分并无太大不同。高中历史的学习时间分配如表3-1、表3-2。

**表 3-1　1932 年高中历史课程标准学时分配 [2]**

| 项目 | 第一学年学时 | | 第二学年学时 | | 第三学年学时 | | 合计 |
|---|---|---|---|---|---|---|---|
| | 一学期 | 二学期 | 三学期 | 四学期 | 五学期 | 六学期 | |
| 本国史 | 4学时 | 2学时 | 2学时 | — | — | — | 8学时 |
| 外国史 | — | — | — | 2学时 | 2学时 | 2学时 | 6学时 |

**表 3-2　1936 年高中历史课程标准学时分配 [3]**

| 项目 | 第一学年学时 | | 第二学年学时 | | 第三学年学时 | | 合计 |
|---|---|---|---|---|---|---|---|
| | 一学期 | 二学期 | 三学期 | 四学期 | 五学期 | 六学期 | |
| 本国史 | 2学时 | 2学时 | 2学时 | — | — | — | 6学时 |
| 外国史 | — | — | — | 2学时 | 2学时 | 2学时 | 6学时 |

---

[1] 课程教材研究所. 20世纪中国中小学课程标准·教学大纲汇编：历史卷[G]. 北京：人民教育出版社，2001：50.

[2] 同[1]51.

[3] 同[1]68.

这一时期高中课标所体现的教育理念和教学方法较为先进，特别体现在对历史教材的使用方式、其他教学资源的利用、强调自主学习和多种教学方法相结合等方面，这些都将有助于学生的历史研究素养的提高。综合来看，可以总结为如下几点：

## 1. 不依赖教科书，注意开发多种学习资源

课标的制定者特别提醒教师在教学中不要局限于教科书，认为"课本中所载与教者讲述之材料，只不过指示入门的途径。尤其在高中教学历史，已有初中三年学习的基础，更当注意培养自由学习的能力"[1]。讲义或教科书，不过是"一种提纲挈领之书，不可死读，尤不当奖励学生背诵，而当注意学生的了解及兴趣"[2]。

既然不局限于教科书的学习，课标就提出了许多其他相关历史学习的方式包括阅读书报、补充其他教材或者讲义、实地参观考察等。比如阅读书报，大纲提出"教者当随时指定参考书籍（兼及杂志报纸）或供一般的参考，或为某一节目某一问题之特殊参考，令学生随时阅览"。同时，教师要给予"详密的指导和考核"。对于本国史的补充教材，"教师当于可能的范围内，尽量补充课中参考材料。或讲述大意，或录示内容，或指示参考书名，而于特殊问题，新发现的材料，或最近时事，为教本所完全未采及者，尤宜编印补充讲义"。对于外国史学习的参考书，课标制定者还做了分类，"一系某一时代，或某一地方，或某一史迹之专著。二系普通外国史"，并鼓励阅读外文著作："因中文书籍之缺乏，及中学生外国文程度之幼稚，故对于此层暂定一极宽的标准，即每一学年，教师可在本校图书馆范围内，指出一书，为学生练习运用参考书之用。如有能读外国文原本者，并可酌定浅明的外国参考书。"[3]而对于实际考察，范围要包括博物馆、陵墓、祠宇、园林等古迹。

## 2. 注意使用多种教学和学习方法，强调自学和研究

在课标制定者眼中，高中历史的学习不能靠记诵，应注重学生自主学习和研究能力的培养。所以课程提倡在教师辅导下的自学：

> 高中历史课程，宜尽量增加学生的课外工作，以养成其自由学习的能力，如阅读参考书，作笔记，试作论文，皆当按学生的程度随时规定，而与以（予以）适宜的指导。在此类工作中，教师可指示学生发现问题与研究问题的方法。[4]

因此，历史的教学和学习的重要方式应该以"研究问题"来展开。高中历史教材之中，既宜采用问题式的讨论，同时要训练学生研究问题之能力。问题研究，可分为教室讨论与课外工作两类。前者由教者随时就教材中提出若干较简易之问题，以供学生学习时之研究。学生在教室报告讨论，

---

[1] 课程教材研究所. 20世纪中国中小学课程标准·教学大纲汇编：历史卷[G]. 北京：人民教育出版社，2001：30.

[2] 同[1]58.

[3] 同[1]57-58.

[4] 同[1]58.

或取自由质问的方式，或由教者提出共同讨论，都有利于启发学生的思想，充实学生的理解。后者则由教者指定较为具体的问题，指示参考用书，任学生自由研究，作简明的论文以培养其自由研究的能力。[1]

故而，课程提出这样的历史教学"注重讨论""讲明因果关系"和"实际考察"。"教师不必详解课本或胪述事实，而当于简单说明事实之后，引起问题，加以讨论。""教师于讲授或讨论时，皆当注意说明史迹的因果关系。说明之中，尤宜注意于史事对于现代问题的关系。"而增加实际考察，也是为了激发学生的想象力，增加其对史迹的了解，考察之后，还要"作成报告或考证"[2]。

### 3. 注重记笔记的作用

历史上很少有哪个课标如此强调记笔记的作用，无论是本国史的学习，还是外国史的学习，课标都注重笔记对历史学习的辅助作用。比如本国史学习将笔记分为"讲授笔记"和"阅读笔记"两类，"前者由学生在上课时间记录教员讲授者，以补课本不足，后者则由学生在课外阅读时记录。此项记录或为摘述事实，或为编列纲要，或为搜集比较，或为发挥心得，其间或定为全级的课程或个别的作业。此两种笔记，皆应令学生随时呈缴，而由教者审阅校正之"。外国史也强调"此系学生最重要的课外工作，否则读书全是死读"，并建议"大约在第一年可令学生学作笔记，以记其教室听讲及读书之心得。在第二学年，则可令学生兼学作纲目。其法，可由教师先做一个示范。且须力避艰深。然后再由教师提出几个特别题目，而令每个学生自择其一，教师并为指出参考时应用之书"。[3]可以看出，记笔记是与学生自学和研究密切联系的。

历史课程内容的确定为教科书的编写提供了基础。教科书是灌输政治思想的重要工具，为了使学校所用教科书符合教育宗旨，南京国民政府大学院于1927年12月颁布了《教科图书审查条例》（以下简称《条例》），《条例》共16条。其中第一条规定："小学校及中等学校所采用之教科书图书非经中华民国大学院审定者不得发行或采用。"第二条规定："小学校及中等学校现在所采用之教科书如大学院认为不适当时得通令各省区教育行政机关转饬所属各学校不得再用并得禁止其发行。"第四条规定："审查图书以不背本党的主义党纲及精神并适合教育目的学科程度及教科体裁者为合格。"[4]很显然，相比于北洋政府的自由宽松政策，南京国民政府加强了对教科书的审查力度，并要求教科书"不背本党的主义党纲及精神"。新的准入门槛，使得之后不少历史学者编写的历史教科书受到查禁，有些甚至惹上了官司。总而言之，这个时期的历史教科书的编写已经被意识形态的"眼睛"紧紧地盯住了。

[1] 课程教材研究所. 20世纪中国中小学课程标准·教学大纲汇编：历史卷[G]. 北京：人民教育出版社，2001：57.

[2] 同[1]57-58.

[3] 同[1]57-58.

[4] 上海法学编译社. 中华民国国民政府法令大全：7 教育[M]. 上海：会文堂新记书局，1931：293.

# 第二节
# 从三民主义到抗战：随课程标准频繁变更的历史教科书（1927—1937）

1927年到1937年全民族抗战开始，南京国民政府主要颁发了三个课程方案和课程标准，即1929年全面实施三民主义的课程标准、1932年课程标准、1936年修正课程标准。

1929年8月，教育部中小学课程标准起草委员会制定的《小学课程暂行标准》《初级中学暂行课程标准》和《高级中学普通科暂行课程标准》公布。《小学课程暂行标准》将历史、地理、卫生三科合并为社会科。这个"暂行标准"本质上是三民主义的标准。

1931年，教育部训令将各地实施"暂行课程标准"的结果上报，组织专家进行修订。后教育部汇集各方意见将"暂行标准"修订为"正式标准"，去掉"暂行"二字，但内容没有太大变化，于1932年10月公布。人们一般都称此为新课程标准，以示前后之别。一般教科书都称之为"新课程标准教科书"。此后，在抗日战争和解放战争中，国统区、中国共产党领导的抗日根据地和解放区都进行了课程改革，但大都是在这一课程标准框架内展开的。

1932年课程标准施行后不久即暴露出一些问题，于是教育部征求各方的研究意见，自1935年3月起着手组织修订，于1936年4月，公布"修正课程标准"。一般教科书都称之为"修正课程标准教科书"。

不论是1929年课程标准，还是1932年新课程标准，以及1936年的修正课程标准，即便内容没有太大的变化，但它们颁布以后，各大书局还是迅速行动起来编写新的教科书，以适应新课程标准的要求。

这一期间的历史教科书无论从体例还是从内容上来说都更加成熟，但也更加政治化、模式化。教科书编写数量也达到一个新的高度。尤其是课程标准不断修订，导致教科书不仅数量上猛增，版本上也不断出新。在"以党治国"和三民主义纲领号召下，在课程标准的指导下，各大书局特别为新编教科书冠以"新"字或其他直接与时代接近的名称，以凸显所编课本的政治性和时代性特征。比如商务印书馆的"新时代教科书""复兴教科书"，中华书局的"新中华教科书"，世界书局的"新主义教科书"等。

# 一、商务印书馆的历史教科书

## （一）"新时代教科书"系列

1927年，商务印书馆陆续出版"新时代教科书"系列，教科书"完全根据三民主义的教育宗旨编纂而成"[1]。蔡元培、朱经农、王云五、吴稚晖、竺可桢、胡适等参与了这套教科书的编纂工作，同时还有一些具有广泛社会影响的人物进入教科书编校队伍。如初中《三民主义教科书》即由著名学者、社会活动家胡愈之编著。教科书在内容上提倡党义及三民主义，政治色彩显著加强。"新时代"系列教科书大多配有相应的教授书和参考书。

《新时代历史教科书》（小学高年级用，4册），傅林一编，王云五校，商务印书馆1927年初版。

这套教科书供小学高年级使用（课标虽规定小学设社会科，但非强制规定，故仍有很多小学高年级用历史教材出现），竖体排版。教科书的编写"本中山先生三民主义的精神"，选取了"中外民族的盛衰""君权民权的消长""人民生活和文化的进退"等专题，以"应新时代的要求"。该书"略古详今"，共4册，采取"圆周体"的编排方式，"前两册叙述本国历史，第三册乃复述国史，但注重较为繁复的事情，如制度、宗教、学术和国外的交涉、交通等类，第四册叙述外国史事，皆叙至最近时事为止"。日俄战争、第一次世界大战等"最近时事"也被编排入教材。而且，该书在内容编排上考虑到了学生接受能力，按照"材料的繁简""文意的浅深"，各册次序随儿童年龄和知识依次推进[2]。1931年日本轰炸上海，焚毁商务印书馆的东方图书馆，所以在这之后出版的"新时代"系列教科书封面图案都为轰炸后的残垣断壁，以示重建的决心。

3–1

图3–1 《新时代历史教科书》（小学高年级用，第二、第三册），傅林一编，商务印书馆

《新时代本国历史教本》（上下册），王钟麒编，吴敬恒校，1929年6月初版，1932年5月印行国难后出版。

顾颉刚、王钟麒编的《现代初中教科书·本国史》被查禁后，第二作者，时任商务印书馆史地所编辑的王钟麒，按照南京国民政府教育部颁发的《初级中学历史暂行课程标准》修改《本国

---

[1] 丁尧章等. 新时代教科书样本：小学校用[M]. 上海：商务印书馆，1927：编辑大意.
[2] 傅林一. 高小新时代历史教科书：第1册[M]. 上海：商务印书馆，1932：编辑大意.

史》。为了顺利通过审查，在作者信息中去掉了遭受"弹劾"的顾颉刚的名字，只署名王钟麒一人，并更名为《新时代本国历史教本》，重新送审，教育部审查通过并准予发行[1]。新的版本在形式与内容上都有所调整，特别是内容上重新改写上古史部分，第一课变为"古史的光荣"，充分肯定"三皇五帝"作为古代文明创造者、黄帝作为太古文化的集大成者等上古人物的角色。显然，这种改编是迫于当时政治审查的无奈之举。

3-2

图3-2　《新时代本国历史教本》（初级中学用，下册），王钟麒编，商务印书馆

《新时代初中本国史》（上下册），该书由王钟麒编写，上册由胡适校订，新时代教育社1927年9月初版，下册由胡适、王云五校订，商务印书馆1928年7月初版。

新时代教育社是商务印书馆的副牌名。民国时期各民营书业，除自己正式店名外，还多用各种副牌出书，以适应潮流，应对时局。如国民革命军出师北伐时，上海尚处在帝国主义、北洋军阀统治之下，世界书局出版反对帝国主义、宣传国民革命的小册子，虽在上海印刷，而用广州共和书局、广州世界书局等名义出版，以防出事被查究时有所推托。因此当时商务印书馆曾用"新时代教育社"名义、中华书局曾用"新国民图书社"名义出书[2]。

《新时代世界史教科书》（初级中学适用，上下册），王恩爵编，王云五、何炳松校，商务印书馆1927年9月初版，又有新时代教育社版本。

世界史教材的善本不多，王恩爵编的《新时代世界史教科书》可以说是其中之一。该书采用章节体的编排形式，同时采用纪事本末体的叙述手法，"取有相互关系的史迹，用系统的方法叙述之，使读者容易得一个世界变化的鸟瞰"[3]。书分两册，古代史、中古史为一册，近古史、近世史和现代史为一册。为引导学生展开历史的学习，作者在书的开头专辟"绪论"一章，从"什么是历史""历史的目的""历史的进化""历史的范围""历史的分期"五个方面介绍历史学习的主要知识，为学生学习历史率先提供了一个科学的方法维度，颇合奥苏贝尔的"有意义的教学法"的意旨。作者明显受现代史学尤其是进化史学的影响，指出历史"要研究我们人类如何能从一个茹毛饮血的野蛮动物，变成一个现代文明的人类。换句话说，历史就是要研究人类如何进化到现在"。关

[1] 王红霞.《现代初中教科书·本国史》与顾颉刚的史学思想[J]. 史学月刊，2014（8）：12.

[2] 王余光，吴永贵，阮阳. 中国新图书出版业的文化贡献[M]. 武汉：武汉大学出版社，1998：79.

[3] 王恩爵. 新时代世界史教科书：上册[M]. 上海：商务印书馆，1929：例言.

于历史研究的范围，王恩爵编的《新时代世界史教科书》开宗明义指出："历史是研究人类过去事实的科学。它的范围当然很广，国家与民族的消长是历史，城市与部落的兴发何尝不是历史，英雄伟人的事业是历史，农夫和一个乡下穷人的历史何尝又不是历史。"[1]这样的编写思路扩大了历史书写的范围，拓展了历史的视域。另外，在书的内容比例上，"以欧洲史实为主干，以其他各国史实为枝叶"，主次分明地展开叙述。

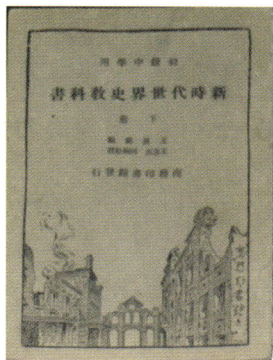

图3-3　《新时代世界史教科书》（初级中学用，下册），王恩爵编，商务印书馆

《新时代高级中学教科书·外国史》（上下册），何炳松编，商务印书馆1929年6月初版。

本书作者是著名的历史学家、历史教育家何炳松，他同时是1929年初中历史课标的起草人，还负责校订初中的世界史。

何炳松（1890—1946），浙江金华人。1911年毕业于浙江省高等学堂，1912年官费赴美国留学，先后就读于美国威斯康星大学、普林斯顿大学研究院，攻读现代史学、经济学和国际政治学等，分别获学士、硕士学位。1917年学成回国，历任北京大学史学系教授，北京高等师范学校英语部主任，浙江省第一师范、第一中学校长。1924年夏，应聘任商务印书馆百科全书委员会历史部主任。1927年任商务编译所所长，主管《教育杂志》。1934年被推选为中华学艺社社长。

作者在该书的《自序》中坦承"编辑历史课本实在是一件很不容易的工作"，第一是因为材料多且选择范围广，以至于容易"受个人成见的支配"，"发生偏而不全的毛病"。第二是历史问题的详略叙述颇具难度，过详则显得"堆砌"，过略则显得"空疏"。

作者认为要克服这些困难，"只有绝对应用科学标准一法"，提倡所谓"综合的研究"。"综合的研究"指：

"我们要研究人类文化的演进，不应该单单研究人类政治的、经济的、学术的、教育的或者宗教的发展，我们要同时研究人类政治的、经济的、学术的、教育的和宗教的等活动的交互错综的情形。因为人类的文化是政治、经济、学术、教育、宗教等活动的总和。我们倘使单单研究种种活动的一部分，那么我们对于人类的文化决不能窥见他的全豹。"

同时，作者还认为"理想的课本一定要能够简明而且切实"。所谓简明，就是略而能够不流于空疏，所谓切实，就是详而能够不流于堆砌。简单地说，就是一面要"言皆有物"，一面要"纲举目张"，以文化的演进为经，以过去的事项为纬，这应是折中而至当的办法。[1]何氏深刻地洞见到历史教科书编写的关键问题，并提出了解决的指导建议，表现出作者对历史研究和学术编著的深厚功力。何本人曾留学美国，受美国实用主义教育影响颇深，他的很多历史教育思想都带有浓厚的经验主义色彩，讲求科学地研究历史，追求史料的实证，主张多样化的历史教学以及对各类历史材料的开放态度等，在当时的历史教育界有着巨大的影响。

《新时代高中教科书外国史》在第一时间适应了国民政府对三民主义的教育要求，又发挥了商务印书馆教科书编写的优势经验，因此这套教科书推出后比较受欢迎，多次再版，成为商务印书馆又一套发行量很大的教科书。

图3—4　《新时代高级中学教科书外国史》（上册），何炳松编，商务印书馆

## （二）"复兴历史教科书"系列

1932年"一·二八"事变爆发，日军进犯淞沪，商务印书馆多处厂房和办公地点被炸，其中也包括藏书巨丰的东方图书馆。这是商务印书馆的劫难，也是中国文化史的劫难。但成为废墟的商务印书馆没有被吓倒。"动手吧，各位——为了复兴！"王云五如此坚定地动员他的员工。被炸毁的商务印书馆喊出了"为国难而牺牲，为文化而奋斗"的口号，于1933年5月开始推出中国教科书史上唯一以"复兴"命名的教科书，被誉为"民国教科书发展史上一座里程碑式的山峰"[2]。

《复兴历史教科书》（高小用，4册），徐映川编著，王云五、傅纬平校订，商务印书馆1933年出版。后又有遵照修正课程标准改编的版本，1937年后出版。

该书以儿童搭积木为封面插图，暗示编著者们重建和复兴的决心。封面书名配有注音字母。一如其他高小历史教科书，本书也以本国史为中心，在选材上注意选取"关系最深切且有代表价值的史料"，范围涉及经济、生活、文物制度、历史大事等，特别是国耻和民族复兴运动史。而且"材料用心理排列法，注重中心问题的研究"，每个问题之后设综合比较等表格式问题，帮助学生整理和学习。另外在每课之后附有讨论问题及作业，书后附加大事年表。插图力求正确新颖、有趣味，

---

[1] 何炳松. 新时代高级中学教科书外国史：上册[M]. 上海：商务印书馆，1932：自序.

[2] 毕苑. 建造常识：教科书与近代中国文化转型[M]. 福州：福建教育出版社，2010：123.

以提高教学效果。[1]该书还配有《复兴历史教学法》，由郁树敏、饶祝华编著，商务印书馆1933—1934年出版。该书出版后很受欢迎，仅从部分版权页信息可以看到：第1册1939年6月改编本119版，第2册1938年改编本84版，第3册1938年改编本85版，第4册1938年改编本76版。

图3—5　《复兴历史教科书》（高小第二册），徐映川编著，王云五、傅纬平校，商务印书馆

　　《复兴初级中学教科书·本国史》（新课程标准适用，4册），傅纬平编著，王云五主编发行，商务印书馆1933年5月初版。

　　本书作者傅纬平即傅运森。该书遵照1933年颁布的《初级中学历史课程标准》的历史教育目标编写，在纲目上"亦悉依教育部课程标准所定之教材大纲，章节次序，毫无移易"。该书在正文叙述上"务求本末分明，叙述简当，期于易解易记"，而且注意发挥注解的作用："凡委曲繁重之史实，考证疑难之典故，以及引书之出处，人地名之略说。凡教师与学生有疑惑之点，或需检查之处，悉列入注解内。"[2]

图3—6　《复兴初级中学教科书·本国史》（第一册），傅纬平编著，商务印书馆

　　《复兴高级中学本国史》（新课程标准适用，2册），吕思勉编著，王云五主编，商务印书馆1934年8月初版。本书被商务印书馆列入"复兴"教科书系列，是对作者吕思勉前一本历史教材——《新学制高级中学教本国史》的改编。当时，已经有人反映新学制教材偏深偏难，作者分析得出原因：其一是使用文言文；其二是叙述较为浑括[3]。这次编纂又重新使用了白话文，并且"叙述力求其具体，少作概括之辞，无论教师或学生，使用起来，该都较前书为便利"[4]。作者在此书中充分

[1] 徐映川. 高小用复兴历史教科书[M]. 上海：商务印书馆，1933：编辑大意.

[2] 傅纬平. 复兴初级中学教科书：本国史[M]. 上海：商务印书馆，1934：例言.

[3] 同[2].

[4] 同[2].

第二节　从三民主义到抗战：随课程标准频繁变更的历史教科书（1927—1937）

利用考据的方法，但又不拘泥于考据；而且避免在书中掺入主观的议论，力求通过历史本身使学生获得教益，反映了作者科学治史、学史的精神。另外，作者一改前书年号纪年的方法，改为公元纪年，以便与世界史"互为对照"。如此，该书一出版就受到好评，1934年8月初版，1935年1月就是第7版了。

图3—7　《复兴高级中学教科书·本国史》（上册），吕思勉编著，商务印书馆

《复兴初级中学教科书·外国史》（新课程标准适用，上下册），何炳松编著，商务印书馆1933年5月初版。附英汉对照表。

何炳松之前编写的《新时代高中教科书外国史》就注意用"综合的眼光"研究历史，这种态度和方法在本教材中继续得到发挥。关于外国史的东西方问题，何炳松指出：

> 旧式外国史总以欧洲一洲为中心，东洋史则以中国一国为中心。欧洲和中国固然为东西两洋文化的重心，不可忽视，但亦不宜偏重。本书很想用综合的眼光，把东西史家向来轻视的西部亚洲史，给予相当的地位。因此对于古代的匈奴与安息，中古的波斯突厥以及南洋诸国，均较寻常课本为详。唯亦不欲故意夸张，给予不应得的篇幅。

本教材（上下册）由上古史、中古史、近世史、现代史组成，上册14章59节，下册14章61节。该书内容丰富，力求克服"欧洲中心论"和"亚洲中心论"的弊端，以"全球史观"为指导，用综合的眼光来编纂外国史教科书。在最后一章，新增了"本国史和外国史的关系""中外文化的比较""中国民族的责任"等内容，在分析中外文化关系的同时，紧扣时事，让学生认清中国的形势以及面临的危机。本书内容丰富，知识点之间的联系比较紧密，并配有丰富的教学资源，图文并茂，注重图像教学。作者根据课程标准，对教学安排提出了建议：

> 本书约一百二十节，希望教师于每一学期教完六十节。若以每学期大约授课四十小时计，则每小时可以教完两节为度，约费三十小时，而以其他四分之一时间，帮学生复习或考试之用。此种教材分配，对于初中高年级学生，分量似为恰当。

作者对该书的历史选材资料来源和出处做了说明，体现扎实的治学作风。[1]1936年修正课程标准颁布后，此书修订出版。

---

[1] 何炳松.复兴初级中学教科书：外国史[M].上海：商务印书馆，1933：编辑大意.

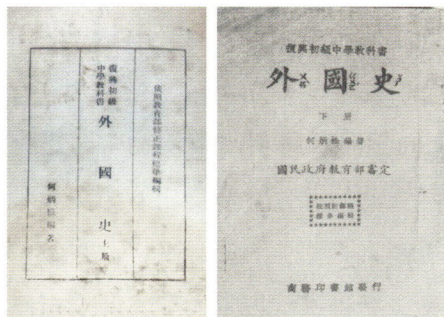

图3-8 《复兴初级中学教科书·外国史》（上册、下册），何炳松编著，商务印书馆

《复兴高级中学教科书外国历史》（上下册），何炳松编著，上海商务印书馆1934年8月初版。该书基本上是在《新时代高中教科书外国史》的基础上改编完成的。1947年6月出了第53版。

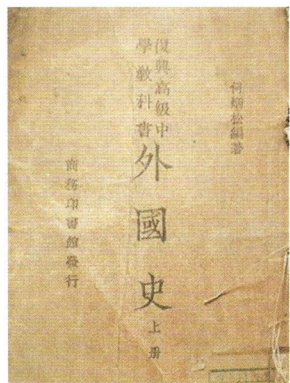

图3-9 《复兴高级中学教科书外国史》（上册），何炳松编著，商务印书馆

## 二、世界书局的历史教科书

三民主义在全国被强化，教育是最先受到影响的。世界书局也迅速于1927年陆续出版了适应三民主义要求的系列教科书，其中一套直接就叫"新主义教科书"，历史一科包含了多种教科书。

### （一）"新主义教科书"系列

"新主义教科书"是世界书局根据国民党三民主义教育需要而编写的一套最明显体现三民主义思想的教科书，于1928年左右出版。这套教科书的编、撰、校队伍里，多数仍然是资深编写者，有魏冰心、范祥善、朱翊新、吕伯攸、董文、王剑星等，新加入者除叶楚伧等人以外，又出现了于右任的名字，他是部分国语、常识、三民主义以及社会课本的校订者或校阅者。该套教科书在内容上强调三民主义教育宗旨，以适应"党化教育"的需要。

《新主义历史课本》（高小适用，4册），朱翊新编辑，魏冰心、范祥善校订，上海世界书局1928年初版。该书配有《高级小学历史课本教学法》，朱翊新编辑，上海世界书局1928年1月初版。

该书共4册，采用小学常用的课时体编写，内容简洁，便于高小阶段学习。所配的《高级小学历史课本教学法》也对教学有全面的指导和参考。比如，为了便于教师应用，《高级小学历史课本教学法》把每课分为"目的""教材""教法""注意"四大纲。"目的"设有一个必须达到的最低限度要求。"教材"内容则分为"问题""课文""插图""教便物""补充材料"五部分，特别采用"问题教学法"，教材把问题作为中心，引导儿童对课文的学习。所谓"教便物"即是指标本、图画、参考书、教具等教学辅助材料。"教法"也是被作者强调的部分，他提出了历史教学方法的"七目"说，即"动机""自习""辅导""演述""讨论""整理""表演"，并做了说明。比如作者认为"学习的出发点在动机"，他将动机分成两种，一种是"自发的"，儿童自己感觉到有求知某种知识的需要，另一种是"引起的"，指有的儿童本来没有求知的需要，老师设法引起他们的需要，而所用的一般就是问答法[1]。"问题教学法"是本书的一大亮点，而作者对动机的解释是对"问题教学法"较好的理论解释。作者也强调"自习"，认为教学不能完全依赖教师，否则便失去了自学的精神。《高级小学历史课本教学法》很注意指导教师去引导学生自习。此外，教学的其他部分也有亮点，比如教师要在合适的时机加以辅导。在自习和辅导之后，要演述（多以讲演的方式）、整理和表演学习内容，这些都是整合的学习方法，便于学生深化认识，获得亲身体验。可以看出，作者对现代教学理念和学习心理有着比较深刻的认识，使得这本教科书的教学体例与教学建议并不输于当今的历史教科书。

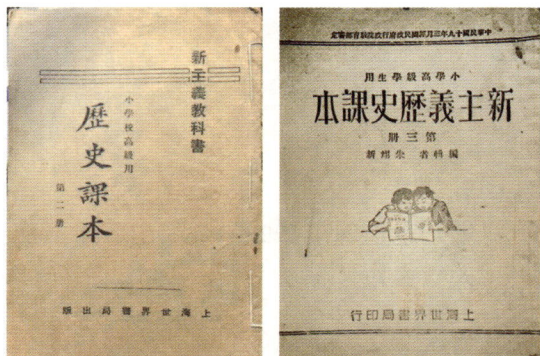

图3-10　《新主义历史课本》（第二、第三册），朱翊新编辑，魏冰心、范祥善校订，上海世界书局

《新主义教科书·初中历史》（6册），朱翊新、沈味之、朱公振编，董文、魏冰心校订，上海世界书局，1929年6月初版。

《新主义教科书·初中历史》共6册，其中前4册为中外混合史，用于初中一、二年级学习，后面2册为本国史，用于初中三年级学习。本书的编写依据"最新颁布的中华民国教育宗旨"，以三民主义观点来分析中外史事。其编辑要旨如下：

> 本书编辑要旨，在消极方面：打破空间时间的牵强界划，摒弃武断穿凿的误谬见解，立矫帝王英豪的盲目崇拜，避免人地时日的繁琐记载。在积极方面：采取史料，务合科学方法；叙述史迹，探求因果线索；论列史事，注重进化法则。

该书也延续了作者在小学历史教科书中的风格，在教学指导上注意学习心理。比如：每册前设有"本册提要"，以问题的形式作为这一册书学习的目的和指引；混合史部分的讲述注意采用联络

---

[1] 朱翊新. 高级小学历史课本教学法[M]. 上海：世界书局，1928：编辑大意.

的方式，"叙述世界史事，处处回顾本国；叙述本国史事，处处着眼世界；而尤其注意中外相互关系的史迹"。本书在知识量上也控制得比较好，每册控制在16~17章，"酌留余时，以备讨论问题，举行测验"[1]。

《新主义教科书·高中本国史》（上下册），陆东平、朱翊新编，世界书局1929年11—12月初版。

该书的作者认为，在学习本书之前，虽然学生已经学习了5年历史，但所学"大概不外是些零碎的、片段的关于本国或外国的历史常识，也许还没有提出一个中心问题，将这个问题作经线，而把事实作纬线，自古及今贯穿下来，作一个系统的研究吧？"鉴于此，作者采取了"主题组元"的编写体例，将本国史概括为5个中心问题，分别是民族、政治、社会（包括经济）、学术、外交。如果按照这5个问题来学习这部教材，就可以"若网在纲，如衣得领"[2]了。按照这5个中心问题，教材对内容做了如下安排：

> 本书分两卷六编，上卷，第一编绪论，研究历史所当最先认识之事项属之。第二编民族，凡各民族之分合、消长、竞争或协和属之。第三编政治，凡政治设施之沿革，各时代发生之先后属之。下卷，第四编社会，凡生活之进化，实业之发展，社会组织之变迁，一时风尚信仰属之。第五编学术，凡学术文化之演进，学术思想的变迁属之。第六编外交，凡对外国际关系发生以后之近世外交事项属之。

该书材料的选取注重时代精神和事实因果，"取材务求精当，凡与全民无多大关系之朝代兴亡、帝王家事，皆从略"。在内容的叙述上，"取研究的态度，不轻下判断，以留学者思考探索之余地"[3]。

图3-11　《新主义教科书·高中本国史》（下册），陆东平、朱翊新编，世界书局

世界书局出版的新课程标准教科书，种类多、变化多，不容易分清楚。这些所谓课程标准或修订课程标准教科书至少分为供乡村用、中小城市用、大都市用以及春季始业用、秋季始业用等种类，以适应不同地区、不同学期应用。1929年，世界书局出版了一套"初级中学教科书"，这套书

[1] 朱翊新，沈味之，朱公振. 新主义教科书：初中历史：第1册[M]. 上海：世界书局，1929：编辑大意.
[2] 陆东平，朱翊新. 新主义教科书：高中本国史：第1册[M]. 上海：世界书局，1929：本册提要.
[3] 同[2].

实际起到了承前启后的作用，既是适应"党化教育"需要的产物，又恰好赶上了1929年的暂行课程标准的颁布，所以又急着修改，算是适应了暂行课程标准的需要。这套教科书包含初中各科课本，部分科目的教科书还分混合与分科两种，如初中历史、初中地理、初中自然科学等都有混合和分科编写的教科书。初中历史由沈味之、朱翊新、朱公振编写。

图3-12　《初级中学教科书·初中历史》（第一册），沈味之、朱翊新、朱公振编，世界书局

《初中本国史》（4册），黄人济、朱翊新、陆并谦编，上海世界书局1930年1—2月初版。另编有《初中历史指导书》，蔡其清、朱翊新编辑，世界书局1930年初版。

该书依照国民政府行政院教育部颁布的《初级中学历史暂行课程标准》（1929）编辑，共4册，每册19节，供初中前2年学习。全书的编辑宗旨是孙中山的三民主义，这在编辑大意中作者有明确说明，比如对"民权"部分的论述，作者说：

孙中山先生说："世界的潮流，由神权流到君权，由君权流到民权。"所以本书对于叙述各时代的政治状况时，特别注意于说明民权发展的由来。[1]

可以看出，本书比较有代表性地反映了当时历史教科书受政治影响的程度。官方教育宗旨对教科书的控制十分明显。

图3-13　《初中本国史》（第一册），黄人济、朱翊新、陆并谦编，上海世界书局

《初中外国史》（上下册），朱翊新、黄人济、陆并谦编著，范祥善校订，上海世界书局1930年2—5月初版。

该教材依照国民政府行政院教育部颁布的《初级中学历史暂行课程标准》（1929）编写，共2册，每册也是19节，供初中三年级使用。全书分为5编，第一、第二、第三编为绪论（先史时代）、上古史、中古史，合为上册；第四、第五编为近世史、现代史，合为下册。

[1] 黄人济，朱翊新.初中本国史：第1册[M].上海：世界书局，1932：21.

本教材旨在达到以下三个目的：

1. 培养学生国际意识，养成学生的国际同情心，俾学生深切了解民族主义历史的根源，和发挥此主义的精神。

2. 解释现代民权发达的由来，俾学生深切了解民权主义的历史根据，并树立学生政治训练与运用民权的基础。

3. 解释现代社会问题的由来，俾学生深切了解民生主义的历史根据，并促进学生对于民生问题的注意与研究。

三个目的也是三民主义的延伸与落实，与"新主义教科书"系列表现得同样明显，可以说，暂行课程标准的颁布强化了对三民主义教育思想的贯彻。与其他教材一样，该书注意中外历史的联络，编辑上"力避账簿式的记载，而注重史迹的贯穿；摒弃帝王战绩的颂扬，而注重民族生活的描写"[1]。

图3—14    《初中外国史》（下册），朱翊新、黄人济、陆并谦编著，范祥善校订，上海世界书局

## （二）"新课程标准世界教科书"系列

1933年，世界书局根据新课程标准要求出版小学教科书一套，涵盖小学各课程。其标志性特点是教科书封面有"新课程标准世界教科书"字样。本套书科目上发生了变化，"社会"教科书细分为《社会课本·公民编》《社会课本·历史编》《社会课本·地理编》各4册。

图3—15    《社会课本·地理编》（新课程标准世界教科书，小学高级学生用，第一册），宋子俊编辑，董文、范祥善校订，世界书局

《社会课本·历史编》（小学高级学生用，4册），朱翊新、宋子俊编辑，范祥善校订，世界书局1933年6月初版。

本教材根据国民政府1932年10月部颁小学社会科课程标准编写。该标准仍然没有单列历史课，

---

[1] 朱翊新，黄人济，陆并谦. 初中外国史：第1册[M]. 上海：世界书局，1930：编辑大意.

而是把历史内容融入社会科中。小学社会科是一种综合性的课程，世界书局编写了适应小学的"社会课本"4本。但融合不是容易的事情，教科书不好编，教师不好教，各学校有呼声。由此，"勉承各学校的要求，为便利教学起见"，又将社会科的内容分为公民、历史、地理三部分，分科而编，本书就是其中之一。"分列则自成系统，合授则相互联络。"可见，世界书局在教科书市场实行的是一种多样化的经营策略。本书分为4册，每册17课，各适用于一个学期的教学。

该教材注意贯穿民族、民权、民生3个问题。本书选材基于以下4条标准：

1. 和人类关系深切，而有代表价值，且最足以促进文化的；

2. 和现代人类生活有重要关系的；

3. 和中华民族有重要关系的；

4. 能增进人类对于社会热心改进的。[1]

另外，该书也注意问题研究法。每课的标题作为中心问题，并配有简明的图表，以便儿童学习时参证，每册前有"本册提要"，列清需掌握的学习项目。每课后也有问题若干，来供学生练习和推究。本书还配有专门的教学法4册。

图3—16　《社会课本·历史编》（新课程标准世界教科书，小学高级学生用，第一、第二册），朱翊新、宋子俊编辑，范祥善校订，世界书局

1932年，国民政府教育部颁布正式的课程标准，取代1929年的暂行课程标准。世界书局根据新颁课程标准的要求，出版了"新课程标准世界中学教本"（1933年后又新推出"世界初中教本"，集中了"世界中学教本"中的初中教科书，并加以扩充），包含多种历史教科书。所谓"世界中学教本"之"世界"，指的是世界书局。这套教科书的一个明显特点是多数以作者的姓氏冠名，比如《王氏初中算术》（王刚森）、《钱氏初中化学》（钱梦渭）、《徐氏初中植物学》（徐克敏）、《马氏初中植物学》（马光斗）、《陈氏初中图画》（陈抱一）等，历史也是这样，如《谢氏初中本国史》《朱氏初中外国史》《余氏高中本国史》《李氏高中外国史》等，这使得世界书局的历史教科书在种类上独树一帜。

《谢氏初中本国史》（新课程标准，4册），谢兴尧编著，朱翊新校订，世界书局1933年9月至1935年3月初版。附大事年表。

[1] 朱翊新，宋子俊.社会课本：历史编[M].上海：世界书局，1933：编辑大意.

谢兴尧（1906—2006），四川射洪人，中国著名藏书家、史学家。1927年考入北京大学历史系。1931年毕业，先后任职于北平女子第一中学、北京大学、河南大学等。精于清史，特别是太平天国史研究，亦善搜求史部古书，尤其是稿本。二十世纪四十年代以《书林逸话》声名鹊起。曾参与《续修四库全书总目提要（稿本）》的纂修，所写提要皆为史部，而以自己五知书屋所藏稿本为特色。中华人民共和国成立不久，选调进入人民日报社，在报社理论教育组做编辑。1956年，调任报社图书馆馆长。

该书分4册，专供初级中学本国史教学之用，又分为上古、中古、近世和现世4期，每期为一卷，卷下分章，如卷一"上古史"，下分若干章，卷二"中古史"，下也分若干章。每卷后又附以综论4章。本书在叙述本国历代概况的时候，"特别注重民族的演进、社会的更变、政治经济的沿革、学术文化的嬗迁"，"务使读者对于本国历史的各阶级，得一整个而明了的观念"。该书还注意使用附注来辅助学习，因为篇幅所限，"于正文仅能简述其大略，对于内容繁复之事，概附注于每节之后，与正文相表里。至含义稍晦的字句，及古代地名的今释，亦附于注中，使学生更为明了"[1]。另外，本书除使用地图外，还插入历史图片和近代新发现的古物，以提升学生的兴趣。本书还附有大事年表，以帮助学生对历史形成大概的认知。

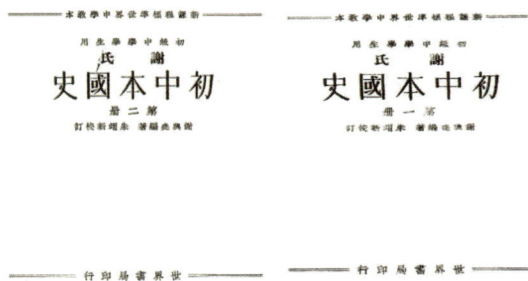

图3—17　《谢氏初中本国史》（第一、第二册），谢兴尧编著，朱翊新校订，世界书局

《朱氏初中本国史》（新课程标准，4册），朱翊新编著，陆光宇校订，世界书局1933年7—9月初版。附大事年表。另有《朱氏初中本国史指导书》，朱翊新编著，世界书局1935年初版。

朱翊新（1896—1984），江苏周庄人。1914年毕业于江苏省立第一师范学校，出任周庄镇小学教员及校长。1924年夏，受上海世界书局之聘，先后担任该书局编辑所教科书的编辑和主任。从此，开始了他长达40年的编辑生涯，编辑出版了数十套供中小学使用的教科书。1924年秋，朱翊新参加了柳亚子等人组建的新南社。1945年11月，上海大东书局聘任他出任编辑部编审，主编中小学知识文库，出版了300余种书籍，深受中小学读者的喜爱，在全国产生了广泛的影响。1949年5月，上海解放，朱翊新应上海联合出版社之约，主编了一部分中小学国语课本，以应新中国华东地区中小学教学之急需。新中国成立到1959年他退休这10时间里，他编写了数以百计的教育出版物。

---

[1] 谢兴尧. 谢氏初中本国史：第1册[M]. 上海：世界书局，1933：编辑大意.

《朱氏初中本国史》是作者前期所著《本国史》的改编本，以三民主义为编写指导原则，特别强调民族精神的发扬和我国民族对世界文化的贡献。同时，注意中外历史联络，后附研究问题，以及插图、大事年表的配合使用等朱编教科书的特点也延续了下来。另外，本书特别注意学习上的预习和总结：

> 本书于每一分期之末，附有结论来提示该时期史迹的要点，作概括的描写；又于每书之末，列有综论三章，略述研究历史的方法与功利，以及本国史的回顾与前瞻。[1]

作者指出，"此种归纳的编制，极便于学生的学习"。再比如在"本册提要"中，作者会把本册学习的要点简明扼要地概括出来，这种概括多集中在一些综合性的字眼上，如"民族""神权""君权""民权""社会""交通""思想"等，有助于学生把握历史的各个脉络，深化对历史的理解。

这一时期，朱翊新还编写了《朱氏初中外国史》（新课程标准适用，2册），世界书局1934年3—8月初版。附外国史大事年表。

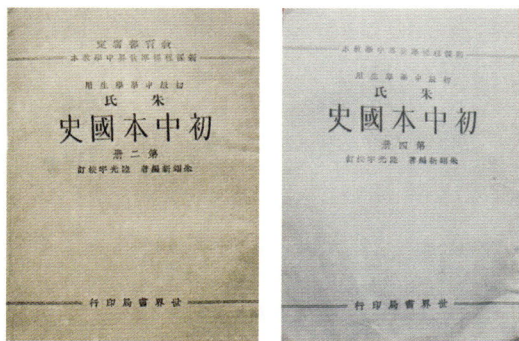

3-18

图3-18　《朱氏初中本国史》（初级中学学生用，第二、第四册），朱翊新编著，陆光宇校订，世界书局

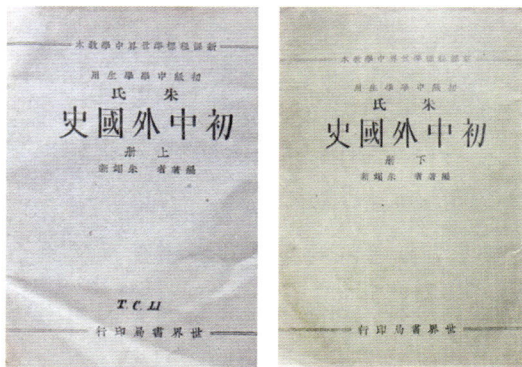

3-19

图3-19　《朱氏初中外国史》（初级中学学生用，上册、下册），朱翊新编著，陆光宇校订，世界书局

《李氏高中外国史》（或称《高中外国史》，2册），李季谷编，朱翊新校阅，世界书局1931年10—11月初版。

李季谷（1895—1968），原名宗武。1917年，毕业于浙江省立第一师范，次年以官费生赴日本留学，入东京高等师范。1924年归国，任南开大学讲师，北京大学教授。1927年，任浙江省第一

---

[1] 朱翊新. 朱氏初中本国史[M]. 上海：世界书局，1933：编辑大意.

中学校长。翌年赴英国留学，后入剑桥大学研究院，专攻近代史，获硕士学位。1930年，游学西欧诸国，归国后仍任北大教授，兼任北平大学女子文理学院文史系主任。1937年7月卢沟桥事变发生后，只身南行，赴西北联大任教授兼历史系主任，中山大学、四川大学教授。1943年后，在鲁苏皖豫地区任国民政府招训委员会主任委员，从事战区失学失业青年工作。中华人民共和国成立后，在上海华东师范大学任教。

《李氏高中外国史》的前身是《高中外国史》。关于此书编写的缘起，作者在"序"中做了说明：

> 1930年秋，我游欧归来，重入北京大学史学系担任功课，很想在课余之暇，着手编写一部外国史，以供一般人士的阅读。这时适接友人朱少卿兄自沪来书，委托我为世界书局编辑一部高级中学用的外国史教科书。我所要写的与世界书局所需要的，虽然不是完全相同，但实际上，大致也相差不多，所以我就很高兴地大胆地答应了。[1]

在内容上，本书包括了欧洲史，也包括了美洲、印度及日本等地的历史。全书分5编，前3编为第一卷，后2编为第二卷。从"没有记录以前的世界情形与人类生活"开始，到"自维也纳公会后的百年间的史实"[2]。而且尤其注重近代中国在国际上的地位，在叙述上尤为详细。本书的目的在于给予读者以外国历史的基本知识，故书中不重理论，而略偏重事实。

图3-20　《高中外国史》（高级中学学生用，下册），李季谷编，朱翊新校，世界书局

《李氏初中外国史》（新课程标准适用，2册），李季谷编，世界书局1933年9月至1934年3月初版。

编写了《高中外国史》之后，李季谷再应世界书局的委托，编写了这本《李氏初中外国史》。世界书局的再次委托，"意思是这样一手编写，或者能使高初中功课容易衔接些"，作者也表示同意："自然，一人写成的东西，较易免去前后参差之弊，那是一定的。"但在编写过程中，作者坦承，"有许多地方，竟难绝对一致：一来，是教育部新颁布的课程标准与从前的暂行标准，就有不同的地方，既然是教科书，只能跟着不同；二来，是我自己的观点及地名人名的译法，也觉得有若干地方须略加改变。所以在力求上下衔接之中，仍不免有参差互异之处"。作者在说明高中与初中

[1] 李季谷. 李氏高中外国史[M]. 上海：世界书局，1933：序.
[2] 同[1]编辑大意.

除了衔接一致的关系外，并没有说明两者的不同之处，这是不足的地方。

本书也按照历史四段分期（上古—中古—近世—现代）划分，作者编写的第一目的在于培养读者学习外国史的基本知识，所以略偏重事实的说明及事实与事实之间的关联性，并特别注意各时代的特点。作者还特别说明了当时的形势，以鼓舞读者的爱国热情，再一次证明中国之抗战动员早在七七事变之前：

> 本书编写的时间，为1933年1月至5月，这短短的5个月间，竟不幸发生榆关失陷、热河沦亡、关东日伪军骚扰及日机威吓平津等不详事件。所以本书是国难十分严重中的产物，希望本书的读者能深深地觉悟自己在中华民族复兴运动上负有的责任与使命！[1]

图3-21　《李氏初中外国史》（初级中学学生用，上册），李季谷编，世界书局

《余氏高中本国史》（2册），余逊编，世界书局1932年10月至1933年7月初版。根据修正课程标准，该书于1934年作了修订。

余逊（1905—1974），历史学家，秦汉史专家，北京大学历史系教授，著名文献学家余嘉锡之子，湖南常德人。1918年随父来到北京。1926年考入北京大学历史系。1928年，史学大家陈垣在北大授课时，发现余逊作业精湛，询问后知其家学渊源，这也开启了陈垣与余父嘉锡的终身友谊。1930年余逊毕业后，任北大历史系助教。抗战期间，他被陈垣邀致到辅仁大学，在历史系讲授秦汉史。其间，与柴德赓、启功、周祖谟等三人经常到陈宅看望陈垣，请教学问。四位才华出众的青年教师随侍恩师左右，聆其教诲，被人谐称为"陈门四翰林"。抗战后，入北京大学任教，讲授秦汉魏晋南北朝史。其间，曾任胡适的秘书。他讲课时从不带书和讲稿，旁征博引，深受学生欢迎。余嘉锡老先生在辅仁大学教秦汉史时，用的讲稿就是余逊所作，余老也毫不避讳，在堂上公开说："讲稿是小儿余逊所作。"父亲讲儿子的讲稿，儿子为父亲写讲稿，二人都很自豪，这在当时也传为美谈。[2]

《余氏高中本国史》的前身是《高中本国史》，而《高中本国史》最初出版于1932年。《高中本国史》分为4期，每期1卷，共4卷，分上下两册；《余氏高中本国史》则分为5卷，也分为上下两册。《高中本国史》设定编写宗旨为：

> 于民族的融合、政治的变迁、制度的沿革、社会组织的转变、学术文化的迁嬗，皆分别叙

[1] 李季谷. 李氏初中外国史[M]. 上海：世界书局，1933：序.

[2] 启功. 启功口述历史[M]. 北京：北京师范大学出版社，2004：111.

述其特征，详其因素与影响。使读者对中国历史的各阶段，得一整个明了的观念。[1]

而到《余氏高中本国史》，则是基本按照教育部新订课程标准编辑，"供学生以初基的历史知识，更为大学专门研究之根基"。

图3-22　《余氏高中本国史》（高级中学学生用，下册），余逊编，世界书局

《陈氏高中本国史》（2册），陈登原编著，上海世界书局1933年7—12月初版。

陈登原（1900—1975），原名登元，浙江省慈溪市人。1915年入浙江第四师范学校求学。1922年考入南京东南大学历史系，毕业后，先后任教于东南大学、宁波女校。1930年任南京金陵大学讲师及该校中国文化研究所研究员，1935年升任教授，编著出版大量史学著作。其间曾应世界书局之聘，赴苏州编译所任编辑，出版《初中外国史》《高中本国史》。接着，又应聘任杭州之江大学教授。中华人民共和国成立后，于1950年到西安，在西北大学任教，先后担任历史系教授、图书馆馆长、校务委员会委员。

不同于一般的教科书"编辑大意"，该书未说明是否遵照课程标准，是否配有地图、图表。从一开始的"序例"，作者都是以史学家的口吻来叙述的。在"序例"的开始，作者对国史的难度发表了一番感慨：

吾尝慨乎国史之难读，而深有感于前人之说焉。

史传文文山被执，见博罗丞相。文山曰："自古有兴有废，天祥今日忠于宋以至此，幸早施行！"博罗曰："你道有兴有废，且道盘古到今，几帝几王？"文山曰："一部十七史，从何说起？我非赴博学宏词科，不暇泛言。"今清史已成，廿五史之量，又越于昔之十七史，则文山所谓难者，吾人当以为更难矣。[2]

作者认为，在取材方面，这本书有三个特点，分别是"削冗""求简"和"阐幽"。在这本书的组织架构上，则"重连贯""重纪时""重参考"。可见这本书的编写特别注意克服国史难读、难懂的毛病。在该书中，作者提出了一些新见解，这本书中第一次列有"四大发明"的条目，把古代科技成就的弘扬宣传提升到一个新高度。

---

[1] 余逊. 高中本国史：第1册[M]. 上海：世界书局，1932：编辑大意.

[2] 陈登原. 陈氏高中本国史[M]. 上海：世界书局，1933：序例.

### （三）修正课程标准之"新教科书"系列

1936年，民国教育部颁布各级修正课程标准，在此标准要求下，世界书局在原有教科书的基础上，编写新的历史教科书，并以"新"字开头，以示区别。其后，全民族抗战开始，历史教科书中的抗战气息也随之加强，爱国主义教育成为重要目标。

《社会课本：高小新历史》（遵照修正课程标准编辑，4册），朱翊新编，世界书局1937年初版。

与前面的世界书局高小历史教科书有所不同，这本书最大的特点是大范围地使用了拼音，以此来辅助学生学习，封面标有"遵照教育部二十五年修正课程标准编辑"字样，简称为修正课程标准教科书。

图3-23 《社会课本：高小新历史》（第四册），朱翊新编，世界书局

《初中新本国史》（修正课程标准适用，4册），蔡丐因编著，世界书局1937年6月初版。

作者蔡丐因曾是春晖中学的教师。该书封面页注明"遵照教育部二十五年修正课程标准编辑"。该书也采用历史"四段分期法"，且配有大量的图表来辅助学习。可以说，本书作者对现代教学法的研究是很透彻的，比如，作者把四个时期划分为四编，每一编前"特列概说一段"，以说明本期与前期的关系和本期重要的知识点，使学生为学习有所准备。再比如课后问题的应用、图表的使用等。

本书目的不只是激发学生学习历史的兴趣，正如作者所说，"本书唯一的目标，在于说明我国历史演进的程序，并说明中华民族的伟大性，借以引起学生研究历史的兴趣和爱护国家的观念"。民族精神和爱国主义的培养已经是迫在眉睫了。祖先开拓、发明发现、风俗文化、对世界文化的贡献等都是本书叙述的重点，特别是"叙述历代受外族压迫的抗争情形特详，借以激起其爱国信念，使努力于雪耻工作，以谋我民族的复兴"，"明白我民族祖先的勤劳精神，及其现在衰落的原因，以促进其责任上的自觉"。本书对爱国主义和民族精神强调已经提到一个新的高度，"精神的长城正在筑起"[1]。

---

[1] 蔡丐因.初中新本国史：第1册[M].上海：世界书局，1937：编辑大意.

图3-24 《初中新本国史》（修正课程标准适用，第三册），蔡丏因编著，世界书局

《初中新外国史》（2册），赵心人编著，世界书局1937年6月初版。

与《初中新本国史》配套的还有赵心人编写的《初中新外国史》。赵氏在书中也大力宣传民族精神和爱国主义：自鸦片战争以来，中华民族一直受帝国主义压迫，受尽欺凌，社会发展停滞不前，到了今日，"中华民族最重大的任务，莫过于抗拒外侮，保守领土，使民族国家得以存在，然后一切改革与复兴，方可计议。这一救亡责任，已摆在四万万五千万人身上，救亡图存，已是刻不容缓了"[1]。除了大幅增加国耻史内容，谴责日本侵略、歌颂中国抗战的价值观体现明显外，该书的另一个设定是分层的课后问题系统，充分考虑了不同业层次学生的需要。"每章之后都附有复习问题及研究问题两种。复习问题可在复习时提出询问，使学生口答，或令其在笔记本上演习之亦可。研究问题系供给高材生之用，教者可视学生之程度，指导研究之。"[2]如该书"美国的独立"一章后的习题为：

［复习问题］

1. 离英独立的殖民地是哪一部分地方？

2. 那些殖民地人民有什么特殊精神？

3. 美国独立的根本原因是什么？

4. 美国独立的爆发原因是什么？

5. 贸易法的内容怎样？对于殖民地的影响如何？

6. 航海法的内容怎样？对于殖民地的影响如何？

7. 美国独立时得了何种国际的帮助？

8. 独立战争的经过如何？

9. 独立宣言发表于何时？其主要的内容如何？

10. 说明美国的政治组织大纲。

［研究问题］

1. 美国独立的发动，曾受了何种影响？它的结果，又发生了何种影响？

---

[1] 赵心人. 初中新外国史：下册[M]. 上海：世界书局，1937：197-198.

[2] 赵心人. 初中新外国史：上册[M]. 上海：世界书局，1939：编辑大意.

2. 美国的独立和现在的殖民地革命有什么不同？

3. 把美国独立的经过事迹，作一年表。

4. 作一独立时的美国地图，把本章说到的地名都列入。[1]

作者在历史教科书中能根据学生的不同程度与学业兴趣设计难度不同的问题，而且设计的多是开放式探究性问题，这在当时是很具有先进教育理念和高超教学设计水平的。

图3-25　《初中新外国史》（初级中学学生用，上册、下册），赵心人编著，世界书局

《高中新本国史》（3册），孙正容、王芸庄编著，世界书局1941年3月初版。

孙正容（1908—1985），历史学家，浙江瑞安人。抗日战争时期担任浙江省立浙东第一临时中学校长。为浙江师范大学的创校元老之一。曾任历史系主任，校古籍整理研究室主任、校学术委员会委员。

在此书"编辑例言"中，作者指出："本书依据教育部颁布修正高级中学历史课程标准及参酌本人数年来教学经验编纂而成。"作者也说，该书并非完全依赖课程标准设置的纲目，"课程标准内所列教材大纲，仅在提示本国史包含之内容，并非径予编教科书者作章节标题之用，本书为叙述便利起见，故节目略有出入"。另外，作者在叙述上力求通俗易懂，简便易学，"本书行文浅显，说理详明，作者自行阅读，绝无扞格凝滞之弊"。该书善用附注、页眉提要、小标题等辅助学习手段，并采用帝王年号和公元纪年两种纪年方式。作者还批判了疑古派的观点，对上古史有新的见解，从文中可以看出作者受黑格尔哲学影响较深：

> 本书于上古史部分，每有新解释，如唐虞禅让及井田制度等之说明。在极端疑古者视之，或不免认为仍窃正统派之余绪。惟本书观点，乃系用批评的态度以得之者，实海格尔（黑格尔，编者按）所说"正""反""合"之"合"也。[2]

图3-26　《高中新本国史》（高级中学学生用，上册），孙正容、王芸庄编著，世界书局

[1] 赵心人. 初中新外国史：上册[M]. 上海：世界书局，1939：193-194.
[2] 孙正容，王芸庄. 高中新本国史：第1册[M]. 上海：世界书局，1941：编辑例言.

《高中新外国史》（3册），孙逸殊编，世界书局1937年6月至1939年12月初版。

与《高中新本国史》配套的是孙逸殊编著的《高中新外国史》。上册包括"绪论""第一编上古史"和"第二编中古史"，中册包括"第二编中古史（续前）"和"第三编近世史"，下册包括"第三编近世史（续前）和第四编现代史"。该书以"篇"和"章"为单位编写，"篇"下分若干"章"。该书善于运用插图和结构示意图。各种插图，如风景、人物、地图、物品等，比之前一般教科书的插图水平有了较大的提高，而图文并茂的形式确实能增加学生的学习兴趣。另外，书中还有一定的结构示意图，这些示意图直观地包含大量的信息。"绪论"中就人种与主要民族的关系，在叙述时给一个结构示意图，将大的知识框架呈现给学生，一目了然，有利于学生的记忆。总的来看，该书在当时众多历史教材中比较中规中矩，属于比较普通的历史教科书。

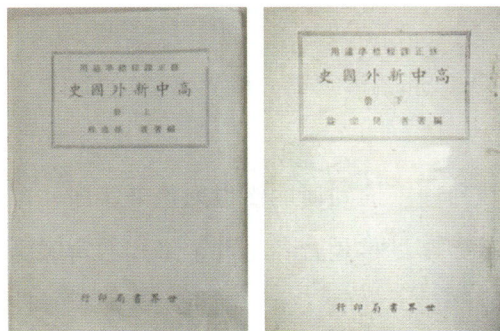

3-27

图3-27 《高中新外国史》上册，孙逸殊编著；下册，闵宗益编著，世界书局

## （四）世界书局其他历史教科书

在编写"新主义教科书"系列、"新课程标准世界教科书"系列等教科书前后，世界书局同时还出版了一些落实三民主义的、适应1929年暂行课程标准、1932年新课程标准和1936年修正课程标准的历史教科书。一般而言，这些历史教科书不属于大套系教科书，是一些相对有特色的比较小众的甚至带有实验性质的教科书。如朱翊新编著、陆高谊主编的《本国史纲》册，中学适用课本。其他教科书举例如下：

《高级中学教本·本国现代史》，梁园东编著，朱翊新校阅，世界书局1932年9月初版。

梁园东（1901—1968），历史学家、教授，山西省忻州人。1926年毕业于北京大学哲学系，在校加入中国共产党。曾任山西国民师范教员，上海劳动大学、浦东中学教师，大夏大学、湖南蓝田师范学院、四川白沙女子师院、川东乐山武汉大学教授。1950年8月任山西大学历史系教授兼师范学院院长。1953年9月，山西师范学院独立建院后任院长。

梁园东于1931年4月为世界书局编写了此书。作者在"编辑大意"中说道：

> 当本书发排之际，日人侵我东北三省及上海事变，先后发生。事态重大，关系中华民族生死存亡，在现代史中，实为最可注意最可悲的材料，因附揉两章于第六篇国民革命之后，俾读者知所警惕……[1]

[1] 梁园东. 高级中学教本：本国现代史[M]. 上海：世界书局，1933：编辑大意.

作者还坚定地认为，"欲救东北之沦亡，必须为全力的反抗"。可见，在七七事变之前，特别是九一八事变、一·二八事变的爆发，民族危机日益加重，很多历史教科书已经吸收了反映国家民族形势的最新材料，希望借历史教科书来警醒国人，来号召和呼吁抵抗日本的侵略。局部抗战的舆论和呼声已经起来，本书仅是其中的代表之一。

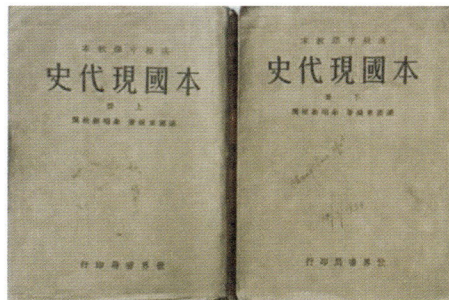

图3-28　《高级中学教本·本国现代史》（上册、下册），梁园东编著，朱翊新校阅，世界书局

《高级中学教本·中国近百年史》（高级中学教本，4册），邢鹏举编辑，世界书局1931年7月初版。

该书书名由胡适题签，吕思勉、廖世承分别作序（作者在自序中提到何炳松也为该书作序，但笔者手头版本没有发现），胡适自不必言，吕思勉是史学大家，廖世承是著名心理学家和教育家。廖世承1919年获布朗大学哲学博士和教育心理学博士，学成回国后，先后任教于南京高等师范学校及东大附中、上海光华大学、光华附中、华东师范大学、上海第一师范学院、上海师范学院，并曾任主任、副校长、副院长、院长等职，编写了中国第一本《教育心理学》。可以看出，本书的编写得到了很多名家的鼓励和支持。吕在序言中说：

> 邢君鹏举，英年好学，近世史事，尤所究心；讲授之余，从事纂述，宏纲具举，要言不烦，诚寡昧者馈贫之粮，亦浅躁者益智之粽也。[1]

廖世承评价道：

> 邢君鹏举在光华附中担任近百年学程，自编讲义，经数次的教学试验后，整理成《中国近百年史》一书。余谓历史一种科目，在中学实负有重大的使命，一方使我们认识现代，一方使我们增进品性。现代的状况，都由过去的事实蜕化而成。要认识现代，必须了解过去。[2]

邢鹏举（1908—1950），江苏江阴人。1925年入光华大学英语系，为徐志摩学生，亦为新月派成员。1929年毕业后留校任讲师。后任暨南大学教授、光华大学附中教务长，曾任上海师承中学校长，1950年逝世。著有《历史学习法》《勃来克》等著作和译著多部，《高级中学教本·中国近百年史》是他最有影响力的一部史学著作。

《高级中学教本·中国近百年史》分为两部分，第一部分为"总论"，由"导言""绪论"构成，主要论述了历史研究的材料、编制、方法，以及研究中国近百年历史的难点及背景和内容。

[1] 邢鹏举. 高级中学教本：中国近百年史：第1册[M]. 上海：世界书局，1932：吕思勉序.

[2] 同[1]廖世承序.

"磨刀不误砍柴工"，这种写法在当时较为少见，显得新颖、有创新性。第二部分是历史介绍，作者从"专制流毒之清代末叶"起笔，历述鸦片战争、英法联军、内乱频繁、边境之侵扰、民族之革新、风起云涌之革命等。

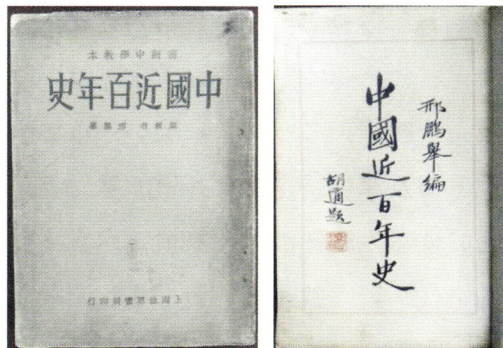

图3-29　《高级中学教本·中国近百年史》，邢鹏举编，世界书局

《世界史》（中学、师范适用），陈其可、朱翊新编辑，世界书局1930年6月初版。

陈其可，即陈祖源，华东师范大学历史系教授，历史学家，江苏吴县（今苏州市）人。入东南大学历史系，师从柳诒徵、陈衡哲、吴梅等名师。后转到北京大学历史系完成学业。1926年夏毕业后，回到苏州，在东吴大学附中担任国文教员，兼江苏省立第一师范史地教员。1927年，苏州中学建立后，任高中部史地教员兼图书馆主任。1929年秋，赴巴黎大学进修。1932年，获得博士学位。1952年秋，聘为华东师范大学历史系教授。

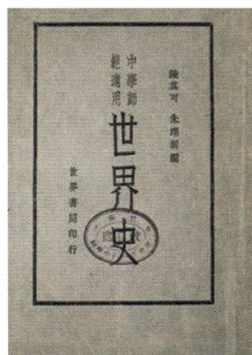

图3-30　《世界史》（中学、师范适用），陈其可、朱翊新编辑，世界书局

世界书局出版的适应三民主义、1929年课程标准、1932年课程标准、1936年课程标准的教科书，种类多、变化多，让人目不暇接。往往一个学科，同时有多种版本发行。这些教科书区分起来比较复杂。这和南京政府教育部课程标准与计划的不断变更有密切关系。

## 三、中华书局的历史教科书

### （一）"新中华教科书"系列

为适应新的教育宗旨，突出三民主义的要求，中华书局也在南京政府成立之初编写了一套"新中华教科书"。该套教科书出版比较及时，小学部分从1927年8月就开始出版发行了。其中包含若干种历史教科书。在历史教科书中，是常见的圆周式排列，"分两周：第一周，多取材本国史；第二周，多取材世界史。但均略于古代而详于近代，期使儿童明了现世界之由来，及近代中外的重要关系"[1]。

《新中华教科书·历史课本》（小学校高级用，4册），李直编，陈棠、张相校，中华书局（还有新国民图书社版）1927年8月初版。

作者在"编辑大意"中说："本书叙述，分两个圆周，第一个圆周，多取材于本国史；第二个圆周，多取材于世界史。"而双圆周是对过去知识内容的再次学习及深化，这其实并不能称作真正的"双圆周"。在取材上，该书"注重民族、民权、民生三项，使学生略知关于此三项之事实，在历史上又如何之经过，将来应取如何之态度，以完成新国民的责任"。在叙述上，该书注意照顾儿童的心理，"叙述的方法，务取具体的、整个的、合于儿童心理的"。另外，本书还配有多幅插图，并编有教授书。

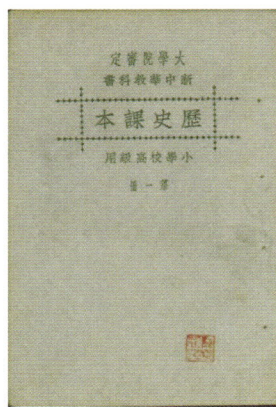

图3—31　《新中华教科书·历史课本》（小学校高级用，第一册），李直编，中华书局

《新中华本国史》（初级中学用，附彩色地图，2册），金兆梓编，郑昶、张相校，上海中华书局（还有上海新国民图书社版）1928年10月初版。上海新国民图书社是中华书局的副牌。

《新中华本国史》供初中使用，全书分2册，以三民主义为编写宗旨，尤其注重对民族主义的叙述。

中华民国成立后，除了强调"共和"外，也注重中国民族共同体的含义。孙中山宣告："国家之本，在于人民。合汉、满、蒙、回、藏诸地为一国，即合汉、满、蒙、回、藏诸族为一人——是曰民族之统一。"[2]"中华民族"也成为历史分期的一个重要参考。早期教科书如横阳翼天氏的《中国历史》与夏曾佑的《中国历史》，都是在汉族的立场上进行分期，所谓中国的衰微实是汉族的衰微。中华民国以后，中国境内各民族都在一个统一的中华民族认识之下，对历史上民族关系也有了不同于以往的认识。金兆梓的这本《新中华本国史》认为，这些民族冲突，不再是中国动乱与衰微的原因，而是有利于促进民族融合和中华民族的形成。从中华民族形成的立场看，民国成立以

[1] 李直. 新中华教科书：历史课本：第2册[M]. 上海：新国民图书社，1931：编辑大意.

[2] 中国社会科学院近代史研究所中华民国史研究室. 孙中山全集：第2卷[M]. 北京：中华书局，1982：2.

前的各民族间纷争，都可以归结为一个时期，即民族竞争与融合时代。民国成立，民族分合的旧式历史至此结束，一个新时期——包容中国各民族的中华民族的时期得以开始[1]。

作者认为历史教材选材"一以合于现今之时代精神为准"，并特别说明："自海通以来，吾国历史，几无一不受世界大势之影响，而创巨痛深者，尤其是帝国主义之侵略；本书于等处，特为注意。"[2]民国二十三年（1934），在天津南开中学教书的章巽先生[3]，正苦于找不到一本适合的教科书使用，面对数量繁多的历史教科书，却找不到一本可供讲授的教材，此时他看到了金兆梓的这部《新中华本国史》。章巽对此书的评价很高，从历史研究的角度，他认为"在中国的近代通史著作中可说是首创"，"岂仅在中等以上学校为良好教科书，即就一般治史者言，也可算是一把入门的钥匙"[4]。所以，当选择中国史教科书时，章巽毅然选择了《新中华本国史》，后来新的课程标准颁布，这部《新中华本国史》被改编为《中国史纲》。章巽在后来的《中国史纲》"序"中，曾特别指出："一本完善的中国通史读本，无论对于教师、学生或普通读者，都是急切需要的。民国二十三年（1934）秋，我执教于天津南开学校。南开的课程标准，本来较重数理化和外国文，及九一八事变发生，平津震动，学校当局深感史地教育对于应付国难之重要，所以一面组织一个东北研究会，一面特别重视史地课程发展。关于高中历史部分教科书，……中史方面，选择时反甚感困难，但是后来终于解决了这个问题，选定金兆梓先生所著的《新中华本国史》。"[5]

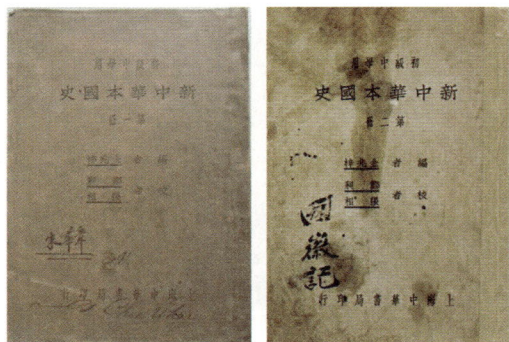

图3-32 《新中华本国史》（初级中学用，第一、第二册），金兆梓编，上海中华书局

《新中华本国史》（语体[6]，初级中学用，2册），郑昶编，金兆梓校，上海中华书局（还有上海新国民图书社版）1930年初版。

---

[1] 金兆梓. 新中华初中本国史：上册[M]. 上海：中华书局，1929.

[2] 金兆梓. 新中华本国史：上册[M]. 上海：中华书局，1932：编辑大意.

[3] 章巽（1914—1994），浙江金华人，历史学家。16岁高中毕业考进浙江大学，后又转学南京中央大学历史系。20岁大学毕业后当教师、做编辑。曾任《大公报》驻美国记者留学三年，先后就读于美国哥伦比亚大学、约翰霍普金斯大学和纽约大学等的研究院历史系，并获文学硕士学位。曾执教于天津南开中学、南京中央大学，从20世纪50年代起，一直任复旦大学教授。

[4] 金兆梓. 中国史纲[M]. 上海：中华书局，1945：序.

[5] 同[4].

[6] 语体，就是以白话文编撰。

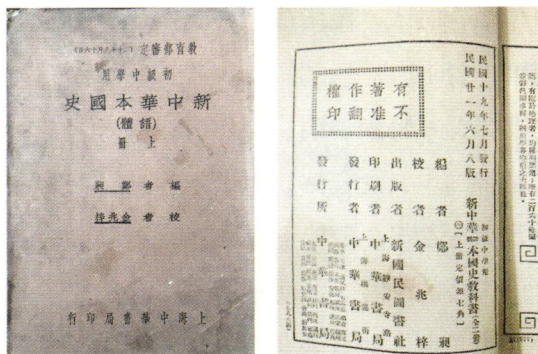

图3-33 《新中华本国史》（语体，初级中学用，上册），郑昶编，金兆梓校，上海新国民图书社

《新中华外国史》（初级中学适用），金兆梓编，张相校，上海新国民图书社，1930年1月初版。

当时的历史教科书大多略古而详今，该书也体现这个特点，在编写时特别做了说明。本书关注民族文化之盛衰、民族间之关系，尤其注意民族政治经济变迁之大势，以使学生知道今日国际形势的由来，从而认识本民族在世界中的地位，以唤起民族自觉。该书在章节体的体例下采用纪事本末体的编写方法，注意采纳具有因果关系的史料，"有时亦打破地别、时别，以经济的方法，贯穿叙述之。俾读者对于史实，易得整个的观念"。而且，该书也注意与中国历史的联络，鉴于作者也是本国史的作者，这一点恐不难做到，这也是一人编写中外历史的一大优势[1]。《新中华外国史》，语体文则由郑昶编写。

图3-34 《新中华外国史》（初级中学用，全一册），金兆梓编，张相校，上海中华书局

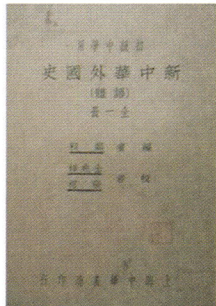

图3-35 《新中华外国史》（语体，初级中学用，全一册），郑昶编，金兆梓、张相校，上海中华书局

《新中华本国史》（高级中学用，3册），金兆梓编，上海中华书局1932年初版。

高中本国史教材的作者也是金兆梓。这本书有很多值得一提的地方，比如，它没有采用当时流行的四段历史分期的分段方式，而是将内容分上下两编，中间以"国际不平等条约之缔结"为界。

[1] 金兆梓. 新中华外国史[M]. 上海：中华书局，1933：编辑大意.

总的叙述方法是，条约缔结以前的史实以"分析的观察"，采用主题分析法；条约缔结以后的史实以"综合的叙述"，采用综合的方法。之所以这样做，作者解释道："缘年代较远之事实，非作分析的观察，不易得其大概；近世事实，自以综合的叙述为可得其整个的概念。"

作者还说明了他不采用一般的历史分期理论的原因：

> 历史事实各方面之演进，有急流，有缓流，有明流，有暗流，有交流，有旋流，有本流，有支流，颇似水流之推进。历史讲述而必划分时期，实有似乎抽刀断水，势不可断，勉强割裂，近于无谓。本书既认国际不平等条约之缔结，为本国史趋势推移之关键，对于向来勉强划分之时期，尤无可迁就，所以不用。

该书还特别注意方便教与学，"凡遇史实变迁之较繁复而不易理其头绪者，或列图，或列表，化繁为简，以便教学时整理之用"，考虑到"地理本与年代为历史上之两大眼，本书插有地图多幅以便检查"。而且，"本书于叙述中应注意处，概用方体字排印；于提纲挈领处，则上栏特加眉标"[1]。这样，学生可以在自主阅读的过程中更好地把握轻重主次，使得学习内容更有层次性。

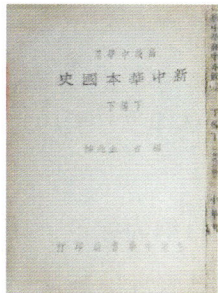

图3-36　《新中华本国史》（高级中学用，下册），金兆梓编，上海中华书局

当时"新中华教科书"系列之小学部分用语体文即白话文编写，中学部分用文言文编写。历史教科书也是这样。初中历史用浅近的文言文编写，高中文言文的难度更大。浅近文言文一定程度上保证了史料的"原汁原味"，但是对初中学生来说，学习起来还是有一定难度。鉴于这种情况，中华书局又针对初中阶段出版了一套用语体文编写的"新中华历史教科书"（其中有几本书以"新国民图书社"的名义出版）。主要有：《新中华语体本国史》（2册，郑昶编，金兆梓校，中华书局，1930年7月初版）、《新中华初中语体本国史详解》（2册，姚绍华编，中华书局，1932年12月初版）、《新中华语体外国史教科书》（2册，郑昶编，张相、金兆梓校，中华书局，1930年7月初版）。

## （二）"新课程标准适用教科书"系列

1932年，正式的历史课程标准颁布后，中华书局在"新中华"系列的基础上修订出版了各学段历史教科书。每一种封面都标有"新课程标准适用"的字样。

《小学历史课本》（新课程标准适用，4册），姚绍华编，金兆梓校，上海中华书局1933—1934

---

[1] 金兆梓.新中华高中本国史：上编[M].中华书局，1934：编辑大意.

年初版。

该书共4册，每册18课。内容上采用本国和世界历史混合编制的方法，但更注重本国史。关于历史材料的选择，作者强调"儿童本位教育"和形成"整个的社会科观念"：

> 本书处处就社会科的立场，视发展儿童本位教育的需要，搜取富有兴趣而可代表的具体事实或人物印象作为材料，期在教学时和公民、地理知识打成一片，使儿童有整个的社会科观念。[1]

另外，本书在编制上还有4个特点：侧重故事式的编写方式；擅长利用历史比较的方法；注重复习；多附插图。本书还特别对教科书的字号做了规定，课题用四号方体字排，一、二两册用三号字体印，三、四两册用四号字体印。由此可见当时教材编制日趋完善。

图3—37　《小学历史课本》（新课程标准适用，高级第四册），姚绍华编，金兆梓校，上海中华书局

《初中本国史》（新课程标准适用，4册），姚绍华编，金兆梓校，中华书局1933年7月至1934年8月初版。

该书分为5编，依照四段历史分期，即上古、中古、近世和现代各占1编，最后1编为综论，其中章节目录的划分，也基本按照部颁本国史教材大纲来安排。内容上，对"凡足以表现民族文化的特征而影响于后代的，莫不扼要叙述"。并且，"特别注重现代政治制度和经济状况由来的说明"[2]，目标是使学生在研求中华民族及其文化演进的状况中，养成高尚的志趣。这本书也继续用语体文编写，避免使用艰涩的文言文，以增加学生学习的兴趣。该书配有《初中本国史参考书》（范作乘编，上海中华书局1934—1935年出版）。

1937年，中华书局又出版了根据修正课程标准编写的《初中本国历史》（中华书局1937年2—8月初版），内容略有更改。另外，抗战胜利后，姚绍华还编写过一本《中华本国历史》（初中适用，4册），1947年8—10月初版。

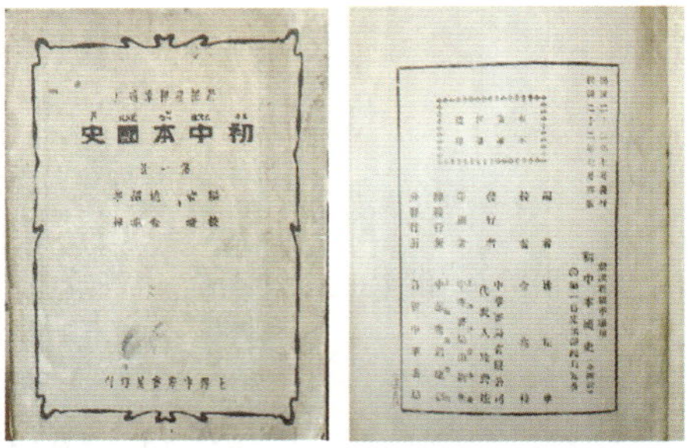

图3—38　《初中本国史》（新课程标准适用，第一册），姚绍华编，金兆梓校，上海中华书局

[1] 姚绍华. 小学历史课本[M]. 上海：中华书局，1934：历史课本编例.
[2] 姚绍华. 初中本国史[M]. 上海：中华书局，1934：编例.

图3-39　《中华本国历史》（初中适用，第一册），姚绍华编，中华书局

　　《初中外国史》（新课程标准适用，2册），郑昶编，张相校，上海中华书局1934年初版。附有中西译名对照表。

　　本书分为5编2册，依照部颁标准时数来分配教学内容，务求浅显而切实。在内容上，该书关注各民族文化的特点，及其政治经济的发展过程，并且注意让学生了解我国所处的国际地位，从而唤起他们在民族运动上的责任感。

　　本书也注意中外历史的联络，并且注意对重点内容的标识以及内容的总结和提要。

图3-40　《初中外国史》（新课程标准适用，第二册），郑昶编，张相校，上海中华书局

　　《高中本国史》（新课程标准适用，3册），金兆梓编，上海中华书局1935年8月至1936年9月初版。

　　或许是因为课程标准的影响，金兆梓的这本《高中本国史》并没有坚持《新中华高中本国史》不对历史进行分期的做法。这本书分为6编，中间4编即是常用的四段历史分期，而从编写原则、方法和内容来看，本书也有向课程标准靠近的趋向，但基本上还是在《新中华高中本国史》的基础上修改的。

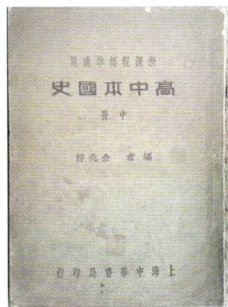

图3-41　《高中本国史》（新课程标准适用，中册），金兆梓编，上海中华书局

　　《高中外国史》（新课程标准适用，3册），金兆梓编，上海中华书局1934年11月至1935年12月

第二节　从三民主义到抗战：随课程标准频繁变更的历史教科书（1927—1937）

初版。

本书共3册，上册为上古史及中古史上，中册为中古史下及近世史上，下册为近世史下及现代史。作者在四个时期叙述之前，"各先略述本期或本期初年大势，俾先得一个鸟瞰，以为研究各期史实的准备"。作者认为，"历史一个时代有一个时代的特殊面目，一个民族有一个民族的特殊贡献"，所以，面对"纷然杂陈的史实记载"，实在有必要"提要钩玄"，使阅读和学习获得一种若网在纲的乐趣。为此，作者特别说明了各个分期叙述的重点，以明示读者。因为是高中本国史，作者对历史因果关系的讲解特别细致深入，不厌其详。这种不怕麻烦的论述是基于历史因果演变的复杂性考虑的。作者认为历史因果"有由本身的因果关系而演变者，有自外堆积而扩大者，有直接影响者，有间接影响者，亦有交互影响者，其错综复杂的情形，殊不是一个简单的公式所能驾驭"。在这种认识下，作者期待一种对历史的"明辨"的认识，一种历史思维的培养："意在纵贯各方面错杂之影响，不为简单的公式所绳，以期能尽明辨之旨。"[1]这种编写思想较为符合现代历史教育的理念。本书在后面还附有相关参考书籍。

图3-42　《高中外国史》（新课程标准适用，中册），金兆梓编，上海中华书局

根据1936年4月教育部公布的《修正课程标准》，1937年，中华书局又推出了"修正课程标准适用—新编教科书"系列。包括以下几册：

《高小历史课本》（修正课程标准适用，4册），范作乘编，姚绍华校，上海中华书局，1937年2月初版。

该书内容是在姚绍华编的"历史课本"的基础上完成的，出入不大。

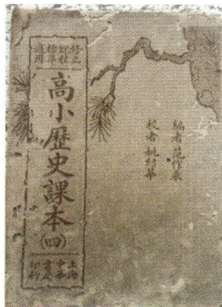

图3-43　《高小历史课本》（修正课程标准适用，第四册），范作乘编，姚绍华校，上海中华书局

《初中本国历史》（修正课程标准适用），姚绍华编，金兆梓校，上海中华书局1937年3月初版。

---

[1] 金兆梓. 高中外国史[M]. 上海：中华书局，1935：编例.

图3—44

图3-44 《初中本国历史》（修正课程标准适用，第二册），姚绍华编，金兆梓校，上海中华书局

《初中外国历史》（修正课程标准适用，2册），卢文迪编，金兆梓校，中华书局1937年3月初版。

本书共2册，适用修正课程标准。作者毕业于中国公学大学部文史系，曾任中华书局编辑，《新中华》在职主编。作者还出版过《德国史》《希腊史》等专业学术著作，这两本书到今天还在不断被翻印。资料显示，作者还编写过《历史》（4册，姚绍华、范作乘校订），也由中华书局出版，其中第一册是本国史上册，1936年9月初版；第二册是本国史下册，1936年10月初版；第三、第四册推测是外国史。

1947年，中华书局又出版了卢文迪编写的《中华外国历史》（初中适用，2册，1947年6—9月初版）。该书分为5编2册，前4编按照四段历史分期各占1编，最后1编为综论。这本书在史料选择和文字叙述上力求切实而浅显，并特别注重各民族文化之特点，及其政治经济变迁的大势，使学生明了今日国际形势的由来，和国家现在的国际地位。本书也注意中外历史的沟通联络，并于正文之外加以辅助说明，重点之处用方体字标出等，以此来便利学生学习。

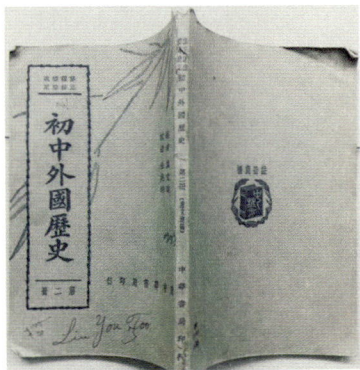

图3—45

图3-45 《初中外国历史》（修正课程标准适用，第二册），卢文迪编，金兆梓校，中华书局

修正课程标准颁布后，金兆梓也对原有的《高中本国史》《高中外国史》做了修改，重新出版了《新编高中本国史》和《新编高中外国史》。

《新编高中本国史》（修正课程标准适用，3册），金兆梓编，中华书局，上册1930年4月15日初版，中册1943年2月初版，下册1943年3月初版。

本书追求"俾使学生自由学习"，并坚持作者本人历史教育的一贯立场——"期达历史明变（辨）之旨"。在抗日战争这一民族危亡的时期，作者对有关于民族复兴的有关素材，"例如我国民族之何由强盛，何由衰落；强盛时在世界文化上所占的地位，衰落时如何保持其固有文化同化新兴民族等等，均不厌求详，期有以唤起其民族精神，使知我民族在世界文化上地位之重要"[1]。该书还附有必要的美术插图，以便学习者了解艺术的发展过程。

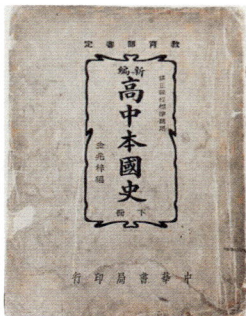

图3—46　《新编高中本国史》（修正课程标准适用，下册），金兆梓编，中华书局

《新编高中外国史》（修正课程标准适用，3册），金兆梓编，中华书局1937年7月初版。

该书基本上在《高中外国史》的基础上修改完成。抗战以后，金兆梓还著有《近世中国史》（1947）等历史教材和历史著作。

图3—47　《新编高中外国史》（修正课程标准适用，中册），金兆梓编，中华书局

## 四、其他书局的历史教科书

由于课程标准的不断修订完善，各种教科书不得不反复进行修订，或重新编写。这是一个商机，是一次机遇，各家出版社在不断修订的课程标准指引下迅速推出了各类相关教科书。竞争已经从1922年新学制教科书主要只有商务、中华、世界三大书局发展到有商务、中华、世界、开明、大东、正中和北新七大书局了。很显然，竞争加剧，教科书的多样化也比较明显。

### （一）北新书局的历史教科书

北新书局1925年4月成立于北京。创办人是李志云和李小峰兄弟，当时两人都在北京大学读书，书局就开在北京大学的附近，北京大学的教授鲁迅、周作人、刘半农、林语堂、孙伏园等人也便成了书局的供稿者。据说当时共有16人为北新书局撰稿，除上述5人外，还有钱玄同、江绍原、章衣萍、王品青、韦素园、冯沅君、俞平伯、顾颉刚、李霁野、张定璜、章矛尘等。在众多著名学者的支持下，北新书局的营业渐有起色，得到了一定的发展。遵照1929年教育部所颁布的中小学课程暂

[1] 金兆梓. 新编高中本国史[M]. 上海：中华书局，1948：编例.

行标准，北新书局开始编写出版教科书。北新教科书的特点之一是设计、装帧和印刷都比较精美。

**1. 以"北新书局"之名出版的历史教科书**

北新书局的历史教科书，高小历史由储袆编写，而中学部分则主要由杨东莼和杨人楩编写完成。1929年教育部颁布暂行课程标准后，北新书局出版了适应暂行课程标准的历史教科书。

《北新历史教本》（高级小学用，4册），储袆编，上海北新书局1932年初版。

储袆（1904—1988），江苏宜兴人。无锡第三师范学校毕业后，在宜兴县夏善小学当教员。通过同乡李小峰的关系进北新书局当编辑。后自己创办东方书店。中华人民共和国成立后被安排为上海图书发行公司的董事，并在上海教育出版社任编辑。

该书遵照1929年民国教育部颁布的暂行课程标准编辑而成。全书分4册，前3册讲本国史，后1册讲外国史。在编辑宗旨上，该书遵照三民主义，特别注重民族之演变、民权之伸张、民生之演进，对近世中华民族受列强压迫和世界弱小民族独立运动的发展过程叙述甚详。希望达到两个目的："1. 激发儿童对于中国民族自强精神之自觉。2. 引起儿童扶助弱小民族独立自由之责任。"[1]

该书还强调以故事的方式讲历史激发儿童的学习兴趣。强调"自由研究"或"自动研究"也是本书的特点，故参考书、课后研究问题，单元间的联系是必不可少的。本书还配有《后期小学北新历史教本教授书》（储袆编辑，北新书局1933年）。

图3—48　《北新历史教本》（高级小学用，第一、第三、第四册），储袆编，上海北新书局

《初级中学北新本国史》（2册），杨人楩编，北新书局1930年初版。

杨人楩（1903—1973），湖南醴陵人。1918年入长沙长郡中学。1922年入北京师范大学英语系。1926年毕业后回长沙，在长郡中学任教。次年初，先后在江西省政府和北伐军第二路军指挥部任秘书。他离开部队以后，先后在长沙、上海、泉州、苏州等地中学任文史教员，大部分时间教授外国史。1934年春去日本，夏天回国，考取中英庚款第二届留学生名额，8月入英国牛津大学奥里尔学院攻读。1937年8月回国，此后10年，除短期任教四川大学、西北联大外，还在武汉大学历史系任教。1940年秋，任北京大学历史系教授，直至1973年逝世。[2]他是我国世界史学科的重要奠基人。

[1] 储袆. 后期小学北新历史教本：第1册[M]. 上海：北新书局，1932：编辑要旨.
[2] 湖南省地方志编纂委员会. 湖南省志：第30卷：人物志：下册[M]. 长沙：湖南出版社，1995：776-778.

本书初版于1930年，供初级中学两年之用。根据1932年版本的介绍，本书是"遵照教育部颁布'初级中学历史课程标准'编辑而成"，从时间上考虑，这里的标准当是1929年的暂行标准。本书的目标"在阐明中国政治经济变迁之概况，说明近世中国受列强侵略之经过，以激发学者的民族精神，并唤醒其在中国民族运动上责任的自觉"，"故本书取材，均以关系于现代精神者为准；然于初级中学生所必需的本国史知识，如历代分合大势等，亦酌量叙及，使学者获得有系统的本国史基本观念"[1]。可见，"民族精神"与"民族自觉"是作者编写这本书重要的出发点，这与当时中国面临的危机是紧密相关的。

图3—49　《初级中学北新本国史》（上册），杨人楩编，北新书局

《初级中学北新外国史》（依照教育部颁布《初级中学历史暂行课程标准》，含彩色地图），杨人楩编，北新书局1932年7月初版。

本书遵照教育部颁《初级中学历史暂行课程标准》编写，《初级中学北新外国史》"目的在使学生明了世界各民族对于人类文化的贡献，各时代转变之状况，详今略古，尤着重在近代国际概况"[2]。在内容组织编排上，本书以历史事件（"史迹"）为单元，每1章或每2章叙述一个重大的历史事件，以便学生获得一个完整的历史观念。而且，每个单元间的起承转合，作者也煞费苦心，务求使单元间能够前后关联。在具体历史讲述方面，作者避繁就简，非重要的人名、地名不列入正文，时间亦然。在教学方面，作者特别提醒老师要注意以历史事件单元编排的问题，即学生容易忽略各历史事件发生的先后顺序，希望老师随时提示。而且，本书行文"处处曾为便于作大纲着想"，也希望老师在几次示范后，让学生自作大纲，以加强教学效果。该书没有对历史进行分期。

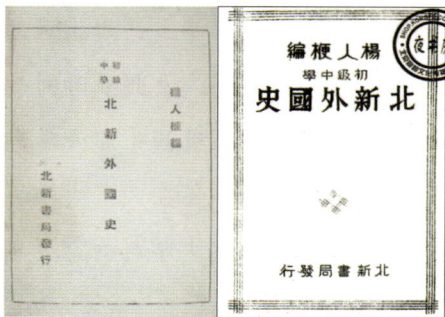

图3—50　《初级中学北新外国史》，杨人楩编，北新书局

[1] 杨人楩. 初级中学北新本国史：第1册[M]. 上海：北新书局，1930：编辑大意.

[2] 杨人楩. 初级中学北新外国史：第1册[M]. 上海：北新书局，1932：编辑大意.

《初中本国史》（依照新课程标准编辑，4册），杨人楩编，北新书局1934年7月初版。

新课程标准正式颁布后，杨人楩重新修订了《初中本国史》，将原先的2册分成4册。在编辑目标上，本书除了贴近新课程标准，而且强调说明中华民族"历史上的光荣"和文化上的贡献，与叙述近代列强侵略的史实一并，以激发学生民族复兴的思想，养成高尚的志趣与自强不息的精神。可见，培养民族的自信力越来越受到历史教育者的重视。

与之配套的《初中外国史》由青光书局出版。

3-51

图3-51　《初中本国史》（修正课程标准适用，第一、第三册），杨人楩编，上海北新书局

《初中外国史》（依照新课程标准编辑），杨人楩编，上海北新书局1934年7月初版。

3-52

图3-52　《初中外国史》（修正课程标准适用，上册），杨人楩编，上海北新书局

《高中本国史》（3册），杨东莼编，北新书局1935年初版。

杨东莼（1900—1979），湖南醴陵人。我国著名的马克思主义教授、学者，青年时代参加五四运动，1920年参与组织北京大学马克思学说研究会，从事传播马列主义的工作。1923年加入中国共产党，进行过早期工人运动和抗日救亡活动。中华人民共和国成立后，首任广西师范大学校长，曾任广西大学校长。历任华中师范学院院长、国务院副秘书长、中央文史研究馆馆长、全国政协文史委员会副主任。是一至四届全国人大代表，四、五届人大常委会委员，三、四、五届全国政协常委。1953年参加中国民主促进会，任民进第四届中央常委兼秘书长、第五届中央副主席。

《高中本国史》"完全遵照部颁新课程标准备编辑而成"。该书的目标在于：

> 叙述中华民族的拓展，与历代文化政治社会的变迁，以说明本国现状的由来；同时注重近代外交失败的经过及政治经济诸问题的起源，以说明本国国民革命的背景，指示今后中华民族应有的努力；至于过去政治经济诸问题，其有影响于现代社会者，亦特别注重，是学生得由历

史事实的启示，以研讨现代问题，并培养其观察判断的能力。[1]

作者认为历史分期是"仁者见仁，智者见智"的事情，但他也把本国史分作四个时期：自我国民族起源以至秦为上古史；自秦至明，为中古史；自明清之际至清亡为近世史；自清末民初至今为现代史（1912年至1934年）。

该书还采用了大小字的排版，"大字是给一般学生阅读的正文，是必须掌握的部分；小字是给教员和自学能力比较强的学生用的参考文，是用来深入理解或延伸正文内容的部分。参考文则包括史料、论议、考证和注释等"[2]。

该教科书新版在1946年5—9月发行。

图3—53　《高中本国史》（上册），杨东莼编，北新书局

《高中外国史》（2册），杨人楩编，北新书局1931年初版。

本书是作者历时两年写就的，并且"是经过自己在教室实验过的（作者曾在苏州中学执教——笔者），觉得成绩还不坏"。作者曾提到写作面临的三个困难：第一个是史料多，选材难的问题。作者认为，"历史是告诉我们做'人'的，是使人知道这个社会经过些怎样的变化，才能成今日的社会，这就是'历史观念'之最浅显的解释。因此，我们要着重在这'变化'两个字，于是我才有了选择的标准：与这变化有关的，就是'阿猫阿狗'也应该提及；否则虽属圣人英雄，不妨一笔抹杀。"第二个是内容的分配的问题，详略主宾，作者仍认为当以"变化"为转移。第三个是叙述上的困难，"我也下定了一个原则：认定本书是教本"。"教本的功用，在乎使学生能够从这里面求得一种整体的知识，而不是一些支离破碎不相联属的个别记忆；在乎能把各个史实加以贯穿的叙述，纲举目张，使学生能认识各时代的变迁，及其变迁的痕迹。"简言之，就是要学生在学习后，"至少不会感到空虚，不会毫无历史观念"。"历史观念"是作者很看重的。对该书的编就，作者特别感谢了吕叔湘，后者是作者在苏州中学的同事，吕不仅参与了校订补充，"而且有整整两章是出自他之手"[3]。

在具体内容上，本书格外关注当时所处的时代背景，特别对一战后的日本做了详细的介绍，与

[1] 杨东莼. 高中本国史：上册[M]. 上海：北新书局，1935：编辑要旨.

[2] 侯弈君. 杨东莼《高中本国史》研究[D]. 武汉：华中师范大学，2012：15.

[3] 杨人楩. 高中外国史[M]. 上海：北新书局，1933：叙.

侵华有关的二十一条、五卅事件、阻挠北伐、九一八事变和与美国争夺太平洋等史实，书中都有叙述。作者还预感到德国和意大利与日俱增的威胁，感到"战后的政治处处表示着议会政治的动摇，独裁政治的抬头"[1]。

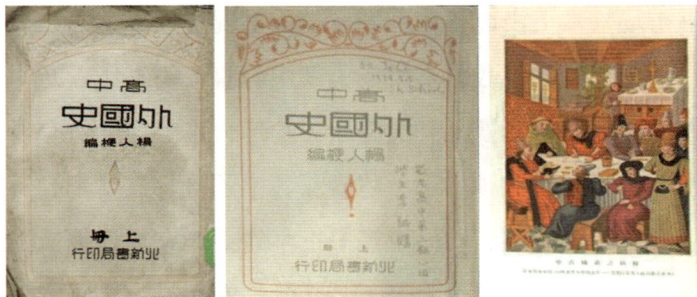

3—54

图3—54 《高中外国史》（上册），杨人楩编，北新书局

### 2. 以"青光书局"之名出版的历史教科书

北新书局曾支持出版鲁迅的多种作品，态度倾向无产阶级革命。1926年由于发行《语丝》杂志——该杂志由鲁迅编辑，被已经进占北京的东北军阀张作霖查封。后来北新书局迁址上海。1931年因经售中共地下书店——华兴书局出版物，又遭国民党当局查封；1933年因出版《小猪八戒》一书涉及民族宗教问题再一次被查封。后一度改名青光书局，不久恢复旧名。

1932年正式课程标准颁布后，高小历史、初中外国史等教科书就是以青光书局名义出版的。

《高小社会课本历史编》（根据新课程标准编辑，4册），储袆编，杨人楩校，青光书局1932年初版。

按1932年的新课程标准，高小仍然开设混合课程，历史归入社会科。在这种情况下，有的机构编写社会教科书、有的编写历史教科书、有的像青光书局一样，编写的是社会教科书，但又专分历史编等。

3—55

图3—55 《高小社会课本历史编》（第三册），储袆编，杨人楩校，青光书局

《初中外国史》（依据新课程标准编辑，2册），杨人楩编辑，青光书局1934年5月改版。

本书与作者上一本外国史并无太大差别，只是作者在本书中特别强调，"编者对于全书四编之四结论及一综论，曾穷加思索，均从世界文化史着眼，特别注重前后之连贯和中外之对照……深盼教者能详加申述，务使学生能透彻了解，全部记忆；庶于整个人类文化进程，得有具体概念"。另

---

[1] 杨人楩. 高中外国史[M]. 上海：北新书局，1933.

外，作者建议："拙著《高中外国史》上下两卷（北新书局出版）可作本书参考之用。"[1]

### （二）开明书店的历史教科书

在20世纪最初的20余年里，中小学教科书市场基本上由商务印书馆、中华书局和世界书局三大书局瓜分。到20世纪20年代末期开始，新的一些书局闯入了教科书市场，其中就有开明书店。开明书店成立于1926年8月，创办人章锡琛等。1928年，由夏丏尊、丰子恺等人发起，改组为股份有限公司，夏丏尊任编辑所长。开明书店拥有夏丏尊、叶圣陶、顾均正、赵景深、丰子恺、钱君匋、王伯祥、傅彬然、宋云彬、贾祖璋、周予同、郭绍虞、王统照、周振甫等一批学者、作家担任编辑工作，形成一支知名的编辑队伍。书店曾出版过茅盾、巴金、郁达夫等著名文学家的作品，也以出版教科书名著于当时。开明编出的教科书切合实际，其内容、编校、纸张、印刷、装订、装帧设计都十分讲究，很受欢迎。其中影响最大的当属叶圣陶和丰子恺合作的《开明国语课本》，以及林语堂的《开明英文读本》，而开明书店历史教科书的担纲者主要有周予同、罗元鲲等。

《开明历史课本》（小学高级学生用，新课程标准适用，4册），金井秋编，开明书店1935年初版。

本书依据1932年颁布的新课程标准编写而成，共4册，每册18课。在每课的前面，作者列出几个问题供学生思考。

图3-56　《开明历史课本》（小学高级学生用，第一册），金井秋编，开明书店

《开明本国史教本》（2册），周予同著，开明书店，1931年初版。

周予同（1898—1981），浙江瑞安人。中国著名历史学家。少年时代，就读于晚清经学大师孙诒让创办的蒙学堂。毕业后，进瑞安中学。1916年，考取北京高等师范学校（北师大前身）国文部。后入商务印书馆，担任过教育杂志社主编，并一度在上海大学执教。先后到安徽大学（兼中文系主任、文学院院长）和暨南大学（兼史地系主任、南洋研究馆主任、教务长等职）任教，也曾任开明书店编辑兼襄理。中华人民共和国成立后，先后任复旦大学历史系主任、副教务长、华东军政委员会文教委员会委员、上海市文教委员会副主任、民盟上海市委副主任、上海市历史研究所副所

---

[1] 杨人楩. 初中外国史[M]. 上海：青光书局，1934：编辑例言.

长，第三届全国人民代表大会代表。

为适应民国教育部1929年暂行课程标准，开明书店1931年出版了周予同编写的《开明本国史教本》。本书虽通过教育部审定，但没有特别说明是适应1929年暂行标准编写而成，编写理念上也没有提及三民主义，符合当时暂行标准在部分地区试验推行的状况。本书具备当时一般教科书的特点，四段分期，内容选择多样，且强调发展和进化，帝王史从略等。本书对读者意见持开放互动的态度，"教者学者对本书如有疑难，只要随附覆（复）信邮资，当即回答，以明责任"。[1]另有1934年版的，也是周予同编写、开明书店出版的《本国史》，依照修正课程标准编写而成。

图3-57　《开明本国史教本》（初级中学学生用，下册），周予同著，上海开明书店

图3-58　《修正标准初中教本·本国史》（第一册），周予同著，开明书店

《新标准初中教本·本国史》（4册），周予同著，开明书店1934年1月初版。

1932年正式的课程标准颁布后，周予同在原来《开明本国史教本》的基础上修改，出版了《新标准初中教本·本国史》。相较于之前版本，该书省略原有第一编绪说，直接从上古史开始；目录标题也更加简化，基本上是依照历史课程教学大纲来安排的。本书按照历史四分期划分历史，加上综论，共分5编，合为4册。作者说明此书目标和分节，完全按照部颁课程标准的规定编写。在编写上，采用公元纪年，兼纳帝王年号，繁复和隐晦的地方添加注释，文末附问题，供整理和研究之用，册末附大事年表。

抗战时期，周予同还根据修正课程标准编写过《修正标准初中教本·本国史》（1942）。抗战胜利后，开明书店还出版过一本周予同编写的《本国史》（1947）。这两本与最初的开明版本相比并没有什么大的变化。

《开明世界史教本》（初级中学用），刘叔琴、陈登元（原）编著，立达学园出版部1931年7月

---

[1] 周予同. 开明本国史教本[M]. 上海：开明书店，1934：编辑大意.

初版。

刘叔琴（1892—1939），原名刘祖徵，字叔琴，浙江镇海人，曾留学日本。20年代名师，历史学家，开明书店策划者之一。1923—1925年任春晖中学总务主任兼公民、史地、日文教员，是"白马湖作家群"的成员。夏丏尊、朱光潜、朱自清、丰子恺、刘叔琴等一大批散文名流，齐聚于浙江上虞春晖中学，育人教书，为中国现代文学史留下了许多优秀的散文名篇。刘叔琴曾任宁波中学校长，有多种译著。后在上海创办立达学园。

1924年冬，春晖中学教务长匡互生离开了春晖中学。一批支持匡互生的教师夏丏尊、丰子恺、朱自清、朱光潜等也一并辞职，离开了春晖中学。之后，匡互生等人抱着办一所理想学校的愿望，在上海创办了立达学园，"白马湖作家群"的大部分成员来到了立达学园[1]。立达学园最初的创办者为匡互生、朱光潜和丰子恺等。1925年2月，他们挂起了"立达中学"的校牌，3月又成立了"立达学会"，主要成员有：夏丏尊、匡互生、朱自清、朱光潜、丰子恺、刘薰宇、章克标、刘大白、刘叔琴等[2]。就在立达学园发展成长之际，1926年8月，开明书店成立，由章锡琛、章锡珊兄弟创办。章锡琛参加"立达学会"，开始与白马湖作家有了实质性的联系。在开明书店的作者中，白马湖作家又成了中坚力量，其中不少成为书店的成员或撰稿人[3]。

在当时，开明书店教科书的出版理念受立达学园影响很大，后者是秉持教育独立自由的主张和推行重在启发思想、陶冶情感的教育的组织，"实际上是支持开明书店的一个大本营"[4]。所以，开明的一些书，包括《开明本国史教本》也曾以立达学园的名义出版。本书依照1929年暂行课程标准编写，采用历史五分期，即上古、中古、近古、近世和最近世五期的分期法，在最近世专讲帝国主义的发展和冲突，有强烈的时代感。另外，该书注意用综合的方法叙述史实，"并于相互关联处都注明参看某节，使一切有关系的事件，虽异时异地，也能相互照应，读者借此可以得整个的历史观，不致仅仅硬记片段的史事，把历史当做断烂朝报"[5]。另外，本书重视插图，所用插图达79幅，地图23幅，这本书还采用了当时极为少见的横排编写方式。

《初中外国历史教本》（修正课程标准适用，2册），傅彬然编，开明书店1937年6月初版。

傅彬然（1899—1978），又名冰然，浙江萧山人。1916年考入浙江第一师范学校。毕业后在绍兴、杭州、萧山、上海等地的小学任教。后进上海开明书店，长期与叶圣陶一起担任《中学生》编辑。中华人民共和国成立后曾任全国政协委员、全国人大代表、民主促进会中央委员和中华书局副总编等职。

该书适应1936年民国教育部颁布的修正课程标准，仍然采用竖排编写。

[1] 许纪霖. 近代中国知识分子的公共交往：1895—1949[M]. 上海：上海人民出版社，2008：249.

[2] 张沛. 开明书店教科书出版探析[J]. 福建师大福清分校学报，2011（3）：87-90.

[3] 陈星，朱晓江. 从"湖畔"到"海上"：白马湖作家群的形成及流变[M]. 上海：上海三联书店，2009：57-60.

[4] 同[2]89.

[5] 刘叔琴，陈登元. 开明世界史教本[M]. 上海：开明书店，1932：编辑大意.

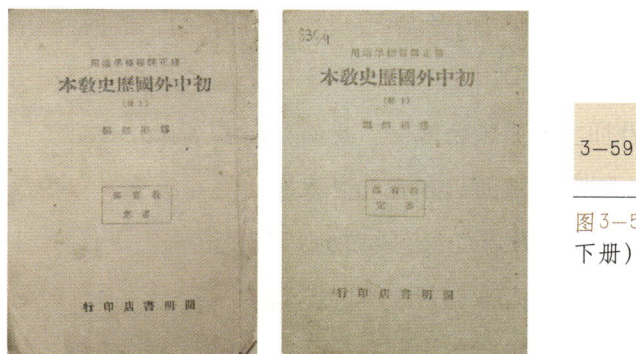

图3—59　《初中外国历史教本》（修正课程标准适用，上册、下册），傅彬然编，开明书店

《开明中国历史讲义》（中学适用，2册），王钟麟、宋云彬编，上海开明函授学校出版，开明书店印行，1934年11月初版。

本书并未采用章节体进行编排，而是采用讲义体，共78讲，约30万字，内容上自三皇五帝，下至九一八事变。2015年，该书被重新修订再版，仍然备受欢迎。

叶圣陶评价该书："把五千年的朝代的递嬗，民族融合，疆土的开拓，文化的演进，以及社会状况、政治制度、学术思想变迁、外交局势转移等，作扼要的叙述。普通历史往往失之简略，宜于教员讲解，不适教员自修。本书详简适当，且于正文之外，附以极详细的注释。有志自修者，手此一册，不啻面对良师。"[1] 《开明中国历史讲义》目录如下：

第一讲　传说中的古史

第二讲　黄帝的建国

第三讲　尧舜禅让与洪水

第四讲　夏商的政教

第五讲　周初的封建

第六讲　春秋与战国

第七讲　周朝的制度

第八讲　诸子争鸣与其背景

第九讲　秦朝的统一

……

《高中本国史》（新课程标准适用，3册），罗元鲲编，开明书店1934年初版。

罗元鲲（1882—1953），字翰溟，湖南新化人，是毛泽东在湖南第一师范读书时的历史老师。光绪二十四年（1898）在湖南实业学堂读书，光绪三十二年（1906）毕业于湖南中路师范学堂，在新化中学任教。历任长沙明德、广益、长郡、稻田女师、长沙师范、省立一师、一中、湖南高师、湖大、国学馆等校的历史教员。有多种历史学著述和多种历史教科书面世。

---

[1] 叶至善，叶至美，叶至诚.叶圣陶集：18卷[M].南京：江苏教育出版社，1994：324.

本书分6编，第一编绪论，中间四段历史分期（上古、中古、近古、现代）各占1编，最后1编是结论。在"编辑大意"里，作者写道：

> 本书之目标略如下：（1）我国民族之拓展，（2）历代文化、政治、经济、社会之变迁，（3）外交失败之经过。尤注重讨论现代各项问题，期求得我国应付世界事变之妥善方案，并注重科学对于现代文明之影响，以促进我国国民在文化上急起直追之努力。[1]

本书多附表解和地图，文章结合注释，每节之后安排习题，以供学生练习。

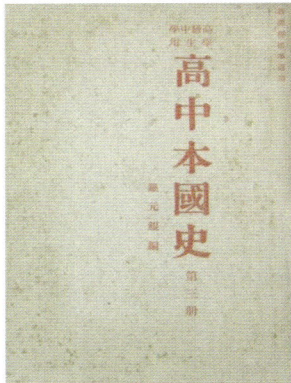

图3—60　《高中本国史》（高级中学学生用，第三册），罗元鲲编，开明书店

### （三）大东书局的历史教科书

大东书局是20世纪上半叶总部设于中国上海的一个重要民营出版发行机构，1916年创办于上海，早期由吕子泉、王幼堂、沈骏声和王均卿4人合资经营。经理沈骏声，总店店长王幼堂。1937年淞沪会战爆发，大东书局内迁重庆。1945年抗日战争胜利以后，由杜月笙任董事长，陶百川掌握局务。经过多年的改革与发展，出版了一系列较高水平的图书，是当时的一个重要出版社。大东书局在20世纪30年代逐渐进入教科书编写出版领域。它的历史教科书的主要作者是梁园东、江恒源等。

《初中本国历史教本》（或称《初中本国历史》，4册），梁园东编著，江恒源、苏甲荣校订，大东书局1930年6月初版。

江恒源（1885—1961），江苏省灌云县人。北京大学国文系毕业。民国时期曾先后任江苏省教育厅厅长、河南省政府委员兼教育厅厅长。曾任上海光华大学、大夏大学及南京中央大学教授。积极创办了中华职业学校、女子职业学校和职业补习学校、职业指导所等职业教育机构，并创办《职业与教育》期刊，开创了中国职业教育的先河。

本书选材注意联系生活，材料"大都以有关社会生活者为主，如各种制度、思想、风尚、学说，以及其他文化形态，皆必指出其社会的意义"[2]。在叙述上不停留在史料上面，而是"注重事

[1] 罗元鲲. 高中本国史[M]. 上海：开明书店，1946：编辑大意.
[2] 梁园东. 初中本国历史教本[M]. 上海：大东书局，1933：编辑大意.

实的演变与解释"，如果学生不满足于教材教授，教者可以为其指明参考书籍，以便学生进行自修。在历史分期上，作者认为没有完全正确不变的历史分期法，分期更多从"为研究便利计"，本书的分期如下：

> 上古期：上古至战国末；
>
> 中古期：秦至六朝末；
>
> 近古期：隋至元末；
>
> 近世期：明至清末；
>
> 现世期：辛亥革命以后。

作者写上古期历史时主张采用人类学的研究方法加以整理，写中古期历史时注重本国社会与国家组织之特点，写近世期历史时注重欧洲势力侵入的痕迹和影响。这样本书在叙述上就有所侧重，内容结构主次分明。此外，本书还特别注意各时代的特点和变化的因果关系。

图3—61　《初中本国历史教本》（初级中学学生用，第一册），梁园东编著，江恒源、苏甲荣校订，上海大东书局

《初中外国史教本》（上下册），梁园东编著，江恒源校订，上海大东书局1932年7月初版。

本书分上下两册，供初中三年级使用。面对史料广博，内容复杂的外国历史，该书编写力求简洁明了，内容组织追求系统化、组织化。尤其值得注意的是，作者很明显受到马克思主义唯物史观的影响，如"惟于历史上的重要变革，各民族文化的特点，亦必择要指出，并说明其经济基础，使略知此种上层构造演进变革的由来"。关于历史分期，作者认为"最便于初学"，并做了如下划分：

> 上古史：自两河流域文明初始至罗马帝国分裂止；
>
> 中古史：自日耳曼人迁徙至十字军东征止；
>
> 近世史：自城市工商业发达，资产阶级兴起，构成新式的君主专制国，以迄资产阶级日占势力，推翻封建君主统治的法国大革命止；
>
> 现代史：自工业革命开始迄最近第二次世界大战的准备时期止。

以上历史的划分也充分表明作者受唯物史观的影响。作者认为，"国际关系日趋复杂，国际知识尤见重要，外国史尤宜重视"[1]，在教学时数上要尽量讲足，并借助参考书来扩充学习。

---

[1] 梁园东. 初中外国史教本[M]. 上海：大东书局，1933：编辑大意.

图3-62 《初中外国史教本》（初级中学学生用，上册），梁园东编著，江恒源校订，上海大东书局

《新生活初中教科书·本国史》（4册），梁园东编著，江恒源校订，上海大东书局1934年8月初版。

1932年10月，民国教育部颁布正式的课程标准之后，大东书局重新出版了一本《新生活初中教科书·本国史》，该书属于大东书局"新生活教科书"系列（1932年，大东书局出版一套"新生活"系列教科书，包含各学科教科书，适应教育部新课程标准需要），作者还是梁园东。本书与前版比较并无太大变化，只是每章的章末增加了练习题，作者指出，"练习的意思，并不单在使学生练习，而是为指出每章学习的要点，或由教师特别讲解，或由教师指令学生研究"[1]，练习作业很受作者的重视。

图3-63 《新生活初中教科书·本国史》（第一学年第一学期用，第一册），梁园东编著，江恒源校订，上海大东书局

《初中本国史》（按新修正标准，6册），李清悚、蒋恭晟编，大东书局1937年初版。

李清悚（1903—1990），1926年毕业于东南大学，是著名教育家陶行知和陈鹤琴的学生。抗战前任江苏第八师范学校教务主任，南京一中校长，抗战间在重庆创办国立二中，并任中央大学教授、教育电影制片厂厂长。这一期间国民党在重庆成立教科书编辑委员会，梁实秋任主任，李清悚为副主任。

根据1936年的修正课程标准，大东书局出版了一套《初中本国史》。该书分为6册，名义上是本国史，其实前4册为本国史，后2册为外国史。选材及其详略以适合时代需要和初中学生程度为主，对于近代内容较为详细，而且，"凡足以表现一时代民族文化之特征及影响于后代者，均扼要显

[1] 梁园东. 新生活初中教科书：本国史[M]. 上海：大东书局，1934：编辑大意.

示，以期唤起民族精神，激发民族思想”。反映了作者对民族教育的时代责任感。另外，本书采用语体文，每节之前有提要，之后有研究问题，并配有大事年表和插图。本书没有采用章节体，虽然分章，实际上属于课时体，每章为一课。

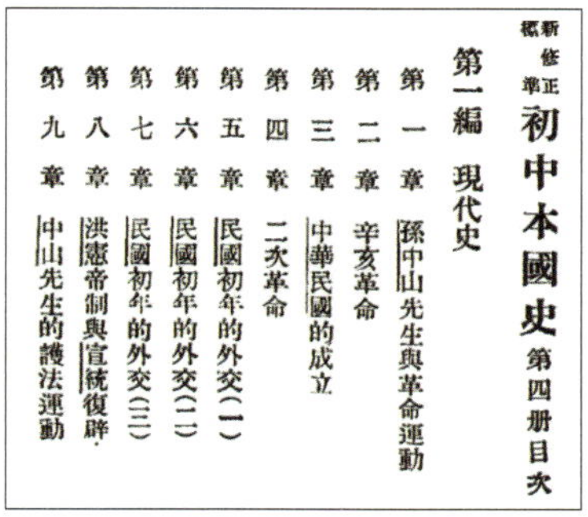
新修正標準 初中本國史 第四冊目次

第一編 現代史

第一章 孫中山先生與革命運動
第二章 辛亥革命
第三章 中華民國的成立
第四章 二次革命
第五章 民國初年的外交(一)
第六章 民國初年的外交(二)
第七章 民國初年的外交(三)
第八章 洪憲帝制與宣統復辟
第九章 中山先生的護法運動

3—64

图3—64 《初中本国史》（初级中学用，第四册）目次，李清悚、蒋恭晟编，大东书局

本书供高中及师范科必修选修之用，全书共32章，叙述内容以时代文化为中心。作者遵照历史四分期的划分方法，把历史分为上古、中古、近古、近世，作者认为研究历史的任务在于“发扬文化”，所以本书对历代典章、制度、学术、宗教、生计、民风，“必究其因果异同”，并指出，“且以教科书与参考书性质不同，重在条理明晰，不重在考据渊博，故节要钩元，立为大纲”。本书也采用课时体，每章即为一课，“且每章之内，不细分节目，取其一气呵成，有上下贯通之便”。作者还特别说道：本书编辑，费时三年，凡四易稿，现已作江苏省立徐州中学教本[1]。

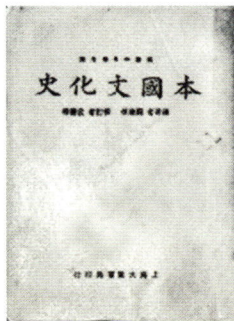

《本国文化史》（高级中学用），顾康伯编著，上海大东书局1933年初版。

作者顾康伯是无锡人，出身书香门第，曾任教于江苏第五师范学校，1927年在无锡欢喜巷建辟疆园，著《中国文化史》和《西洋文化史大纲》等书，系著名学者顾毓琇的伯父。《本国文化史》由上海大东书局总编辑孟寿椿校阅。该教科书供高中及师范科必修选修之用，全书共32章，每周2课时，供一学年教学用。该书叙述内容以时代文化为中心。作者遵照历史四分期的划分方法，把历史分为上古、中古、近古、近世4个时期，作者认为研究历史的任务在于“发扬文化”，所以本书对历代典章、制度、学术、宗教、生计、民风“必究其因果异同”，并指出，“且以教科书与参考书性质不同，重在条理明晰，不重在考据渊博，故节要钩元，立为大纲”。本书也采用课时体，每章即为一课，“且每章之内，不细分节目，取其一气呵成，有上下贯通之便”。作者还特别说道：“本书编辑，费时三年，凡四易。”

3—65

图3—65 《本国文化史》（高级中学用），顾康伯编，上海大东书局

[1] 顾康伯. 本国文化史[M]. 上海：大东书局，1933：例言.

### （四）正中书局的历史教科书

正中书局创办于1933年，是国民党官办的出版机构。总局设在南京，负责人为陈立夫、吴秉常、叶溯中等。书局主要出版政治读物和中小学教科书及其参考用书。它招揽了一批知名学者编辑教科书，教科书出版业务迅速发展。据正中书局档案，正中书局自编教科书125种、230册；各种参考用书1021种、1074册[1]。抗战期间，正中书局出版印刷国定教科书的份额达23%，和商务印书馆、中华书局一样，在"七联处"中的地位很高[2]。

1932年《中学新课程标准》颁布之后，正中书局抓住机遇，立即组织了国内一批学者，于1933年编写出版了一套"依照新课程标准编辑"的教科书。集中在中学阶段的各科课程。初中教科书封面设计多有孙中山肖像，且初版多有"遵照部颁课程标准编著"的字样。1936年，正中书局又组织编写和出版了针对1936年教育部修正课程标准的教科书，称之为"建国教科书"，仍然集中在中学各科。基本体例、内容、形式以及作者都和三年前适应新课程标准的教科书大体一致，可以看成是后者的修订版。连封面设计的基本风格都是一致的，乍看一眼，以为就是同一套教科书。"建国历史教科书"包括《建国初级中学外国史》《建国初级中学本国史》《建国高级中学外国史》《建国教科书外国史》《建国教科书初级中学本国史》等。该系列教科书早期版本的封面有"建国教科书"字样外，且有编撰者的署名。该套教科书的意识形态进一步加强，处处"恪遵党义，随处发挥。务使学生认识中国国民党主义、政纲、政策，为建国及解决社会问题之唯一途径"[3]。叶楚伧、陈立夫等亲自主编其中的"公民"等教科书。该套教科书使用和再版时间跨度很大，1936年初版，抗战中的1942年、1943年，抗战后的1946年、1947年还在再版发行。

《建国教科书初级中学本国史》（新课程标准适用，4册），应功九编著，正中书局1935年初版。

作者应功九曾任复旦大学中文系教授。本书的编写要旨，"在于从文化的分期说民族的演进、民权的发展、民生的变迁，以确立学生对于三民主义的信心，激发学生广大中国文化的志趣和复兴中华民族的思想"[4]。十分明确地点明了三民主义的编写宗旨。书分历史为四期，上古、中古、近世和现代，注意前后一致，使学生得到一个统一的历史认识。文字叙述上比较浅显易懂，便于学生接受。

---

[1] 王京芳. 正中书局概况[J]. 出版史料，2013（1）：111-116.

[2] 石鸥. 弦诵之声：百年中国教科书的文化使命[M]. 长沙：湖南教育出版社，2019：197.

[3] 叶楚伧，陈立夫，应成一，等. 建国教科书高级中学公民：社会问题 政治要概：第1册[M]. 南京：正中书局，1936：2.

[4] 应功九. 建国教科书初级中学本国史[M]. 南京：正中书局，1935：编辑大意.

3—66

图3—66　《建国教科书初级中学本国史》，应功九编著，正中书局

应功九还编写出版了《初级中学本国史》（新课程标准适用，2册），正中书局1935年8月初版。

《高级中学本国史》（新课程标准适用，3册），罗香林编著，正中书局，上册1935年8月初版，1946年11月第5版；中册1935年12月初版，1936年11月第9版。

罗香林（1906—1978），广东兴宁县人，是客家学的奠基人之一。1926年夏从上海政治大学考入北京国立清华大学史学系，兼修社会人类学。抗日战争胜利以后，罗香林出任广东省政府委员兼省立文理学院院长，并主持广东建设研究委员会事宜。1949年6月，罗香林全家移居香港，先后在香港文化专科学校、广大书院、新亚书院以及香港大学任教，并担任东方文化研究院院长、亚洲研究中心管理委员会副主席等职。

作者说明此书依照新课程标准编写而成，而且章目悉依新课标教材大纲安排。作者也点明了三民主义的编写宗旨：

> 本书以客观态度，叙述我国历代重要史实，而尤注重我国国族之扩展，以及对外交涉得失之因果与历代社会经济文化之变迁，以说明我国种种现象之由来，以推求三民主义之根据，而开示我国国族应负之责任，及其应有之努力。

在史料选择上，作者坚持"以原本史料为依归"，在正文叙述上，"以简明得要为主"[1]，并在章末附讨论问题，供学生讨论学习。

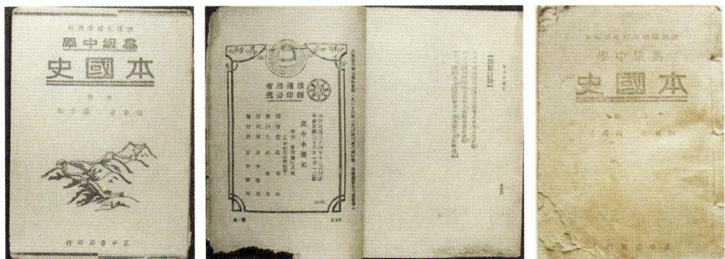

3—67

图3—67　《高级中学本国史》（新课程标准适用，中册），罗香林编著，正中书局

《高级中学外国史》（3册），耿淡如、王宗武编著，正中书局1935年12月初版。

耿淡如（1898—1975），江苏海门人，复旦大学毕业。20年代末赴美留学，进哈佛研究院，归国后在多所大学任职。中华人民共和国成立后，入复旦大学任教授。对中国的西方史学史学科的创立做出了重要贡献。学界有"南耿北齐"之说，这里的"南耿"，即是耿淡如先生，"北齐"指的

---

[1] 罗香林. 高级中学本国史[M]. 南京：正中书局，1935：编辑大意.

是北京大学齐思和先生。他们都是中国的西方史学史学科建设的奠基者。

"本书目的在使学生得到外国历史的基本知识，以了解现代国际情势。故申述史实的背景与其因果关系，提纲挈领，对于促进文明的因素及民族复兴的先例，尤为注意。"[1]本书对东西局势的相互影响，也予以阐明，来说明世界文化的联系。另外，每章之后附有习题，供学生自修之用。所用专有名词，参考了余祥森编《标准汉译外国人名地名表》。后来，正中书局又根据本书出版了《建国高级中学外国史》（1936）。

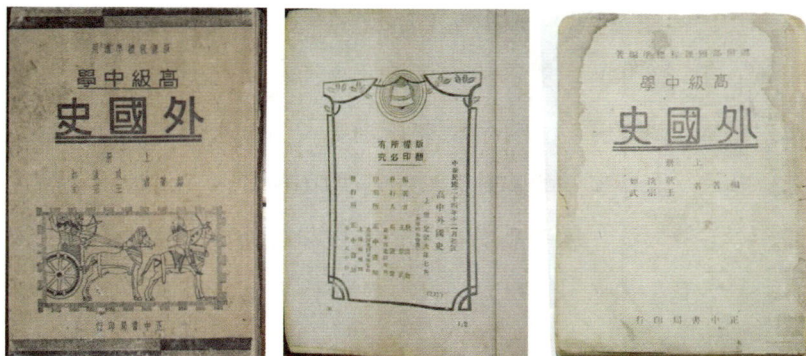

图3—68 《高级中学外国史》（上册），耿淡如、王宗武编著，正中书局

《初级中学外国史》（新课程标准适用，2册），陈祖源编著，正中书局1935年8月初版。

作者陈祖源，即历史学家陈其可。该书属章节体编写体例，书后附有地图折页。

抗战期间，由于国定教科书的推行，民间书局在教科书编写出版上再没有太多作为。唯有一家书局例外，这就是正中书局。由于有国民党政治上和经济上的扶持，即便在抗战期间，在其他书局都被要求统一印刷和发行国定教科书的时候，正中书局却还在编写出版新的教科书。

1943年，正当教育部三番五令要求使用国定教科书，停止其他教科书的时候，正中书局遵照教育部1941年以后修正的课程标准，开始编辑出版了"新中国教科书"系列。该套教科书1943年初版，1947年还在再版使用。其封面都有"遵照（民国）三十年修正课程标准编著""新中国教科书"字样，部分教科书封面有非常醒目的"教育部审定"字样。作者署名在封面上。该套教科书另专门编有相应的《教学指引》（即以前的教授法、教学法等），供教师应用。

### （五）北平文化学社的历史教科书

1927年之前，北平文化学社曾经出版过多种历史教材和学术专著。列举如下。

《西史纲要》，张仲和著，曹蒜溪校阅，北平文化学社1924年7月初版，1932年1月增订出版。

这实际是为学校教学而编写的教材。关于本书的编辑缘起，作为北高附中教师的作者说道：

> 著者自民国八年（1919）以来即担任北高附中西史讲席，初用中华书局新制西洋史教本（张相编）讲授，民国十年（1921）附中改变规程，西史教授时间减少，应用原教本已有不能按时授完之困难，同时复因时势之要求，有教授欧战史之必要，时间减少，材料增加，势不能

---

[1] 耿淡如，王宗武. 高级中学外国史[M]. 南京：正中书局，1935：编辑大意.

不出一变通之法，以兼筹并顾，适合环境，爰有西史纲要之作，惟著者学识浅陋，篇中谬误失检之处，在所不免，尚希海内宏达，加以纠正。[1]

在增订本中的序言中，作者又说道：

我国现时坊间外史出版物渐多。夫供给与需要相应，可为国人年来留心国际情势之一种表现，出版物中，且不乏鸿篇巨著，富有价值之作。然翻译者譬如市肆间之洋货，虽极绚烂美丽，未必尽合于国人之服用；著作者或惊于新奇理论，而忽略时代背景与事实，或偏于经济一端，而忽略人类社会多方面之活动与发展，虽各有其特点与专长，然非一般人之所需要也。至于坊间书贾编印之教科书，或次序颠倒，讹误百出，或取舍失宜，不合程度，或取材仅至巴黎和会或华府会议为止，销售至一二十版，历时经八九年，陈陈相因，丝毫不加增改，徒以牟利为目的，贻误青年学子与否不顾也。

至于本书之编制，则以适合于国人现在之需要为目的，故印售仅至三版，而增改已经两次，材料之增添与时俱进，中西之关系随时沟通，叙述之言词力图简洁，组织之统系务求明晰，盖著者之主要目的，在使本书成为中国人所需要之西洋史，俾对于国人一般之国际常识，稍有补益云耳。[2]

本书虽然划分了章节，实际采用的却是提纲体。作者采用这种编写体例主要出于"提纲挈领"，便于教和学的考虑。作者认为，"旧日教科书为题材所拘束，务求言简意赅，于历史上重要之点均不能显出，本书编制则纯用提纲挈领之法，撷取西史重要材料，依次论列，原因、事实、结果、影响，均朗若列眉，能养成读者对学科之系统观念"[3]。这样的体例使得材料伸缩更加自由，也方便学生检查和记忆。当然，本书的读者对象是北高附中一类学校的学生。所以本书比初级中学程度略高，可以用作高级中学和大学预科教本。

图3-69 《西史纲要》（下卷），张仲和著，北平文化学社

《本国史》（中等学校教科书，2册），李云坡编，北平文化学社1931年初版。

本书主要适用于初级中学。在作者看来，本书的编写主要着眼于"文化"二字，这里的"文

---

[1] 张仲和. 西史纲要[M]. 北京：文化学社，1932：编辑大意.
[2] 同[1]3版序言.
[3] 同[1].

化"含义甚广，并且与三民主义教育宗旨联系了起来：

> 本书所谓"文化"，乃广义的，多方面的。……国家的分合，社会的变迁，政治的设施，民生的状况，风俗的习尚，疆域的伸缩，制度的改进，交通的发展，外交的情况等等，无不包罗在内；绝非单指学术思想文艺宗教及各种制度等狭义的文化而言。[1]

而研究这些时代的历史，贵在"先将一个时代的时代精神或时代主潮抓住作主眼，以贯穿当时的一切史事，而后历史的意义和精神乃见"，所以作者在章节标题上皆力求主题的彰显。作者对本国史的一些问题有一定创新性观点，比如对中国的民族问题，作者认为"中华民族"是一个整体，是不可分割的，并且更愿意以"华族"统称之。作者在历史叙述上特别注意各民族"同化的史迹"和中国人自古以来的民族平等的精神，这种历史思想在当时很有创见，是一种更有利于民族团结和和平共处的观点。另外，本书采用了章节体体例和历史四分期法：上古史——至周末止；中古史——自秦至五代末；近世史——自宋兴到清亡；现代史——中华民国。

该书还有《初级师范本国史》（1931）和《初级中学本国史》（1931）两个版本，在内容上基本没太大差别。

图3-70　《本国史》（中等学校教科书，上册），李云坡编，北平文化学社

《中国近百年史纲要》（上下册），高博彦编，北平文化学社1927年初版。

该书作者是南开中学教师，实际上是为学校教学需要而编写的教材。本书在"编辑原起由来"中写道：

> 民国十五年秋，任教南开中学，高级一年，中国近世史一科，原教本为同学孟咸宇所编中国最近世史一书。嗣以钟点减少，不能按期授毕；乃就咸宇书中大意，删繁就简，提要钩玄，辑为此编。体例半参表解形式，章首则填列提要一项，今年暑后，学校仍拟采用是编为教本，而以咸宇原书为必备参考书。因少加修订，即以付梓。稿起仓促，所望海内宏达有以教正。又本编多蒙同学孟咸宇于纪蒙指导修正，附此鸣感。[2]

本书受国民政府教育部部定课程标准约束不大，并没有明显的三民主义影响的痕迹。本书叙述范围起自鸦片战争到1931年，"约可百年，故名近百年史。以其叙述简约，可供教科之用，故曰

---

[1] 李云坡. 本国史[M]. 北京：文化学社，1931：例言.

[2] 高博彦. 中国近百年史纲要[M]. 北京：文化学社，1931：编辑原起由来.

纲要"。内容重点叙述鸦片战争、戊戌变法和辛亥革命，而且，"本书特别注重我国外交失败之原因，及国势衰弱之由来，……俾国人知国家演成今日现象之故"[1]。

另外，作者还编写《本国史讲义》（高中师范科用），该书由北平市立师范学校于1934年出版。

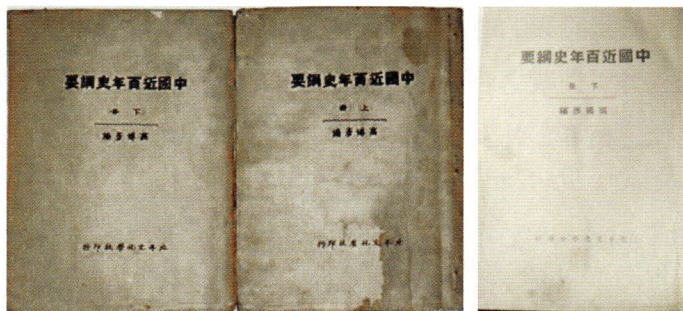

3—71

图3—71　《中国近百年史纲要》（上册、下册），高博彦编，北平文化学社

《新标准高级中学本国史》（根据教育部高级中学本国史课程标准），孟世杰编著，王峄山校订，北平文化学社1934年7月初版。

孟世杰（1895—1939），字咸宇，北京市人，祖籍山东邹城。1908年，考入公费的京师优级师范学堂，1911年考入国立北平高等师范学校。后赴日本东京帝国大学研修东南亚文化和世界史。1913年秋赴法国里昂大学学习世界史。回国后曾历任中国大学、燕京大学、法政大学、北平师范大学、北京女子师范大学、北平大学、华北大学、东北大学、国立四川大学及北京师范学院教授。也做过北平公立第一中学校长。

本书按照教育部颁布高级中学本国史课程标准（1932）编纂，作者鉴于"坊间旧有高级中学本国史教科书，率皆疏略，不合标准；本书立矫此弊，务使课文精炼而不遗漏"。在选材上，"本书所用史料，多注明出处，俾便展卷取验，养成无征不信的态度"。在每篇课文的前面皆列有眉标，并"试加'如何'二字于其下，便成为练习问题：足供学生预备学期试验毕业会考之用"[2]。本书采用章节体的编写体例。

3—72

图3—72　《新标准高级中学本国史》（上册），孟世杰编著，王峄山校订，北平文化学社

---

[1] 高博彦. 中国近百年史纲要[M]. 北京：文化学社，1931：编辑大意.

[2] 孟世杰. 新标准高级中学本国史[M]. 北京：文化学社，1934：编辑大意.

《高中本国史》（2册），白进彩编，北平文化学社1934年1月初版。

本书完全遵照教育部颁布新课程标准编纂而成，供高级中学本国史教学使用。书分为6编：一编绪论，二编上古史，三编中古史，四编近世史，五编现代史，六编结论。各编内容，依照部定教材大纲分章编排。在内容上重点叙述现在社会仍有直接之影响的重要制度，各时代之学术、社会、经济之变迁，近世帝国主义侵略中国之情形，近代外交失败之经过等，注意借此培养学生的观察判断能力。特别注重振奋民族精神，对于"中华民族之拓展，民族运动之大势，均详为叙述……借以振奋民族之精神"[1]。作者同时在《序》中自陈道：

> 凡古来民族之分合斗争，社会形态之转变交替，各种文化，制度意识形态之嬗递变迁，以及近世帝国主义之侵略，外交政策之失败等，均为中国历史上最当注意之点。倘无因果相等，首尾完具之叙述，欲求振奋民族之精神，发扬民族独有之文化，湔雪我国之耻辱，难矣！然则本国之述作，又安可以已乎！

作者对当前本国史料与治学等多方面的问题也作了批评：

> 中国建邦，历年数千。故自书契以来，历史之著述，所谓官定史鉴，及私家志乘，汗牛充栋，不知凡几。然记传之属，详于状个人，而忽于谈群治，编年之作，便于检日月，而杂于寻始终。要之事实散漫，略五统系，可以为史料，不可以为历史。迄于今兹，徒事于史学之工作者，颇不乏人，以是乙部之制，更为繁复。然或失之芜杂，或过于漏略，或失之艰深，或过于肤浅，欲求完善，洵非易易！[2]

鉴于此，作者力求内容的系统性。在叙述上，作者采取研究的态度，不轻下判断，以留学者思考探究的余地，同时对于各时代事实的因果关系，及一时代中重要事件发生的背景尤为注重。

此外，作者还编有《高中中国史》，该书由北平文化学社1934年出版。

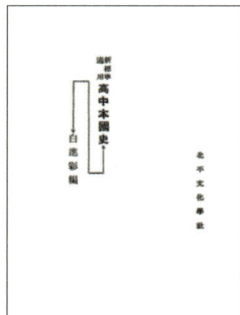

图3-73 《高中本国史》（新标准适用），白进彩编，北平文化学社

这一时期，北平文化学社出版的历史教材还有：

《初级中学教本世界史》（新标准适用，2册），殷祖英著，文化学社，1934年8月初版。

《高中师范教本世界近世史》，李温民，文化学社，1932年初版。

---

[1] 白进彩. 高中本国史：上册[M]. 北京：文化学社，1935：例言.

[2] 同[1]序.

### （六）中学生书局的历史教科书

中学生书局由高尔松、高尔柏兄弟创立。

《初中标准教本·本国史》（4册，遵照教育部新课程标准，据江苏省教育厅初中历史科教学进度表编定），吕思勉编，上海中学生书局1935年初版。

民国新课程标准（1932）之"部定实施方法概要"，规定除教学大纲外，"预计时间，将全部教材，作恰当之分配，则应另制进度表"。本教科书最大的特点是遵照民国教育部新课程标准编写的同时，具体章节则依据江苏省教育厅初中历史科教学进度表编写，如此，"既省教者自编（进度表，编者按）之劳，又收整齐划一之效"。在叙述上，作者发挥其一贯的通俗易懂的讲述风格，"叙述较为详尽，行文力求浅显，务期学生自看也能看明白"。虽然字数要比其他教材偏多，但书的难易不与字数有直接关系。在学习上，作者注意学科间的贯通，指出"尤其在今日，历史当与各社会科学，相互提携，以达到正确认识社会之目的"[1]。作者还考虑到学习者缺乏参考书的困难，随编参考书以作补充学习。

修正课程标准颁布后，吕思勉还编写了一本适应修正课程标准的《本国史》（4册）。

在外国史方面，中学生书局出版了《初中标准教本外国史》（2册），该书由高振清编著，1935年6—11月初版，修正课程标准颁布后，中学生书局1937年又在该书的基础上修订，出版了适应修正课程标准的《初中教本外国史》（2册）。

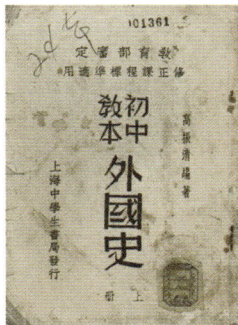

3—74

图3—74　《初中教本外国史》（修正课程标准适用，上册），高振清编著，上海中学生书局

### （七）其他历史教科书

在20世纪20—30年代中期，国民党虽然实行三民主义教育，但在这个基础上，教科书的编撰是相对自由的，学校对教科书的选用也是比较自主的，这也反过来促使教科书更加多样化。除了前述大出版机构热衷于教科书的编撰出版（它们编写的教科书往往是大全套，基本上涵盖所有学科），也有很多不起眼的小出版商参与教科书编写，它们往往没有实力编撰出版大全套教科书，一般只根据自己的条件和学校的实际，编写个别学科的教科书；有些学校为了更好地满足教学需要，也自编教科书，在历史教科书方面也存在这一情况。这些教科书影响都不太大，使用面窄，存在的时间也

---

[1] 吕思勉. 初中标准教本本国史[M]. 上海：中学生书局，1935：例言.

不长，下面简要列举了其中部分历史教科书及其出版情况：

《新建设时代初中世界史教本》（初级中学、师范适用，2册），周傅儒编，白眉初校阅，北平建设图书馆，1932年9月至1933年3月初版。

周傅儒曾为商务印书馆编写过《新撰初级中学教科书世界史》，从内容上看，本书是在前书的基础上修改删订完成的。作者在"编辑大意"中说："本书是继中国史之后，将中学应授之西洋史、东亚史合为一篇，称世界史，但仍以西洋史为中心，供初级中学之用。"[1]本书编写依据的是1929年教育部颁布的暂行课程标准，全书分为上古、中古、近世和现世4篇，前2篇为上册，后2篇为下册。书中遇有人名地名，悉遵照当时通行的译名或商务印书馆出版的标准汉译外国专名表。书中配有丰富的插图，以引起学生兴趣。在内容上注意每一节分量的均衡，建议每小时以教授2节为标准，也可以自行决定进度。

《新建设时代高中中国近百年史》，吴贯因编，北平建设图书馆1933年7月初版。

作者的叙述从鸦片战争开始："中国近百年来，实为忧患时期，国势之安危，国权之旁落，皆日甚一日，而其机实起自鸦片战争，故本书起始于是，自林则徐为钦差大臣赴广东查办海港事宜，至今虽仅九十五年，而鸦片战祸之酝酿，则起自百年以前，本书为明国势积弱之由来，故首叙此役之始末。"作者认为历史的任务在于传信，所以本书重在叙述事实，很少议论，也会陈述已有公论的史实，"系徇公论，非逞私见"。这本书适用于高中及同等师范之用，但限于篇幅，在叙事上只记其纲领，有些史料不能无限制地列入，但作者特别编写了一个参考书目表附在书后，以备读者查用。作者对近代史的特点也有独到的认识，在叙述上也特别对待："近百年之中国，为新旧过渡时代，国家制度，时有更革，本书为使读者明了法制之变迁，故新旧并存，不敢或略，特以时间为分列先后而已。"[2]

百城书局的初级中学教本《中国史》，孟世杰编，王桐龄校订，百城书局1931年10月初版。百城书局是民国期间天津的一家出版机构，出版过少量图书，教科书也是它的一个出版类型。

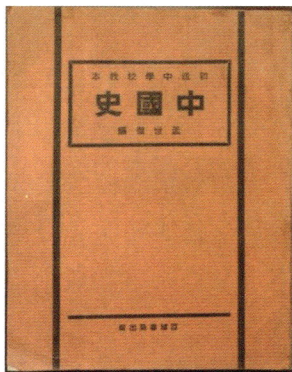

3—75

图3—75　《中国史》（初级中学校教本），孟世杰编，王桐龄校订，百城书局

[1] 周傅儒. 新建设时代初中世界史教本[M]. 北京：建设图书馆，1933：编辑大意.

[2] 吴贯因. 新建设时代高中中国近百年史[M]. 北京：建设图书馆，1933：编辑大意.

广益书局、德华书局的《新小学历史读本》，陆保璇编，上海广益书局1935年初版。

《新小学历史读本》的编者是陆保璇，该书分为上下两册，除了广益书局版本，该书还有德华书局版本，封面设计也完全一样。作者在"编辑大意"中说：

一、本书为小学而编辑，分上下二册，共九十四课，可供两学年的应用。

二、本书从上古到近世，取材详略适当，字句浅显，使读者容易明了。

三、本书遇事实繁碎处，特制表附入，或略叙原委，以供参考。

四、本书于历朝疆域地图，以及帝王名人肖像，择要列入，以供儿童观察。

五、本书每课后附有问题，教师可随意变换，按事发问，测验儿童的心得。[1]

3—76

图3—76 《新小学历史读本》（下册），陆保璇编，上海广益书局

土山湾印书馆的《高级小学历史课本》（4册），徐家汇光启社编纂，上海土山湾印书馆1929年8月初版。

土山湾印书馆是一家近代著名的教会出版机构，1859年它由法国天主教传教士爱桑在上海创办，在近代中西文化交流中扮演了重要角色。该机构出版了很多教科书，在当时颇受欢迎。此外，土山湾印书馆还是上海地区较早使用石印技术的印刷机构。下面这本历史课本由徐家汇光启社编纂，共4册，供高级小学使用。

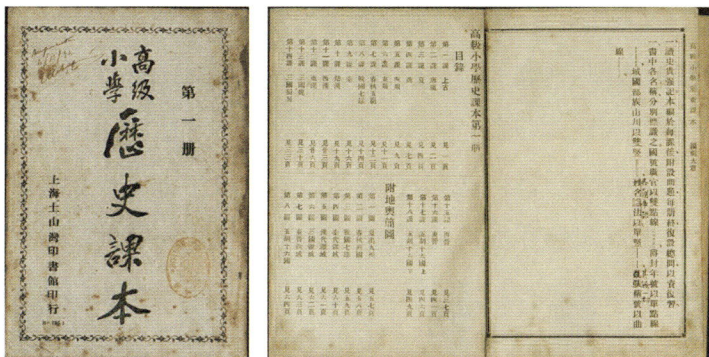

3—77

图3—77 《高级小学历史课本》（第一册），徐家汇光启社编纂，上海土山湾印书馆

立达书局的《高中外国史》（2册），黄现璠编，陆泳沂等校订，立达书局1933年8月初版；《高中外国史》，蒋伯熙编，陶希圣作序，1935年9月初版。

钟山书局的《本国史》（中学校用，3册），缪凤林编，钟山书局1932年8月初版；《新编钟山

---

[1] 陆保璇. 新小学历史读本：上册[M]. 上海：德华书局，1935：编辑大意.

外国史》（高级中学适用，2册），蒋恭晟编，1941年6月初版。

读书生活出版社的《中国历史》（社会常识读本），李公朴主编、敬之编，读书生活出版社1936年5月初版；《中国历史教程》，佐野袈裟美、刘惠之、刘希宁译，读书生活出版社，1939年初版。

艺文书社的《初中本国史》（修正课程标准适用，4册），彭勋阁编，萧和玉、徐谷生校订，艺文书社1941年初版；《初中外国史》（修正课程标准适用，2册），彭勋阁编，徐谷生校订，艺文书社1941年8月初版。

湘芬书局的《高中本国史》，钟月秋编，1932年8月初版。

中华平民教育促进会的《中国历史教材》（高级平民学校用书），张寿材编，1929年6月初版。

元新书局的《新标准初中教本外国史》（2册），何铭三编，杜毅伯校正，1935年3月初版。

大兴书局的《初中本国史》（3册），易仁荄编，1935年3月版。

文心书业社的《初中本国史纲要》（教育部新标准），高庆赐编，1934年9月初版。

小说林书社的《中国近世史》（高级中学用，3册），陈其可编，1929年9月初版。

新亚书局的《初中本国史》（2册），何祖泽编，1932年8—9月初版。

民智书局的《初中本国史》，赵钲铎编，张国仁校订，1932年初版。

民智书局的《本国史》（高中适用，2册），吕克由编，1931年1月初版。

…………

# 第四章

## 国定教科书时期的历史教科书
## （1937—1949）

1937年卢沟桥事变后，我国进入全民族抗战时期。这期间，抗日民主根据地、国民党统治区以及日伪占领区三种不同性质的区域并存。在不同体制同时存在的特定时期，各控制区的中小学教科书均受到不同政权的强力控制。在国统区，应抗战与建国之需要，国民政府不仅在公民、国语、史地等教科书中增加了爱国主义、民族意识的内容，而且增加了一些有关战时必备的知识。

1937

# 第一节
# 抗战时期的教育与历史教育

七七事变后，抗日战争全面爆发，国民政府西迁，许多学校随同迁入后方。战争一方面使得教科书供应困难，各地普遍发生教科书荒，情势十分严重；另一方面在客观上推动教科书走向了统一。随着战事日渐紧急和抗战思潮的掀起，如何让青少年更好地保护自我，燃起抗战热情，留存一颗中国心？教科书就是一座抗战的堡垒。因此，利用国定教科书来统一全民抗战思想，同时解决学校用书荒的问题，成为当时国民政府的重要任务。在那个时期，国定教科书的编写主要通过国立编译馆实施。

## 一、抗战时期的课程与教材政策

日本全面入侵中国后，中华民族面临空前严重的危机。战争使教育秩序遭到严重破坏，是"从头收拾旧山河"，将破坏严重的教育继续办下去，还是让知识分子们投笔从戎，"建国须从救国起"，成为当时舆论的中心话题。面对危机，国民政府从"抗战建国"的目的出发，制定了"战时须作平时看"的教育方针，推行适应抗战和大后方建设需要的教育改革政策，同时又为适应政治上强化一党统治的需要，积极加强"党化教育"。

1937年8月7日，国民政府教育部出台《总动员时督导教育工作办法纲领》，要求在战争发生时各地各级学校"应力求切合国防需要，但课程之变更仍须遵照部定范围"[1]。

1938年3月29日至4月1日，国民党临时全国代表大会在武汉举行。会议通过的《中国国民党抗战建国纲领》成为抗战时期国民政府的施政方针，其中提道："（二十九）改订教育制度及教材，推行战时教程，注重于国民道德之修养，提高科学的研究与扩充其设备。"[2]强调了教育为抗战服务的一面。

1939年3月，国民政府教育部在重庆召开第三次全国教育会议，研讨改进或加强各级教育，明确

---

[1] 教育部教育年鉴编纂委员会. 第二次中国教育年鉴[M]. 上海：商务印书馆，1948：10.
[2] 同[1]10-11.

提出了"战时应作平时看"的教育方针[1]。其基本精神也影响和指导着随后所制定的各项教育政策与法规。

为适应抗战需要，国民政府要求基础教育的课程实施配合抗战建国的教育目标，发扬民族精神，加强师生抗日意志，并针对原有中小学课程标准的弊端重新进行修订。1936年颁布的《修正小学课程标准》在实施过程中暴露出不少弊端，包括：理想太高，非一般小学能够普遍实施；内容较深，非一般儿童能够切实领会；分量太重，非在规定时间内所能教学完毕；各科课程内容间多有重复之处；学习时颇不经济；教材编选的伸缩性过大；等等[2]。1940年，教育部为适应抗战需要，修订了1936年的课程标准，中学阶段主要增设选修课并将英文改为选修。各校视地方情形自第三学年起酌设简易职业科目。中学教育要加强本国史地教学。新修订的课程标准规定本国史地各占2/3，外国史地各占1/3。教材特别注重中华民族的融合与历代疆土的拓展，以及各地资源的储藏与开垦，以培养学生复兴民族爱国卫国的思想。

修订的标准中，初小常识科课程设置照旧，但高年级社会科，原以混合教学、综合课程为原则，此次改为以分科教学为原则。事实上，混合教学不论是教科书编写还是教学实践，都是很困难的，如前所述，有些出版机构直接编写分科教科书。

抗日战争全面爆发后，为了推进及加强中学史地教育，国民政府教育部于1940年在重庆专门成立史地教育委员会。为了落实战时对教科书的管理和控制，教育部制定了具体的实施方案，成立各级学校各科教材编订委员会、国立编译馆，同时规定"中小学及师范学校所用之公民、国文、历史、地理教科书，应由国家编辑，颁发应用"[3]。这在政策上明确了国民政府对部分科目的教科书实行国定制度。1943年11月教育部重申："所有各书局编印同类教科书之版本，不论其尚在审定有效期间，或已通过审定有效期限，或曾经核准发行，或尚未经审定者，均一律停止发行。"[4]意即，中小学教科书中，凡公民、国文、历史、地理四科，都必须采用政府统编的国定本，中小学教科书完成了由审定制到国定制的转变[5]。这一阶段推出的国定教科书，是中国新式学校创建以来第一次成功实施的国定教科书。它的出现是很多必然因素和偶然因素综合作用的结果。

## 二、课程标准与历史教育观的变化

南京国民政府曾在1929年颁布三个历史暂行课程标准，分别是《初级中学历史暂行课程标准》

[1] 教育部教育年鉴编纂委员会.第二次中国教育年鉴[M].上海：商务印书馆，1948：81.
[2] 课程教材研究所.20世纪中国中小学课程标准·教学大纲汇编：课程（教学）计划卷[G].北京：人民教育出版社，2001：174。
[3] 中国第二历史档案馆.中华民国史档案资料汇编：第5辑：第2编 教育（1）[A].南京：江苏古籍出版社，1997：28.
[4] 教育部.训令[J].教育部公报，1943（11）.
[5] 石鸥，吴小鸥.中国近现代教科书史：上册[M].长沙：湖南教育出版社，2012：431-433.

《高级中学普通科本国史暂行课程标准》和《高级中学普通科外国史暂行课程标准》，这三个课程标准是相互独立的部分。"从内容到形式，1929年的历史课程标准可以说标志着我国历史课程标准基本成型。"[1]后来，国民政府教育部在1932年颁布了正式的历史课程标准，包含《初级中学历史课程标准》和《高级中学历史课程标准》两个，号称"新课程标准"。1936年又对1932年课程标准进行了修订，号称"修正课程标准"。

抗战全面爆发后，为了适应全面抗战的需要，国民政府对历史教育的重视上升到前所未有的高度，培育民族复兴的历史意识是此时期历史教育的重要目标。

1938年，国民政府教育部指出历史地理须注重本国部分，外国史地可酌量减少，历史教学须于本国史上过去之光荣、抗战民族英雄及甲午以来日本侵略中国之史实等项特别注重[2]。1940年，教育部重新修订并颁布了《修正初级中学历史课程标准》和《修正高级中学历史课程标准》，这两个课程标准内容上虽仍授中外通史，但增加了中国史的分量与授课时数，减少了外国史的分量与授课时数。中国史的授课内容充分体现"抗战建国"的要求，高中阶段强调"使学生对中华民族有整个的认识和爱护"，"启发学生复兴民族之途径，及应有之努力"，"鼓励学生研讨世事，探求科学，而努力于抗战建国之大业"[3]。之后，教育部在1941年还颁布过《六年制中学历史课程标准草案》，以及抗战结束后的1948年12月颁布的《修订初级中学历史课程标准》和《修订高级中学历史课程标准》。从历史发展的纵向来看，后来的几个课程标准都是对1929年暂行课程标准的进一步完善。"1929年的暂行课程标准确立了中学历史课程的基本原则，后来者只是对此原则修修补补而已。"[4]

这一时期小学历史教育仍归属于"社会科"，具体教学要求体现在教育部颁布的小学社会科课程标准中。实际发现，仍有不少高级小学历史教科书单独编写和使用。小学历史教学要求的程度相对较低，对三民主义和爱国主义的强调是其主要特点。1938年8月，蒋介石在中央训练团第一期毕业生的毕业典礼上说道："我们要教一般学生有爱国的精神，要激发他们爱国的思想，最重要的科目和教材就是历史与地理。"史地教育被赋予"革命建国教育的中心科目"之地位[5]。

历史课程标准多由当时有名望的历史学者负责起草，1940年是抗战的重要时期，这一时期负责课程标准修订的参与者明显要多，反映了当时众多历史学者和学校集思广益、共克时艰的民主气氛。

[1] 杨红波. 试论清末民国时期历史课程标准的演变[J]. 广西教育学院学报，2014（3）：202.
[2] 教育部编辑战时补充教材近况[N]. 申报，1939-09-15.
[3] 课程教材研究所. 20世纪中国中小学课程标准·教学大纲汇编：课程（教学）计划卷[G]. 北京：人民教育出版社，2001：83.
[4] 李帆. 简论民国时期中学历史教育的嬗变：以北京政府、南京政府先后颁布的《历史课程标准》为核心[J]. 历史教学，2003（11）：49.
[5] 蒋中正（蒋介石）. 革命的教育[J]. 中央周刊，1938，1（13）：2-9.

第四章　国定教科书时期的历史教科书（1937—1949）

200

表 4-1　国民政府时期参与历史课程标准编写的主要人员／单位

| 起草或修订年份 | 编写人员/单位 |
|---|---|
| 1929 | 初中：陈训慈、顾颉刚、何炳松<br>高中本国史：陈训慈、顾颉刚<br>高中外国史：陈衡哲、陈训慈、雷海宗、郑鹤声 |
| 1932 | 陈训慈、李清悚、赵钲铎、郑鹤声（顾颉刚审定） |
| 1936 | 郑鹤声、赵钲铎 |
| 1940 | 顾颉刚、缪凤林、郑鹤声、陆殿扬、许心武、李清悚、尹石公、喻传鉴、国立二中、南开中学等 |
| 1941 | 顾颉刚、缪凤林、郑鹤声等 |
| 1948 | 金兆梓、顾颉刚等 |

　　历史学科是学生了解民族历史和文化的重要科目，随着抗战的爆发，历史一科在凝聚民族士气、培养学生爱国精神和民族精神等方面被赋予更加重要的教育使命。中等教育加强了本国史地的教学，外国史的内容相应压缩。而且，教材特别注重中华民族的融合与历代疆土的拓展，以及各地资源的储藏与开垦，以培养学生复兴民族爱国卫国的思想。随着国定教科书的推行，这一历史教育的使命都凝聚在当时唯一的合法化文本——国定本上。

# 第二节
# 国定教科书与战时教科书

南京国民政府成立后，为了推行三民主义，强化国民党的意识形态，教科书的"国定化"就成了重要路径。但早期的教科书"国定化"的效果不大。抗战的全面爆发为教科书"国定化"带来了契机。国民政府一方面强制各学校一律采用国定教科书，另一方面禁止各民间书局版本进入学校。中小学教科书制度完成了由抗战前的审定制到抗战期间的国定制的转变。这一时期的国定教科书是中国新式教育兴办以来由中央政府主管部门第一次成功编写并全面实施使用的通用教科书。

## 一、国定教科书的推出

1932年6月，南京国立编译馆成立[1]。抗战期间国立编译馆迁至重庆，1946年迁返北平。国立编译馆以"发展文化，促进学术暨审查中等以下学校用书"为宗旨，是民国时期存在时间最长的官方编审教科书的学术机构。从成立开始，国立编译馆的工作就跟教科书有了不解之缘。在抗战爆发前，国立编译馆承担着民国教科书的审定工作，并编写了系列小学教科书。在抗战爆发后，国立编译馆又承担起了国定教科书的编辑工作。抗战时期由于战争的形势发展，很多大学西迁，一大批知识分子聚集重庆，其中许多在各自领域颇有建树之人受聘于国立编译馆，当时的国立编译馆可谓专家云集。艰苦的抗战时期，中华大地中小学教育薪火相传、弦诵不辍，这与国立编译馆卓有成效的工作是分不开的。可以说，国立编译馆为抗战中的国定教科书事业进而为整个中国教育事业做出了重要贡献。

所谓国定本教科书，也叫国定教科书、统编教科书、统一教科书、通用教科书等，用今天的话说就是"一纲一本"或"一标一本"，即一个教学大纲或课程标准，只配一套教科书。全国各地学校只能使用同一套教科书。而这一套教科书也只能是由中央教育主管部门授权组织编写，授权特定

---

[1] 这之前有个北京国立编译馆。1925年，当时的教育总长章士钊提议建立国立编译馆。是年8月，国立编译馆成立，地点在北京，称为北京国立编译馆。11月教育总长章士钊辞职，北京国立编译馆在章士钊离职之后不了了之。1927年南京国民政府成立，北京国立编译馆正式消亡。北京国立编译馆在存续期间并没有什么作为，以至于后来的人们提到国立编译馆时经常忽略它的存在。

机构出版，甚至授权特定机构发行。各地与个人不得自行编写出版教科书，学校也不得使用国定教科书以外的教科书[1]。

教科书传播的是统治阶级的意识形态，晚清政府也曾成立学部图书局等机构，编写部编教科书，尝试过我国近代第一次教科书的"国定化"。晚清政府的教科书"国定化"虽以失败告终，但南京国民政府并未放弃对教科书的控制，在成立伊始就不忘利用教科书来实行"党化教育"和推行三民主义思想，并积极推进中小学教科书的"国定化"。当然，不可否认的是，抗战的爆发也为国民党通过控制中小学教科书，更有力地实施思想统治提供了一次绝好机会。

### （一）国定教科书政策的推行

早在抗日战争全面爆发以前，国民政府教育部在不断加强对教科书的审查力度的同时，就开始着手国定教科书的编纂工作。尤其是1933年之后，国民政府加快了国定教科书的推进步伐。1933年，行政院会议议决教育部自编中小学教科书，所有各种教科用书依据1932年颁布的《小学课程标准》编订全套以树模范。此项编辑工作拟分三期进行，第一期编辑中小学最需要之教科用书，如国文、算术、公民、历史、地理、自然等。原计划1933年底完成第一期初步工作，1934年起颁布全国使用[2]。

1933年，教育部组织教科用书编辑委员会（后来并入国立编译馆）开始编撰中小学教科书（即国定本）。同年12月编成初小国语、算术、社会、自然四种稿本。部分书稿先交各书局印行，在部分中心小学试用[3]。但教育部自编中小学教科书的工作并没有按原定计划完成。到1935年的时候，此套国定教科书仍没有推广全国使用。

1935年国立编译馆奉教育部令修改国定教科书稿，并于1936年陆续完成。后来教育部给蒋介石汇报关于这次国定教科书情形时提到，民国"二十五年间着手编辑小学各科课本，用作书商编印教科书之规范，亦为国定教科书之嚆矢。至二十六年而教本完成，交由各大书局承印"[4]。

但承印书局并未加速印制、推销这些国定教科书，主要原因是各学校实际采用的很少。到了1937年，战争情势变更，课程教材需要重新厘定，以适应时代要求。因此国定教科书基本上没有得到大规模使用，只出版发行了很少一部分[5]。据《第二次中国教育年鉴》记载，"教科书编成之后，由于教育部缺乏印刷发行机构，各书局自然不可能舍弃自己编辑的教科书来发行国定本教科

[1] 张文，石鸥. 国定教科书：时代价值及其局限：从南京国民政府的国定教科书说起[J]. 河北师范大学学报（教育科学版），2016（6）：50.

[2] 教育部教育年鉴编纂委员会. 第二次中国教育年鉴：第4编[M]. 台北：文海出版社，1986：355.

[3] 王云五. 岫庐论教育[M]. 台北：台湾商务印书馆，1965：174-175.

[4] 中国第二历史档案馆. 中华民国史档案资料汇编：第5辑：第2编 教育[A]. 南京：江苏古籍出版社，1997：495.

[5] 魏冰心. 国定教科书之编辑经过[J]. 教育通讯复刊，1946，1（6）：14.

书，此次编撰的国定本教科书在抗战以前未能印行"[1]。

此次由教育部主持编写的国定教科书虽然影响不大，甚至没有被广泛采用，但在教科书发展历程中意义重大，它开启了民国教科书国定本的时代。

全民族抗战爆发后，教科书国定制的推行加快了步伐。1938年3月29日，国民党临时全国代表大会在武汉召开，教育部部长陈立夫提出的《战时各级教育实施方案纲要》在会上获得通过，该纲要包括实施准则十七条，文件指出："对于各级学校各科教材应彻底加以整理，使成为一贯之体系，而应抗战与建国之需要，尤宜优先编辑中小学公民、国文、史地等教科书，及各地乡土教材，以坚定爱国爱乡之观念。"[2]该纲要进一步重申国民政府的抗战建国纲领："小学教科书及中学、师范用之公民、国文、历史、地理教科书，应由国家编辑，颁发应用。"公民、国文、历史和地理四科被明确要求由国家来编写。该纲要还指出，"教育部应成立各级学校各科教材编订委员会，先草订或修正各级学校各科课程标准，再依课程标准订定各科教材要目，以为选择教材及编辑教科书标准"，"整理历史地理教材，以备编辑中小学历史、地理教科书，供中小学应用"，"扩充国立编译馆"，"编译各级学校教科书及教师所用之参考书籍"[3]。通过制定、颁布纲领性文件，国民党对教科书的统一意图日益强化。抗战的特定形势名正言顺地使教科书国定化的步伐加快。

1939—1941年，小学阶段的国语、常识、历史、地理以及初中阶段的公民、国文、历史、地理等科目的初稿完成。这套教科书产生于抗战最激烈的时期，且当时仍按照1936年的课程标准编写，因此没有获得全面使用。其间，国民政府于1940年新修订了中小学课程标准，新的课程标准在某些方面改动较大。特别是小学国语常识课程标准，它是国语科与常识科混合科目，要实行国语科与常识科的混合教学，要有新"国语常识"混合教科书。这种教科书是一种全新的形式，没有任何民间版本可以借鉴。编辑"国语常识"这种新形式的教科书完全由国立编译馆来承担。1942年教科用书编辑委员会并入国立编译馆，已编成的各科稿本依照新颁修订课程标准被重新修改出版，成为国定教科书的主要部分。

1943年4月，教育部将国定教科书的发行权，交由七家书局（正中书局、商务印书馆、中华书局、世界书局、大东书局、开明书局、文通书局）联合组成的"国定中小学教科书七家联合委员会"。该委员会为国定教科书发行的领导机构，下设"国定中小学教科书七家联合供应处"（简称"七家联合供应处"或"七联处"）为业务机构，负责国定教科书的统筹供应。

为了保障国定教科书的推行，国民政府从上到下给予了高度重视，颁布了系列法令进行强制要求。蒋介石在1942年5月致函教育部部长陈立夫时提道："以后凡中小学教科书应一律限期由部自

[1] 教育部教育年鉴编纂委员会. 第二次中国教育年鉴[M]. 上海：商务印书馆，1948：355.

[2] 申晓云. 动荡转型中的民国教育[M]. 郑州：河南人民出版社，1994：238-239.

[3] 中国第二历史档案馆. 中华民国史档案资料汇编：第5辑：第2编 教育[A]. 南京：江苏古籍出版社，1997：28-29.

编，并禁止各书局自由编订。"[1]1943年6月，国民政府教育部发布训令，规定"自三十二年度第一学期起，中小学应分别采用国定本教科书"[2]。1943年10月教育部再发训令，要求"国定中小学教科书各科各册出版后，各书局编印之版本一律停止发行"，"自三十三年一月份起，中小学各科各册教科书已有国定本者，各学校应一律改用国定本，所有各书局以前编印之版本，不论其尚在审定有效期间，或已过审定有效期限，或曾经核准发行，或尚未经审定者均一律停止发行"[3]。

自此，学校使用国定教科书的时代正式拉开序幕。

抗日战争结束后，1946年到1947年之间国定教科书普遍经历了一次甚至几次修订，原因是国定教科书主要是在抗战时期编订的，很多抗战内容已经不能与新的时代背景相吻合，不能适应建设时期的需要，"抗战胜利以还，情势迥异，各教本又加审定，删除抗战教材，而增编建国教材以代之，是为胜利后修订标准本"[4]。小学教科书首次修订时间是1946年，1947年又经历了一次难得的统一修改；初中教科书修订时间稍晚，由放开版权后申请承印的各家书局陆续修订出版。修订稿的封面几乎一律署名为"国立编译馆编""国立编译馆主编"，且均有"教育部审定"字样。1948年5月，《初等小学国语常识课本》进行了第五次修订，这也是笔者所见唯一的进行了5次修订的国定教科书。其时，国定本教科书不再仅仅由七家出版机构出版发行，而是已经放开由申请承印的各家书局修订出版，所以这一阶段不同机构的修订使得教科书的外貌差异很大。抗战结束后的国定教科书的修订本有一个最明显的特点，就是由于出版机构不同，封面设计越来越丰富多样，甚至同一本教科书，有完全不同的封面。这些纷繁多样的教科书构成了国民党政府在大陆的教科书的最后一道风景[5]。

### （二）国定历史教科书举要

由目前发现的文献资料来看，国定小学历史教科书主要分为1943年版、1945年版、1946年版和1947年版四个版本。这四个版本都依据国民政府教育部1941年颁布的《小学社会科课程标准》编写。由国定中小学教科书七家联合供应处负责印刷发行，因此版本众多，印刷样式多样。

《高级小学历史课本》（4册），教育部教科用书编辑委员会编，国定中小学教科书七家联合供应处印行，1943年7月初版。

该书封面设计简单，明确标明编写者是教育部教科用书编辑委员会，印刷发行者为国定中小学教科书七家联合供应处。版权页并未列出具体作者的姓名。第二册目录如下：

第一课　诸葛亮和三国分立

---

[1] 中国第二历史档案馆. 中华民国史档案资料汇编：第5辑：第2编 教育[A]. 南京：江苏古籍出版社，1997：458.

[2] 教育部. 训令[J]. 教育部公报，1943（6）：56.

[3] 教育部. 训令[J]. 教育部公报，1943（10）：37.

[4] 魏冰心. 国定教科书之编辑经过[J]. 教育通讯复刊，1946，1（6）：15.

[5] 石鸥. 民国中小学教科书研究[M]. 长沙：湖南教育出版社，2018：296.

　　从第二册目录可以看出，我国历史各朝代的英雄人物和丰功伟绩是本书要突出的重要方面，意在使学生了解民族创业的艰难、民族文化的深厚和民族精神的伟大。从本质上讲，这是在培养学生的民族意识和爱国精神。

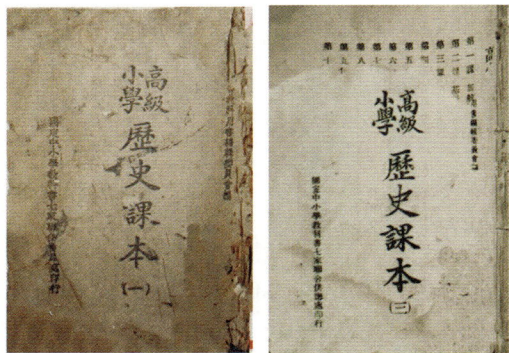

图4—1　《高级小学历史课本》（第一、第三册），教育部教科用书编辑委员会编，国定中小学教科书七家联合供应处印行

　　《高级小学历史课本》（4册），教育部审定，宋延庠、孙懋禄、蒋子奇编辑，沈麓元、计维新、唐冠芳绘图，国立编译馆校订，王云五、朱家骅、金兆梓等参阅，国定中小学教科书七家联合供应处发行，中华书局印刷。1943年7月第一版，1945年6月重庆中华书局嘉乐纸本第一版。

　　该书封面简洁，页面上部居中署有"教育部审定"字样。笔者发现的1945年这一版由中华书局印刷，并不排除有其他出版社的其他版本。该版本沿袭1943年版，并有具体编写者、绘图者、参阅者等出版信息。该书版权页还显示，该书是教育部通过征选的方式产生的，应选者是教科用书编辑委员会、中华书局和正中书局。

---

[1] 教育部教科用书编辑委员会. 高级小学历史课本：第2册[M]. 国定教科书七家联合供应处，1943：目次.

该书前面的"编辑要旨"介绍了本书的编写依据和原则：

一、本书遵照教育部三十一年四月公布之小学社会科课程标准内历史科教材大纲及要目编辑。

二、本书分四册，每册十八课，以每学期授二十周，每周教学一课计算，一册足供一学期之用。

三、本书主旨，以叙述我国先民经营缔造之辛苦，历代开发创业之艰难与学术文化之宏博优美，道德精神之伟大高尚，以增强儿童民族意识，养成儿童爱国精神为目的。

四、本书取材，以正史为主。并适合儿童程度，与初中历史课本衔接。

五、本书立论根据：国父遗教、总裁言论及中央国策。

六、本书编制力求生动活泼，避免枯燥呆板，以增儿童学习兴趣。每课课文，分段排列，每段有小节目，以便记忆，课文内重要名词、文句，均用黑体字排印，俾可引起注意。

七、本书每课课文之前，列有问题数则，归纳本课内容要点，以启发儿童思想，养成自学习惯。

八、本书每课课文之后，列有作业项目，可供儿童于每次上课后，亲身（或由教师辅导）加以研究、习作，或调查参考，以增强其历史知识。

九、本书另编有教学指引四册，详列各课教材、教学方法、参考资料，供教师之用[1]。

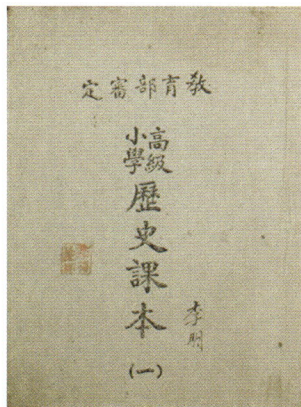

图4-2　《高级小学历史课本》（第一册），宋延庠、孙懋禄、蒋子奇编辑，国立编译馆校订，国定中小学教科书七家联合供应处发行，中华书局印刷

《高级小学历史》（修订本，4册），国立编译馆编，宋延庠、蒋子奇、聂家裕编辑，沈麓元、计维新、唐冠芳绘图，国定中小学教科书七家联合供应处印行，1946年第一次修订，1947年第二次修订。

1945年抗战胜利后，《高级小学历史》经过两次修订以适应新的形势，随着内战的爆发，教科书的更新也随即停止。修订本封面除了有"教育部审定"字样，还注明了"修订本"或"第二次修订本"以及"国立编译馆编"等字样。修订本的封面设计更加美观，不同出版社的版本表现出花样各异的特色。修订本的主编是国立编译馆，具体则由宋延庠、蒋子奇、聂家裕编辑，沈麓元、计维新、唐冠芳绘图，金兆梓等负责校阅。第二次修订本的发行者不再是国定中小学教科书七家联合供

[1] 宋延庠，孙懋禄，蒋子奇. 高级小学历史课本：第1册[M]. 重庆：中华书局，1945：编写要旨.

应处，而是放开由各大书局申请承印发行。修订版是以教育部颁发许可执照的形式出版发行的。如教育部给商务印书馆颁发的许可执照如下：

兹据商务印书馆呈送国定本教科书第二组高级小学各科教科书样本共四十四册，经审查合格，准予印行，其有效期限三年，自即日起……合行发给许可执照。

右给商务印书馆收执

部长：朱家骅

中华民国三十六年八月七日（1947年8月7日）

修订本变化并不大，如第二次修订本第二册目次如下，相较于初版只是做了较小改动：

第一课　谢安和淝水之战

第二课　北魏的崛兴和民族融合

第三课　隋炀帝开掘运河

第四课　唐太宗的功业

第五课　道教佛教回教（伊斯兰教）的流传和影响

第六课　我国文化在亚洲的传播和影响

第七课　王安石的新法

第八课　岳飞和文天祥

第九课　文具和印刷术的发明

第十课　元朝的武功

……

第十八课　郑成功经营台湾

附录：中国大事年表[1]

4-3

图4-3　《高级小学历史》（修订本，第一册、第二册），国立编译馆编，大东书局

---

[1] 宋延庠，蒋子奇，聂家裕. 高级小学历史课本：第2册[M]. 修订版. 上海：大东书局，1947：目次.

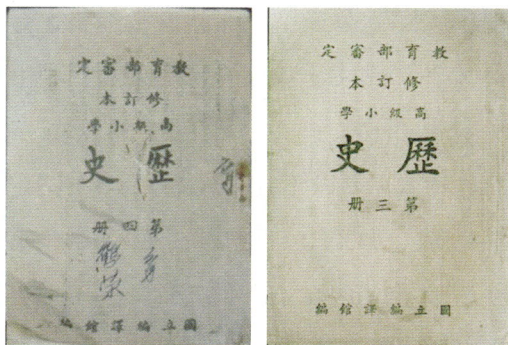

图4-4 《高级小学历史》（修订本，第三、第四册），国立编译馆编，宋延庠、蒋子奇、聂家裕编辑，金兆梓审校，建国书店总店

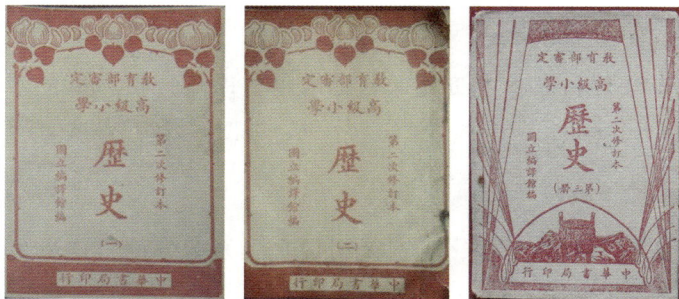

图4-5 《高级小学历史》（第二次修订本，第一至第三册），国立编译馆编，宋延庠、蒋子奇、聂家裕编辑，金兆梓审校，中华书局

图4-6 《高级小学历史课本》（第二次修订本，第四册），国立编译馆编，文通书局印行

  《初级中学历史》（国定初中本国史，6册），教育部教科用书编辑委员会编，宋延庠编辑，国立编译馆校订，计维新、章高炜绘图，国定中小学教科书七家联合供应处印行，1943年7月初版。

  1943年版的《初级中学历史》的封面设计简洁，上面署有"教育部教科用书编辑委员会编"和"国定中小学教科书七家联合供应处印行"字样，简洁的封面设计反映了当时抗战的艰苦条件。该书前五册为本国史，第六册为外国史。

图4-7 《初级中学历史》（第二册），教育部教科用书编辑委员会编，国定中小学教科书七家联合供应处印行

《初级中学历史》（修订本，国定初中历史教科书，6册），国立编译馆编，聂家裕编辑，金兆梓、郑鹤声、黎东方等校订，计维新、章高炜绘图，国定中小学教科书七家联合供应处、正中书局、大东书局等印行，1947年修订。

《初级中学历史》在1943年之后至少修订过两次。该书的修订本还有以下几个版本：（1）国定中小学教科书七家联合供应处，1947年12月初版；（2）正中书局，1947年12月初版；（3）中华书局，1948年1月初版；（4）商务印书馆，1948年初版；（5）五联社，1948年3月初版；（6）世界书局，1948年初版；（7）开明书店，1948年初版。

其中本国史部分的"编辑要旨"如下：

一、本书遵照民国二十九年教育部颁布修订初级中学历史课程标准编辑而成，供初级中学本国史教学之用。

二、本书共分五册，每学期授一册，分五学期授毕。

三、本书内容，系遵照总裁训示，以三民主义为中心，特别说明国史上光荣事迹，以激发学生爱国心，并养成坚强的民族意识与自强不息的革命精神。

四、本书取材，根据部颁标准，选集下列有关之资料：

（一）政治方面。关于朝代兴衰、名人伟绩以及现在生活有关之制度等资料。

（二）社会方面。关于社会之进化、文明之发达以及现在生活有关风俗习惯等资料。

（三）经济方面。关于农工商业之演进、国民经济之发展以及国家财政之措施等资料。

（四）文化与学术方面。关于固有文化之一贯性，学术思想对于民族生活及国家缔造之关系，以及中外文化之交换等资料。

五、本书立论大体以传统之历史观念为依据，近代考古学上新发现之资料其足以阐扬先民之文化者亦酌予采用。

六、本书所用年代，盖以本国年代为主，下注公元年代。本书地名，盖以历史地名为主，下注今地名。

七、本书于课文内，加入必要之图表，以便检阅，但不必强令学生记诵。

八、本书于课文须加说明处，均于每课课文后附以简明注释，以便参考。

九、本书另编教学辅导书专供教师教学参考之用。

十、本书每一年或两年修订一次，以期妥善。[1]

---

[1] 国立编译馆，聂家裕. 初级中学历史：第1册[M]. 修订本. 国定中小学教科书七家联合供应处，1947：1-2.

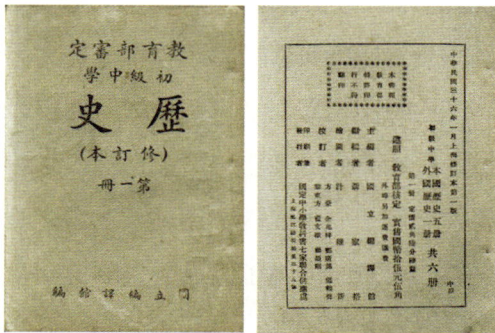

图4—8　《初级中学历史》（修订本，第一册），国立编译馆主编，聂家裕编辑，国定中小学教科书七家联合供应处印刷发行

图4—9　《初级中学历史》（第二次修订本，第一、第四册），国立编译馆编，聂家裕编，金兆梓等校订，正中书局

　　国定教科书的出现结束了清末民初以来教科书发展多样化的相对自由的格局，它的出现主要源于抗战的现实需要，也契合了国民政府在文化教育领域加强思想统一的政治意图。总的来看，国定历史教科书很好地适应了抗战时期的特殊环境，满足了非常时期国家民族对历史教育的需要，既是一次迫不得已的无奈举措，也是面对挑战的一次成功尝试，是教科书历史上具有重要意义和价值的研究标本。概括起来，国定历史教科书体现出以下几个特点：

　　第一，国定历史教科书体现强烈的国家意识形态。国定历史教科书的编写以三民主义为宗旨，国民党的政治思想在教科书中全面渗透，甚至出现生硬的"贴标签"现象，但教科书总体上为中国抗日战争进行了有效宣传[1]。抗战救国成为教科书编写的重要依据。有国才有家，国定教科书的编写人员在历史内容选取和价值取向上，注意培养学生的国家意识和民族团结意识，注意养成学生的民族认同和统一的历史观念，要让学生通过历史教科书感受到一个统一的、强大的中央政府的存在，教科书要体现中央政府的权威和号召力。国定本背后的权力和强制力也展露无遗，统一的编写、统一组织的出版和发行，教科书的编写发行权基本收归国有，历史学和历史教育本身的多样化价值追求退居其次，在民族生死存亡的危难时刻，团结和统一压倒一切，成为历史教育的最强音。

　　第二，历史教科书突出民族主义和爱国精神。国定历史教科书从编写理念到具体的内容选取和表述，都表现出强烈的民族主义和爱国精神。《初级中学历史》之本国史"以民族主义为中心，特别说明国史上光荣事迹，以激发学生爱国心，并养成其坚强的民族意识与自强不息的革命精神；外国史方面，着重世界各个主要民族的演化及其在文化上的特点，并特别说明国际现势之由来，使学

[1] 石鸥. 弦诵之声：百年中国教科书的文化使命[M]. 长沙：湖南教育出版社，2019：213-215.

生对于世界大势有明确的认识"[1]。教科书无可置疑地将"中华民族"作为政治、经济、文化的主体而置于至上价值观考虑。国定教科书的编者迫切地想要学生知道自己民族历代的丰功伟绩和文化遗产，诸如谢安、岳飞、史可法、郑成功等英雄人物形象被高高地树立起来，期待新一代以他们为榜样，告诫学生在国家民族的危难时期，要威武不能屈，将抗争进行到底。民族主义在之前很多历史课本中多多少少都有所体现，而国定历史教科书则是对民族主义作了集中表现，通过国定本，历史教育构成了上承国家意志，下抵中小学教育的民族主义历史教育体系，产生了空前规模的影响，极大地激发了全民族的民族认同和爱国精神。

第三，国定历史教科书表现出成熟的编写经验。战争带来的动乱和艰苦条件使得教科书编写质量都有所下降，早期国定本封面设计简陋，印刷质量也大不如前，但可喜的是，清末民国以来积累的丰富的、成熟的教科书经验被保存下来，历史教科书结构越来越完善，课文中重要的名词和文句，都用显眼的字体标出。国定本具有课前导读系统（包括课前学习问题，课文内容提要等），方便学生提前掌握学习要旨，也有方便学生复习和练习的课后作业系统，以及丰富的历史图表系统。国定本的编者仍然注意满足儿童兴趣和需要，避免学习带来的枯燥呆板，澎湃激昂的感情化作铿锵有力的语言，容易激发学生的爱国热情，此时的历史教科书已经不仅仅是教科书了，它更像是在唤醒，在布道，在进行一种精神的启蒙。虽然国定本是为了应对战争时期的权宜之计，它要求统一编写，统一组织出版和发行，必然相对地忽略了多样性，但它的语言文字仍然具有感染力和历史穿透力。

第四，国定本印制质量差。因为纸张紧缺、印刷条件差，几乎所有国定教科书纸质低劣、印刷水平低，甚至字迹与插图模糊。以致1943年冯玉祥在给陈立夫的信函中特别指出，后方教科书"纸张印刷多不清晰，且易磨损，儿童目力实多伤害"[2]，要求改善。国定本封面设计和印刷均不美观，几乎所有封面均为单一的文字印刷。有些课本开本缩小，有些连编辑说明和版权页信息都省略了。这一问题在抗战结束后才逐渐改观。但这也是抗战艰苦的体现。

第五，国定本版本多样。理论上国定教科书应该版本单一、清晰，但因为战争时期的特殊性，教科书的印制由七家出版机构共同完成，所以尽管内容一致，但外在形式多样，版本复杂，加上使用的时间和区域不同，各教科书经历的编辑修订也不同，同一种课本可能有多种不同外在形式的版本。

国定教科书在内容方面，越往后越乏善可陈，甚至有"控制国民思想"[3]之嫌，但是它在特殊时期的价值不可低估，它对于维系抗战时期的教育体系有着积极的意义，在让战争时期的学生认清现实、增强民族自信心以及抵抗强敌的决心等方面都起到了巨大的作用。

[1] 国立编译馆，聂家裕. 初级中学历史：第2册[M]. 修订本. 上海：商务印书馆，1947：1.

[2] 沈岚. 冯玉祥关于改善小学教科书现状与陈立夫往来函[J]. 民国档案，2002（3）：5.

[3] 教育问题座谈会讨论教科书问题[J]. 申报（影印本第392册），上海：上海书店，1983：669.

### （三）国定教科书的退场

1945年抗战胜利后，同仇敌忾的局势消失了，教科书国定的急迫性没有了。一些有识之士意识到教科书国定完全服从抗战需要，体现统治者意志，缺乏市场竞争力，在内容方面乏善可陈，有人说它"误尽苍生"[1]，有人说它"荒谬绝伦"[2]，还有人说它"控制国民思想"[3]，甚至有"法西斯教育的教科书"[4]之嫌，认为国定教科书已完成了它的政治使命，到了该退出历史舞台的时候了。

1947年3月，第二次"教育问题座谈会"在南京召开，与会专家讨论了教科书问题。最后进行投票表决，22名参会者，主张国定教科书的0人，主张废除国定教科书而重新采用审定制者14人，主张国定教科书和审定教科书同时出版供选择者7人，主张教科书部分国定、部分审定者1人[5]。后宪政促进会研究委员会也提案主张废止国定课本[6]。这场关于国定教科书的存废问题的讨论尽管走上了政治程序，在参议会讨论并通过，后续却没有了消息，可能是国民党因节节败退已经无暇顾及此事了。

与此同时，由于国定教科书的推行，地方与民间书局在教科书编写出版上，出现两种情况：一是整体上教科书建设没有多大作为，没有特别的创新，多数出版机构还在小批量地修正或翻印以前编写的教科书，七家大出版机构更是以国定教科书的出版为主；二是由于战争造成教科书供应不足，以及区域的割裂致使国定本教科书并没有完全覆盖所有地区所有学校，所以仍然有少量新教科书编写面世，它们以国定教科书为蓝本，有着浓厚的抗战服务色彩。

## 二、各地战时历史教科书

抗日战争全面爆发后，战争时期的教育显得异常紧迫。中日之间的战争，是一个落后的农业国与先进的工业国之间的战争。对于中国而言，亟须通过一切手段，特别是读者最多、影响最大的教科书来展现抗战的正义性，激发民众的抗战热情，培养学生的抗战勇气，启蒙人们的抗战意识，坚定抗战必胜的信念。在抗战高于一切的精神指导下，各地迅速行动起来，编写了大量适应抗战需要的教科书，其中不少教科书直接以"战时"命名。"战时教科书"是一种直接服务于抗战的教科书，因为抗战是其起源和目的，它是中国教科书发展史上极富时代特色的最为罕见的教科书类型[7]。"战时教科书"同时出现在国统区和共产党根据地，为伟大而悲壮的抗日战争鼓与呼。

[1] 徐天霞. 所谓"国定本教科书"[J]. 大夏周报，1947（7）.

[2] 邓恭三. 荒谬绝伦的国定本教科书[J]. 时代文摘，1947，1（7）：22-25.

[3] 教育问题座谈会讨论教科书问题[J]. 申报（影印本第392册），上海：上海书店，1983：669.

[4] 史永. 取消掺杂法西斯思想的国定教科书[J]. 民主（上海），1946（29）：731-733.

[5] 同[3].

[6] 宪政促进会研究委员提案主张废止国定课本[J]. 申报（影印本第393册），上海：上海书店，1983：819.

[7] 石鸥，廖巍. 课本也抗战：试论"战时教科书"[J]. 课程·教材·教法，2015，35（9）：3.

### （一）战时历史教科书

1928年，日本在山东制造了骇人听闻的"五三惨案"，恰逢第一次全国教育会议在南京召开，与会代表均认为"外侮日迫，非尚武不足以救国"[1]，均认为学校应实施军事训练，要求高中以上学校成立学生军，初中以下学校严格开展体育及童子军教育。

随着国民党政权的建立和巩固，以蒋介石为首的国民政府也认识到应对战争需要、推行国防教育的重要性。蒋介石强调教育应文武合一，"不仅要使受教育的人懂得文事，并且要使他懂得武艺"，"卸除武装的教育，教出来的学生无论学问怎么高深，只是一种装饰品，甚至是一种浪费，国家失其保卫，学者也只有作他人的奴隶"[2]。1930年3月，国民政府开始正式对高中以上学生实施军事训练。

1931年九一八事变后，随着日本侵华加剧，民族危机日益深重，国民政府加紧实施战时教育、国防教育。1932年，高中以上学校实施暑期集中军训，并规定学校军训为国防教育之一部分。1932年12月，在当时的乡村建设运动的推动下，国民政府内务部召开了全国第二次内政会议，会议决定中央和地方设立国民军事训练委员会，负责全国民团和学校军事教育事务[3]。国民军事教育从此有了法定的管理机构和统一的管理章程，并从此逐步地在部分实验区内推行开来。1934年，蒋介石下令，将军训作为完成学业和升学的必要条件，凡高中以上学生军训不合格者，不得投考大学。

抗战教育维系着中华民族的命运。为使教育能够更好地为抗战服务，各方有识之士更是积极投入研究文化教育。如陶行知创办了《战时教育》杂志，专门研究战时教育性质、形式、内容、方法诸问题。独立出版社出版了《战时教育论》一书，集中反映了国民政府的抗战教育思想主张，论述了过去教育的缺失及当前教育的危机，提倡战时教育。

1938年8月，蒋介石在中央训练团第一期毕业典礼会上的演讲中说：

> 过去我们一般学校只重在教授外国文和理化、数学等功课，对于史地教学，教师与学生都不知注重。虽有这两门科目，或是偏重世界部分的讲授；或是与世界部分相并列；从来没有以本国为中心而讲授世界的史地；也没有特别充实本国历史、地理的教材内容。至于语文、音乐各科中应采用本国史地为中心材料，更为一般教师所不曾注重……忘记了本国的历史，忘记了自己的祖先，忘记祖先所遗传下来的固有的疆土！[4]

教育部部长陈立夫对教育亦作了反思，他在《抗战二年来之教育》中指出："究其最大的错误，则在于不能切合国情与适应需要。订定制度而不能切合国情，教育人才而不能适应需要，情势扞格，则事与愿违，供求脱节，则才失其用。是以抗战建国之大业一朝发轫，百端待举，需才孔殷，

[1] 中国第二历史档案馆. 中华民国史档案资料汇编：第5辑：第1编 教育[A]. 南京：江苏古籍出版社，1994：1239.

[2] 国民党中央宣传部. 蒋委员长言论类编：文化教育言论集[M]. 重庆：正中书局，1941：111-112.

[3] 郑大华. 民国乡村建设运动[M]. 北京：社会科学文献出版社，2000：111.

[4] 同[2]209.

而为事择人，终难其选。"[1]他说，过去的教育已百孔千疮，由于日本帝国主义的入侵，这些弊端才暴露出来，这才知道"师资之亟宜造就，教材之必须充实，训育之有待改进，建教之应事统筹"。[2]

大敌当前，抗战已不再局限于战壕，还有一个思想文化的战场。在这场战争中，教科书就是武器。战时的中国需要战时教科书。"战时教科书"应时势而产生，与和平时期的教科书相比较，战时教科书尤为注重宣传抗战，注重与时代相结合。

当时，关于战时教育的改进涉及以下内容：其一，变更原有学科的教学时数，抽出时间教授战时新教材，诸如军事常识、救护常识、防御常识、消防常识、国际关系、群众指挥法等。其二，加设特殊学科，诸如国民训练、民众教育、中国地理险要、日本侵略史、日本外交史、日本政治大纲、军事化学、生物学与国防、军事工程等。其三，改进每门课程本身的内容，小学要注意激发儿童抗战情绪，培养儿童社会知识，灌输儿童战争常识；中学在国文、地理、历史、美术、劳作等课程都要作适当改进。[3]为了适应战时的需要，各地编写了许多战时教科书。

抗战时期，国民政府对历史教育的重视上升到前所未有的高度，培育民族复兴的历史意识是此时期历史教育的重要目标[4]。当时有些教科书虽然不是专门的历史教科书，为适应战时需要，也加入不少历史内容，是一种相对综合的教科书。比如生活书店的《战时读本》（1937），商务印书馆的《战时常识》（1937）、《社会科战时补充教材》（1938）和《抗敌教材》（1939）等，以及陕西省教育厅审订和发行的《战时国民读本》（1938）等综合教材。同时，各地方与民间书局又编写了不少专门的历史教科书。

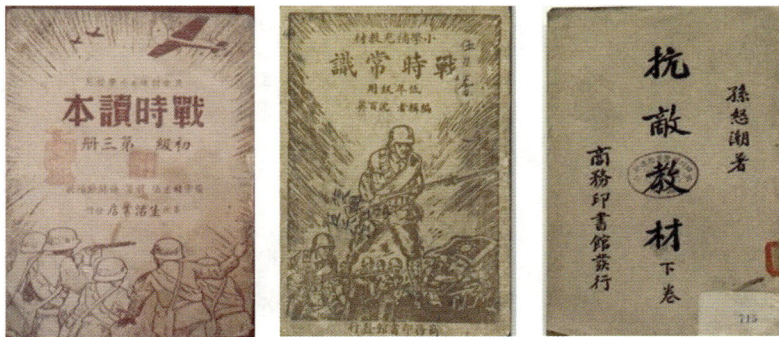

| 4-10 | 4-11 | 4-12 |
| --- | --- | --- |

图4-10　《战时读本》（初级，第三册），张宗麟主编，生活书店
图4-11　《战时常识》（低年级用），沈百英编，商务印书馆
图4-12　《抗敌教材》（下卷），孙怒潮著，商务印书馆

[1] 陈立夫.抗战二年来之教育[M]//秦孝仪.中华民国史料丛编：战时教育方针.台北：国民党中央委员会党史史料编纂委员会，1976：38.
[2] 同[1].
[3] 熊贤君.论战时教育思潮与战时教育的发展[J].民国档案，2007（3）：108.
[4] 郑大华，邓燕."民族复兴"与历史书写：基于抗战时期历史教育视角的考察[J].湖北大学学报（哲学社会科学版），2019，46（2）：95-102.

## （二）山东省政府"战时教科书"

1938年，国民政府山东省教育厅小学教材编审委员会出版了一套战时教科书，包括高级小学"战时历史课本"4册。这套教科书大多数在封面上直接标注醒目的"战时"二字，且有"山东省政府审定""民国二十七年九月初版"字样，版权页署名"山东省小学教材编审委员会编审"，"编审主干芮麟"。

芮麟（1909—1965），字子玉，江苏无锡人。1929年江苏省立教育学院毕业。曾任无锡县教育局社会教育科科长、无锡县立农民教育馆馆长、无锡县立民众教育馆馆长等职，1936年春赴青岛市教育局任中小学课本编审主任。抗战期间，任山东省政府秘书，1938年8月任山东省政府主席行辕教育处长，创办山东战时出版社，主编山东省政府机关刊物《大山东月刊》，兼任山东省立第一联合中学校长。[1]

《战时历史课本》（高级小学校用，共4册），山东省小学教材编审委员会编，编审主干芮麟。山东省政府审定及出版，1938年9月初版。由于这套书出版后允许翻印，发行较广，不少地方都有翻印。

该书就原有历史教科书稍加删节，并增加一部分抗战材料编辑而成，以适应战时之特殊需要。[2]

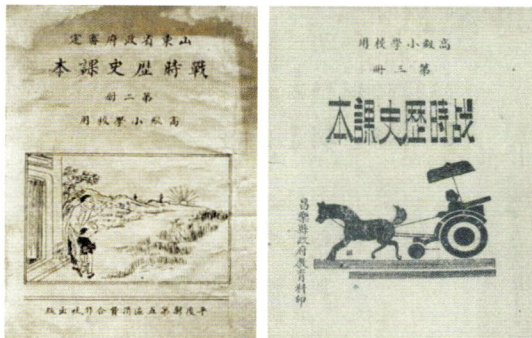

图4-13　《战时历史课本》（高级小学校用，第二册），山东省政府审定，平度县第五区消费合作社出版；《战时历史课本》（高级小学校用，第三册），昌乐县政府教育科印

图4-14　《战时历史课本》（高级小学校用，第一册），山东省政府审定

除了国统区组织编写"战时教科书"外，共产党领导的根据地政府也组织编写出版了大量适应抗战需要的教科书。根据地战时教科书我们将集中在下一节介绍。

---

[1] 关于芮麟及其编纂的这套战时教科书，芮麟的儿子芮少麟给本书提供了有价值的线索与资料。

[2] 山东省小学教材编审委员会.战时历史课本：第2册[M].[出版地不详]：山东省政府，1938：编辑大意.

# 第三节
# 中国共产党领导的革命根据地的历史教科书

1921年7月，中国共产党成立，中国诞生了完全新式的以共产主义为目的、以马列主义为行动指南、统一的工人阶级政党。1924年，国民党一大确立了联俄、联共、扶助农工三大政策，成为第一次国共合作的政治基础。1927年，蒋介石叛变革命，两党合作破裂。1927年8月7日，中共中央召开八七会议。会议确定了实行土地革命和武装反抗国民党反动派的总方针。同年10月，毛泽东率领秋收起义部队到达井冈山，创建了中国第一个农村革命根据地——井冈山革命根据地。1931年11月，中华苏维埃共和国临时中央政府成立，1934年10月，红军主力开始长征，北上抗日。

中国共产党成立以来，如何获得广大人民群众的认可和支持，这是关乎党的前途与命运的大事。此时，具有宣讲、规训、启蒙作用的教科书被推到了历史的潮头。共产党通过教科书把党的政策与农民的切身利益结合起来，利用教科书传播现代文明，唤醒无产阶级的阶级觉悟，建立无产阶级的话语系统，用崭新的政治意识和行为规范指导民众；共产党领导的革命根据地的教科书既充满强烈的政治意识和民族精神，又具有广泛的亲农倾向，是沟通知识精英和农民大众的天然桥梁。不论是抗战时期，还是解放战争时期，根据地小课本所做的大宣传，在中国革命史上写下了浓墨重彩的一笔，为共产党赢得民众、赢得中国做出了重大贡献，为新中国的教育事业打下了良好的基础[1]。

## 一、革命根据地的教育发展与历史教育

1931年中华苏维埃第一次全国代表大会通过的《中华苏维埃共和国宪法大纲》第12条规定："中华苏维埃政权以保证工农劳苦民众有受教育的权利为目的，在进行国内革命战争所能做到的范围内，应开始施行完全免费的普及教育。"[2]

1931年11月，中华苏维埃共和国教育人民委员部成立，亦称"中央教育人民委员部"，是第二

[1] 石鸥. 弦诵之声：百年中国教科书的文化使命[M]. 长沙：湖南教育出版社，2019：233.
[2] 中央教育科学研究所. 老解放区教育资料：1 土地革命战争时期[M]. 北京：教育科学出版社，1981：28.

次国内革命战争时期，中华苏维埃共和国临时中央政府主管教育工作的行政机构。瞿秋白担任部长，徐特立任副部长。下设初等教育局、高等教育局协同管理普通教育，社会教育局、艺术局协同管理社会教育，编审局领导编审教材事宜，巡视委员会计划和领导巡视工作[1]。服务于教育发展的教科书编写正式成为共产党的重要工作。

教科书受众广泛，尤其在信息单一、文明基础薄弱的革命根据地，教科书无疑是最广泛的宣传品，它是有着最大受众群体的文本。任何其他政治读本都不会有这么大的发行量。

教科书最受读者信赖、影响最深远。教科书对大众的影响力可能不如政治类文本来得猛烈，但受千百年科举文化的影响，教科书在民众心中比一般读物更有声望，更有号召力。尤其在偏远地区，教科书是广大民众最容易获得的信息来源（除了教科书，人们很难找到其他开启民智、了解公共信息的途径），是他们最容易接近的教师，是最可靠的智者。在根据地，教科书是知识的源泉。在这一点上，教科书几乎成了边远农村的"元媒介""元智慧"。而且教科书直接指向儿童青少年，是培养人、塑造人的最直接的手段。所以它的影响来得更持久、更深远、更广泛。

教科书作为国家意志、民族文化的集中体现，是传播和普及特定意识形态的重要工具，具有动员大众的功能。正因为教科书这种文本的独特性质，共产党一直没有放松过对教科书的监管与利用，表现出对教科书的高度关注与重视。特别是从1927年党在井冈山初创革命根据地开始，不论是在抗战时期，还是解放战争时期，教科书都是共产党重要的宣传工具和斗争武器[2]。

### （一）革命根据地教育与教材的发展

苏维埃政府成立后，提出了开办列宁小学、平民小学等红色小学的要求。规定6岁以上的儿童均可入学，一般不缴学费。1934年2月，中央苏区政府颁布《中华苏维埃共和国小学校制度暂行条例》，规定小学修业年限以5年为标准，分前后两期。前期3年，后期2年。前3年的科目为国语、算术、游戏（唱歌、运动、手工、图画），后2年增加开设科学和政治两科目[3]。

小学制度的实施和课程的设置，必然要求相应的教科书供应。但革命根据地明令禁止使用基督教的书籍、国民党文化书籍和"四书""五经"等作为学校教科书，因此，根据地政府号召各地结合革命斗争、生产生活实际，就地取材，自行编写。在苏区时，毛泽东就特别关注教材编写工作。1928年5月下旬的一天，当赵锦元、丁钰拿着编写出来的教材请毛泽东审阅时，毛泽东尽管军务繁忙，但仍未推托，立即看了起来，并边看边修改，将"土地分到家，有穿又有吃（当地口音念qia），穷人喜洋洋，工农坐天下"一段，改为"土地回老家，合理又合法，豪绅要打倒，工农坐天下"[4]。

[1] 顾明远.教育大辞典：8[M].上海：上海教育出版社，1991：327.

[2] 石鸥，张文.根据地教科书的精神遗产及其现代价值[J].课程·教材·教法，2017（2）：25.

[3] 中央教育科学研究所.老解放区教育资料：1 土地革命战争时期[M].北京：教育科学出版社，1981：308-319.

[4] 肖云岭，陈钢.井冈山革命根据地文化建设史[M].南昌：江西人民出版社，2007.138.

正是通过共产党人的努力，在纷繁复杂的局势变化及艰难困苦的岁月中，一批批教科书，如《红孩儿读本》《共产儿童读本》《初级新课本》《战时新课本》《国语课本》《算术课本》《历史课本》《地理课本》《政治常识》《国防教育课本》《中等国文》……不断推出，不论是抗战时期，还是解放战争时期，根据地教科书在共产党的高度重视下逐步发展起来[1]。

### 1. 革命根据地教科书的初创时期（1930—1936）

据记载，在中央苏区早期各地区自己编写的教科书中，1930年5月，湘鄂赣边界工农兵暴动委员会编辑出版的《红孩儿读本》是"现存最早的一种红色初级小学校的儿童读本"[2]。当时，一些较大地区的苏维埃政府成立了教科书编审委员会，负责编印及翻印本地需要的教科书。1930年9月，赣南瑞金县苏维埃政府文化建设委员会举行第一次会议，制定了《瑞金县苏维埃政府目前文化工作总计划》，文件中就有关于编审小学教材的安排，"催促编审委员会于最短时间将闽西、赣西南文委会编印的高级、初级教材翻印过来"。1930年11月，闽西苏维埃政府文化部教材编审委员会重新确定了教材编审委员，分配了各种课本的编写人员，要求在当年年底以前完成小学各科教材的编写工作[3]。

1933年5月，中华苏维埃共和国教育人民委员部组织人力编写了根据地第一套统编教科书——《共产儿童读本》（6册）。1934年4月少先队中央总队部总队长张爱萍、党代表周恩来签署发布第3号命令，批准发行总训练部编写的《少先队读本》（3册），供少先队、儿童团与列宁小学学生作基本教材[4]。

这一时期，革命根据地教科书比较少，教科书建设还处于草创阶段。小学教科书多以综合编写的"读本"命名，文字浅显，主要对象是根据地农民子弟，以最初级的识字为主要任务，同时关注到宣传共产党的一些思想理念。

### 2. 抗战时期革命根据地教科书的发展（1937—1945）

1936年底，党中央促成西安事变和平解决，推动国共团结抗日。此后，中国共产党领导的八路军、新四军、华南人民抗日游击队和其他抗日军队，建立了陕甘宁、晋绥、晋察冀、冀热辽、晋冀豫、冀鲁豫、山东等敌后抗日根据地。

为适应抗战的需要，根据地教育不断发展，教科书建设走上了相对稳定的发展阶段。

1938年8月，陕甘宁边区政府教育厅颁布《陕甘宁边区小学法》，规定"边区小学的修业期限为5年，前3年为初级小学，后2年为高级小学，合称完全小学，初级小学得单独设立。小学课程由边区教育厅规定，小学教材须一律采用教育厅编辑或审定的课本及补充读物"[5]。所谓"教育厅编辑

[1] 石鸥. 弦诵之声：百年中国教科书的文化使命[M]. 长沙：湖南教育出版社，2019：234.

[2] 皇甫束玉，宋荐戈，龚守静. 中国革命根据地教育纪事[M]. 北京：教育科学出版社，1989：28.

[3] 同[2]33.

[4] 同[2]96.

[5] 同[2]140.

或审定的课本"，主要是陕甘宁边区政府教育厅编审科于1938年2月陆续出版发行的第一套系统的小学课本，包括初小国语6册、初小算术6册、初小政治常识1册、高小历史2册等[1]。1941年陕甘宁边区政府教育厅对这套1938年出版的小学课本进行了修订改编。改编人员主要有董纯才、辛安亭、温济泽等，改编的教科书于1942年陆续出版[2]。

由辛安亭、董纯才等负责组织编纂修订的小学课本在陕甘宁边区和其他根据地受到普遍的欢迎，成为根据地最有影响的教科书，相继被晋西北、晋察冀、山东等根据地翻印。辛安亭在回忆这套课本时写道，"这套课本1942年出版后，确也如编者所料，曾博得不少小学教师和关心教育的同志们的赞扬，认为是在新教育方针指导下编出的一套完整教材"[3]。晋察冀、晋冀鲁豫等根据地也编写出了一批影响较大的教科书。

抗日根据地的中等学校实际上以培养干部为主，中学数量很少。当时对中学课程设置的定位是"抗日民主的、统一战线的、科学的、现实的、普通的基本知识"[4]。中学教科书主要服务于培养革命干部。1945年1月，盐阜行署文教处组织力量编写出国文、数学、自然科学常识、社会发展史、根据地建设等教材[5]。1945年10月，渤海行署决定各专区设立中学，课程定为必修课和选修课两种，必修课为政治思想教育课，教材以《新民主主义论》《论联合政府》《论解放区战场》和《中国史话》为主[6]。1945年12月，苏皖边区政府教育厅成立中小学教材编审室，杭苇担任编审室主任，经过半年时间编出了中学国文、数学、历史等课本。[7]除了教育部门组织编写的教科书以外，一些中学自己也组织编写教科书，如延安中学、太岳中学等。

抗日战争时期，实行国防教育，国防教科书应运而生。1938年5月，中共胶东特委成立国防教育委员会，编写了"国防课本"系列。1941年3月，国防教育委员会改称国防教材编辑委员会，专门编写国防教科书[8]。

### 3. 解放战争时期革命根据地教科书的逐步正规化（1946—1949）

抗日战争胜利后，中国共产党领导的人民武装在原有的根据地的基础上，又从日寇手里收复了大片国土，建立起华北、山东、东北、西北、华东等解放区。中小学教育开始朝着大规模、正规化发展，教科书建设也朝着正规化方向发展。

1946年，晋冀鲁豫边区政府教育厅组织编写了一套小学教材，包括初小的国语常识合编，高小

[1] 皇甫束玉，宋荐戈，龚守静.中国革命根据地教育纪事[M].北京：教育科学出版社，1989：135，156.
[2] 同[1]213.
[3] 辛安亭.辛安亭教育文选[M].长沙：湖南教育出版社，1985：131.
[4] 同[1]200.
[5] 同[1]282.
[6] 同[1]300.
[7] 同[1]304.
[8] 石鸥，宿丽萍.课本也抗战：《国防教科书》之研究[J].河北师范大学学报（教科版），2015（5）：21.

的算术、历史课本等。1946年9月，东北行政委员会第五次会议决定成立教材编审委员会，任命董纯才为主任委员。在一年多的时间里，共编写出小学教材14种14册，发行532余万册；编写出中学教材9种9册[1]。1949年春季，东北地区发行了小学教科书770余万册，华北地区发行了500余万册，平津地区发行了58万册，华东地区发行了500万册左右，西北地区发行了8万余册[2]。

1949年4月，华北人民政府教育部成立教科书编审委员会，任命叶圣陶为主任委员，周建人、胡绳为副主任委员，根据人民政府的方针政策着手审订老解放区的课本和国民党统治区的旧课本，修订了一套中小学教科书，初级小学有国语、算术，高级小学有国语、历史等，初级中学有国文、中国近代史、外国历史、世界地理，高级中学有中国历史、政治经济学等。这套教科书的发行覆盖了1949年秋季全国大部分地方的中小学校[3]。

### （二）革命根据地的历史教育

革命根据地历史教科书的选材主题涉及面很广，除了介绍一般意义上的中国历史之外，尤其突出叙述中华民族不屈不挠的自强精神，以及日本对中国的侵略和共产党抗日的决心等，同时，注重传播党的历史。

中国共产党从中央苏区时期即开始探索新民主主义革命下的历史教育。这个探索过程大致包括三个阶段：1927—1937年土地革命时期，1937—1945年抗日战争时期，1946—1949年解放战争时期。"在这四分之一世纪的时间里，中国共产党人成功地创建了独具特色的历史教育体系。"[4]

中央苏区时期，苏区一切工作要"为革命战争与阶级斗争服务"，历史教育以革命历史为主要内容，主要在红军教育、干部培养中起到重要作用。当时各苏区学校课程开设的情况不统一。例如，湘赣省苏维埃政府规定：列宁小学初小阶段设国语、算术、自然常识、手工、图画、唱歌、游戏、劳作实习、社会活动等科，高小阶段增加地理、历史、卫生、政治等科[5]。1934年2月，中央苏区政府颁布《中华苏维埃共和国小学校制度暂行条例》，4月颁布《小学课程教则大纲》，各地学校的课程设置便开始按中央的统一规定执行。这是根据地第一次对学校课程作出统一规定。在上述《中华苏维埃共和国小学校制度暂行条例》中规定："国语的课目中要包含乡土地理、革命历史、自然和政治等。"[6]学校和各教育系统的兴办对教材产生了大量需求，类似《共产儿童读本》《红孩儿读本》这些早期的综合性质的教科书出现了，它们包含有历史教育内容。虽然还没有专门的中小学历史教材，但也有了像《社会发展简史》这样的干部历史教育教材。

[1] 皇甫束玉，宋荐戈，龚守静.中国革命根据地教育纪事[M].北京：教育科学出版社，1989：332.

[2] 同[1]117-118.

[3] 石鸥.弦诵之声：百年中国教科书的文化使命[M].长沙：湖南教育出版社，2019：241.

[4] 葛伟星.中国革命根据地的历史教育初探[J].辽宁教育学院学报，1992（4）：100.

[5] 董纯才.中国革命根据地教育史：第1卷[M].北京：教育科学出版社，1991：258

[6] 中央教育科学研究所.老解放区教育资料：1 土地革命战争时期[M].北京：教育科学出版社，1981：310.

抗日战争时期，革命根据地结合抗战的新形势，发展根据地教育。为了动员军民抗战，传播抗战知识，"不做亡国奴"，根据地的教育主要为抗战服务、为革命宣传服务，主要体现在"国防教育"上。1938年9月至11月，中共扩大的六届六中全会召开，决议"实行国防教育，使教育为民族自卫战争服务"[1]。"国难教育""国防教育"成为这一时期的教育主题。国防教育需要有适合抗战的课程设置，历史教育对于提高民族自觉、培育民族精神和爱国精神具有重要意义。1942年，《陕甘宁边区暂行中学规程草案》规定，初级中学设置11门课程，历史课程共开设3学年，每周2课时；高级中学设置13门课程，历史课程每学年均设置，第一学年每周2课时，第二学年每周3课时。1944年5月，中共中央西北局宣传部、陕甘宁边区政府又公布了中等学校新课程，规定课程设置有边区建设、政治常识、国文、数学、史地、自然、生产知识、医药知识等8门。历史和地理统称史地课，在一、二年级设置，其周学时仅次于国文（每周5课时），边区建设和数学（每周均为4课时）[2]。"第一学期教鸦片战争以前的中国史，第二学期教近百年中国史，特重五四以后的现代史。"[3]可见，近代史教育在根据地的历史教育中是重中之重，根据地的教育者们希望借中国近代蒙受屈辱而又奋发自强的历史教育下一代，在下一代中埋下民族自觉的种子，激发民族精神命脉的教育功能。

根据地历史教育为革命抗战服务，同时也培养学生的历史唯物主义观念，尤其是在延安整风运动之后，唯物史观的教育注意密切联系中国具体实际问题，"使学生能够'用马克思列宁主义的精神和方法去分析中国历史与当前的具体问题，去总结中国革命的经验，使学生养成这种应用的习惯，以便在他出校之后，善于用马克思主义的精神和方法去分析问题与指导实践'。因此，除了教授马克思列宁主义的理论之外，又要教授中国历史与中国情况，党的历史与党的政策，使学生既学得理论，又学得实际，并把二者联系起来"[4]。这也构成根据地历史教育服务现实需要的重要因素。

解放战争时期，各解放区的教育发展基本上是原有抗日根据地教育的延续，但由于客观形势的有利，党在政策方针上的统一，解放区教育事业发展所取得的成就，比根据地任何时期都更加突出。整个解放区的教育工作，总的来说，就是在党的领导下，密切结合实际、联系群众，为解放战争服务、为边区工农兵的生产生活服务。

总体上看，迫于战争的动乱形势以及为服务战争的需要，各根据地学校一般都是根据实际情况，采用灵活的教育方式。一方面总的目标、课程是一致的，另一方面，各地可以根据具体情况机动变化。因此，随着根据地情况的变化，在执行过程中有不少的变化。在太行区担任教育科科长的

[1] 中共中央扩大的六中全会政治决议案[Z]. 1938-11-6.

[2] 陈辉. 革命根据地学校历史课程设置与改革述论[J]. 四川师范大学学报（社会科学版），1998（3）：86.

[3] 江山野. 世界中学课程设置博览[M]. 长春：吉林教育出版社，1989：177.

[4] 教育上革命[N]. 解放日报，1942-01-13.

郝晋瑞回忆：

为了适应抗战形势，当时的抗日高小，采取分散办学的形式。辽县（今左权县）在七七事变前，全县只有县办高级小学一所，设在县城。敌人占领平辽公路和县城后，抗日政府将其分散办成三个高小，改名为民族革命一、二、三高小，迁移到大村（镇），课程设有国语、算术（包括珠算）、常识（包括政治、历史、地理）、体育（包括军训、持枪、投弹、射击等）、音乐（主要识简谱，唱抗日歌曲）。……学生轮流站岗放哨，早晨跑步，爬山头，在住地开荒种菜，纺线，进行生产自给，接受劳动教育，一面读书、一面劳动。在残酷的反"扫荡"斗争中随着敌情的变化，学校经常转移。……学生在抗日高小学习两年后毕业。一批一批抗日高小毕业生，有的升入太行中学深造，有的参加八路军或县区游击基干队，有的做地方工作，成为抗日的骨干力量。对这类学校，也有人叫"干部学校"。抗日根据地的初级小学，为了适应山区分散的特点，当时有以下几种办学形式：政府在比较大些的村（镇）……设立中心校，配备中心校长。周围的小学校以它为中心，成立中心学区，中心校除搞好本校的教学，在业务上开展教学研究外，还起到了示范指导作用[1]。

## 二、革命根据地的历史教科书

迫于当时的战乱形势，根据地教科书整体质量欠佳。比如教科书的外在质量差，纸质差、装帧设计差、印刷差；再比如教科书的系统性弱，覆盖学科不全，一套书编写出版时间拉得很长，有的学科教科书前一册早就出版了，但后一册拖很久还没有出版。另外，各根据地由于战争影响及当地条件不同，教科书的编写和使用情况也大不相同：有的根据地教科书编写出版做得相对规范，有的则差很多；有的根据地有相对正式的教科书，有的连教科书都没有，这些根据地有条件的就翻印其他根据地教科书，没有条件的则就地取材，"当时都是以救国抗日思想教育和识字为主，没有毕业班，也没有规章制度。在战争环境里也没有教材，四三年以后有边区的暂编教材，也不多，主要是老师写，学生抄"[2]。一些抗日小学以抗日传单、《解放日报》为教材，并自编开设语文、算术、唱歌等课程[3]。

### （一）几大抗日根据地的历史教科书

当时共产党的几个主要根据地，如陕甘宁、晋察冀、晋冀鲁豫、山东等地域广阔，战况也相对比较稳定，都产生了比较有影响力的教科书。1938年初，陕甘宁根据地出版了第一套教科书。1941—1942年，相关部门又对这套教科书进行了改编，使之成为根据地最有影响力的教科书之

[1] 郝晋瑞. 抗日根据地的小学教育[J]. 山西教育科研通讯，1982（4）：34.
[2] 河北省晋察冀边区教育史编委会. 晋察冀边区教育资料选编：续集[M]. 北京：北京师范大学出版社，1991：631.
[3] 平谷县志编纂委员会. 平谷县志[M]. 北京：北京出版社，2001：486.

一[1]，曾被晋西北根据地等局部地区翻印或模仿改编[2]。晋察冀也自主编纂了教科书，所编教科书也广为流传，被根据地辖区内不同地方略加改动模仿出版，如冀东、冀中都出版过改编本[3]。我们熟悉的《狼牙山五壮士》的英雄事迹，就出现在这套教科书中[4]，晋冀鲁豫也自主编纂了一套"战时新课本"，教科书中有《朱德的扁担》一课[5]。至于山东根据地，在编纂国防教科书上更是独具特色。

### 1. 陕甘宁边区的历史教科书

1938年2月，陕甘宁边区教育厅编审科陆续出版发行了第一套小学课本，包括高小历史2册[6]。1941年2月，陕甘宁边区教育厅组织对1938年的这套小学教科书进行了全面改编，并于1942年陆续出版，改编者主要有董纯才、辛安亭、温济泽等。1944年，陕甘宁边区政府教育厅国民教育科再次组织人力，修改了这套小学课本，使之成为根据地最有影响力的教科书，各地大量翻印使用。如1942年，晋西北行署就拨出专款，翻印了不少陕甘宁边区编的课本，"以解决小学教材的困难"[7]。陕甘宁教科书在1944年前的版本主要由华北书店出版，1944年修改后则主要由新华书店出版发行[8]。

在当时特殊的环境下，根据地诞生了很多综合编写的课本，比如国语和常识合编的教科书等，陕甘宁根据地还编写了历史和地理的合编教科书——《高小史地》。

《高小史地》（4册），张思俊编，陕甘宁边区教育厅审定，1946年4月初版。该书是历史和地理综合编排的课本，供高级小学使用，封面描绘了农民在认真读书的画面，红白底。

张思俊（1908—2002），原名张念生，四川南充人。1928年加入中国共产党。受中共顺庆特区委派往南部县加强党务领导，先后在南部、成都任教。抗日战争爆发后，组织成立南充国防教育委员会。1940年至1949年在延安担任陕甘宁边区大众读物社通讯科科长、边区延安教育厅教材编审、中共西北局宣传部《群众日报》编辑等职。1950年至1954年任西北军政委员会出版局编审处处长、西北人民出版社社长兼总编辑。1954年调入地图出版社。

作者在"编者说明"中介绍道：

（二）中国历史的叙述，是从古至今，以大事为中心，尽量采用故事性。教学目的，在使学生了解中华民族的来由及光荣的史迹，使学生学习模范历史人物的精神，接受革命的历史教

[1] 辛安亭. 辛安亭教育文选[M]. 长沙：湖南教育出版社，1985：131.

[2] 刘淑珍. 晋西北抗日根据地教育简史[M]. 成都：四川教育出版社，2000：52.

[3] 张腾霄，张岱. 初小国语课本：第5册[M]. 安平：冀中行署教育科，1945.

[4] 刘松涛，黄雁星，项若愚. 国语课本：高级小学第3册[M]. 灵寿：晋察冀新华书店，1948.

[5] 皇甫束玉. 初级新课本：第7册[M]. 涉县：太行群众书店，1946.

[6] 皇甫束玉，宋荐戈，龚守静. 中国革命根据地教育纪事[M]. 北京：教育科学出版社，1989：135.

[7] 刘淑珍. 晋西北抗日根据地教育简史[M]. 成都：四川教育出版社，2000：52.

[8] 石鸥，吴小鸥. 中国近现代教科书史：上册[M]. 长沙：湖南教育出版社，2012：537.

训，以养成学生爱护民族的观念和高尚的品德与革命的人生观。外国历史，只叙述近代史的几个重大事件，使学生对近代世界历史发展的情形及前途，有一个概括的了解。

……………

（六）为便利学生对课文的复习和启发学生思想，在每课后面，提出几个问题。但这些问题，只可作一个参考。在教学时，教员、学生，可以根据课文内容，自由提出问题问答。[1]

……………

4-15

图4-15《高小史地》（第二、第四册），张思俊编，陕甘宁边区教育厅审定，第二册由新华书店发行，第四册由西北新华书店发行

《高小史地》（4册），肖云编，陕甘宁边区教育厅审定，新华书店发行，1946年初版。

张版《高小史地》和肖版《高小史地》是什么关系，还不是很清楚。但张版第四册的内容与肖版第四册的内容完全一致。

张版《高小史地》内容也与一本《史地课本》的内容基本一致，后者也是由陕甘宁边区教育厅审定，封面描绘的是战斗冲锋的画面，与张版《高小史地》彩色的读书的主题不同，从封面设计看，后者很有可能是在抗战时期出版的。该版本分为新华书店和大众书店两种发行渠道。

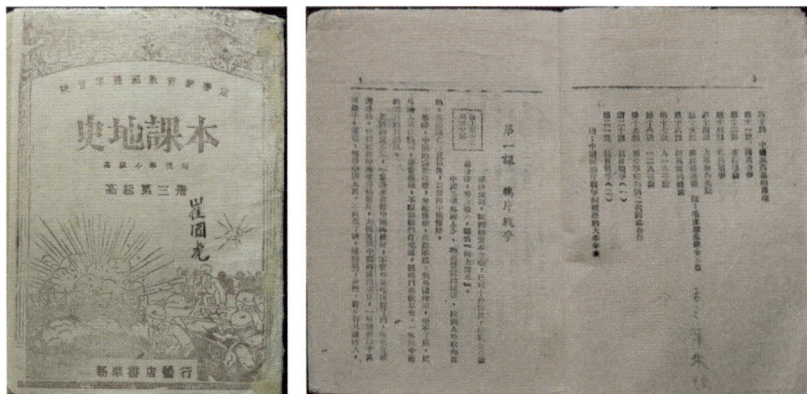

4-16

图4-16 《史地课本》（高级小学校用，高级第三册），陕甘宁边区教育厅审定，新华书店发行

另外，张版《高小史地》也曾由西北军政委员会教育部审定、新华书店西北总分店出版发行（1946年4月初版）。一本教科书被翻印在当时是很正常的，奇怪的是该教科书在翻印之前为何还要被其他部门再次审定，这就不得而知了。

---

[1] 张思俊. 高小史地：第4册[M]. [出版地不详]: 新华书店，1949: 编者说明.

图4-17 《高小史地》（第四册），张思俊编，西北军政委员会教育部审定，新华书店西北总分店发行

《中国历史课本》（初级中学第一学年暂用），叶蠖生编，新华书店延安分店发行，1946年初版。

叶蠖生（1904—1990），原名叶季龙，江苏沭阳县人。早年就读于中央大学，后留学日本。1932年10月在上海加入中国共产党。抗日战争爆发后奔赴延安。从1937年到1947年，先后在延安新华社、马列学院、中央党校和中央宣传部工作。中华人民共和国成立后调往北京，先后在教科书编审委员会、出版总署等工作，并兼任北京大学教授。

此书最早在陕甘宁边区出版使用，是革命根据地以及后来的解放区使用最为广泛的中学历史教科书之一，出现过大量版本或翻印本。据不完全统计，《中国历史课本》有华北版、苏南版、上海版、中原版、冀南版、太岳版、北平版、华中版等，每个版本又多次重印。

本书采用章节体编写体例，分为绪论和四编五部分：

绪论 人类的由来与中华民族的由来

第一编 从原始公社到集权封建制的民族国家

自夏至秦的统一（前两千年至前二百年）

第二编 秦末农民起义所造成的封建帝国及其崩溃后的大分裂

自汉至隋的八百年（前二百年至纪元六百年）

第三编 隋末农民起义后对封建经济的复兴及其在民族侵略下的衰退

自唐至元的七百五十年（七世纪初至十四世纪末）

第四编 明清——专制主义与民族压迫下的封建经济的停滞

（十四世纪末至十九世纪初）

该书多数版本最后附有世界大事年表和中国王朝兴衰表。

作者在"编辑大意"中具体阐述了该书的编写理念、内容和方法：

（一）为适应解放区一般的中学程度，本书取用史料，尽可能选择某一阶段政治经济发展的主要突出事件，普通史料尽量从略，希望画出一个历史发展的概括轮廓，给予中学生易于接受的印象。

…………

（五）每课为适合一个小时教授之用，一般不超过一千二百字，上部开始更简短些，以后有时较长，但也不超出一千六百字。其必需的补充则为附注，附于课后，也仅为学生自修之助，不是作为教材的补充，故仍极简略。

（六）为要求中外历史发展关联上时间概念的明确，除在课文内使其有机地对比外，更附一世界大事年表，以供教的同志参考。

…………

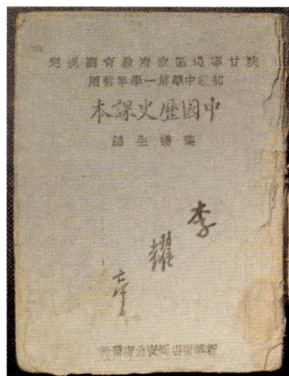

图4—18　《中国历史课本》（初级中学第一学年暂用），叶蠖生编，陕甘宁边区政府教育厅审定，新华书店延安分店发行

 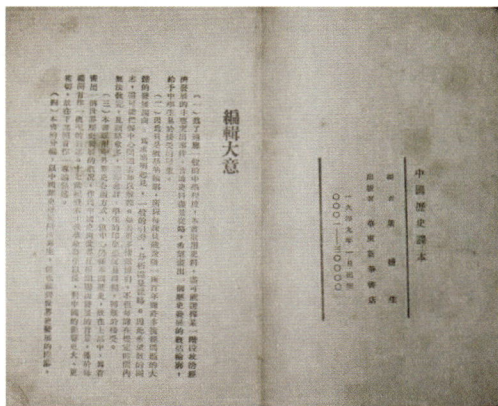

图4—19　《中国历史课本》（初级中学第一学年暂用），叶蠖生编，华东新华书店

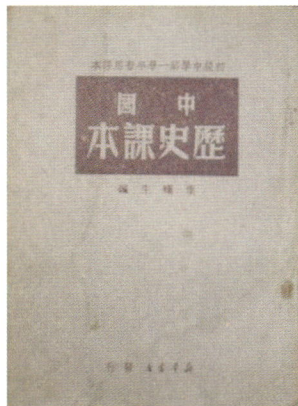

图4—20　《中国历史课本》（初级中学第一学年暂用），叶蠖生编，新华书店发行

### 2. 晋察冀边区的历史教科书

晋察冀边委会曾规定了小学设置的课程及各课程在总课程中所占的比例，高级小学中国语占25%，政治常识占15%，社会（史地）占10%，军事占10%，等等[1]。史地内容包含在社会科中，但教科书往往是单独编写的。高小的历史、政治常识主要讲授社会发展简史、新民主主义简明教程、反法西斯统一战线等[2]。

据统计，1939年冬开始，晋察冀边区行政委员会教育处组织编辑了"抗战时期"教科书一套，1940年后，边区政府为加强抗战教育，又重新修订了该套书的部分教科书。初版编写者为边区教育研究会和华北联合大学教育研究室，出版与印刷机构主要是边区点滴社；重修版则由边区教育出版社出版。

晋察冀边区在解放战争时期，分别于1945年底和1948年初对原有小学课本进行了全面改编，由边区行政委员会教育处审定，主要由新华书店（及晋察冀分店）出版发行。只是到1948年晋察冀边区合并组成华北人民政府，以晋察冀边区名义出版的课本没有再出现，代之以华北人民政府教育部编辑出版。

《历史课本》（高小用，4册），晋察冀边区行政委员会教育处编，晋察冀边区行政委员会审定，1945年初版。该书出现过很多种版本或翻印本。虽印刷风格及条件不一样，但内容基本一致，有的属于专业印刷，有的则是条件较差的油印，大部分版本在版权页注明"欢迎翻印"。从该书第一册版权页可知该书的实际编者为张腾霄和高珍。

张腾霄（1915—2017），河南洛阳人。1938年加入中国共产党，同年入陕北公学学习和工作。曾任华北联合大学小学教材编写组组长、晋察冀边区雁北专区督学、中共中央宣传部教育研究室研究员。中华人民共和国成立后，历任中国人民大学研究部副部长、教务部副部长、哲学系主任、党委书记兼副校长，是北京市哲学学会第一届副会长，中国高等教育学会第一届常务理事，第六届全国人大代表。

第二册目次如下：

一、隋炀帝

二、唐太宗

三、唐的内乱外祸及农民起义

四、五代十国的混战

五、赵匡胤的集权和对辽战争

六、王安石的变法

七、金兵南侵与岳飞抗战

[1] 王谦主.晋察冀边区教育资料选编：教育方针政策分册：上[M].石家庄：河北教育出版社，1990：133.

[2] 潘万静.抗战时期晋察冀边区小学教育研究[D].北京：首都师范大学，2008：28.

八、蒙古人的大帝国

九、元代的种族压迫

……

十八、唐宋以来的妇女地位

附录：本册大事年表[1]

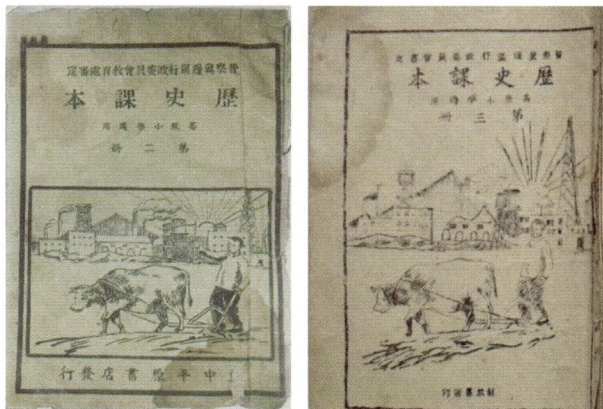

图4-21 《历史课本》（高级小学适用），第二册由晋察冀边区行政委员会教育处审定，冀中平原书店发行；第三册由晋察冀边区行政委员会审定，解放书店印

### 3. 晋冀鲁豫边区的历史教科书

晋冀鲁豫边区是中国共产党领导的抗击日本侵略者的重要根据地之一。1948年5月，晋察冀解放区和晋冀鲁豫解放区合并为华北解放区，9月，华北人民政府成立。

晋冀鲁豫边区实行四二学制，即初小4年，高小2年。课程设置方面，初小为国语、算术、体育、音乐、图画；高小为国语、算术、历史、地理、时事、自然、音乐、体育、图画。课本内容突出"民族的、大众的、科学的，反对封建迷信和奴化教育"的指导思想。在历史和地理课中，主要讲授民族英雄、祖国的大好河山及本省和本县的地理环境。1943—1944年，晋冀鲁豫边区教育厅编审委员会审定并出版了一套"战时新课本"，包括高级历史课本（4册）。抗战胜利后的1946年，晋冀鲁豫边区政府教育厅着手编写小学新教科书，包括高小的历史、地理、自然课本各一套[2]。晋冀鲁豫边区教科书的出版与印刷机构主要有华北书店、太岳新华书店等。截至1944年，华北书店出版春季小学教科书8科，包括《历史课本》2种、《地理课本》2种、《自然课本》2种、《公民课本》2种[3]。但因为形势恶劣，战争之迫，允许各地翻印，所以印刷者众多。

《历史课本》（高级小学适用，4册），谢丰编，晋冀鲁豫边区教育厅审定。有多个版本。

谢丰（1910—不详），贵州遵义人。1932年加入中国共产党，任北平左翼戏剧家联盟书记、中共北平西城区委宣传部部长。1937年，赴太行山抗日根据地，任太行文化教育出版社出版科科长，太行抗战学院历史、政治教员等职。1947年，先后任中共江汉区委宣传部宣传科科长、办公室主

[1] 晋察冀边区行政委员会教育处. 历史课本：第2册[M]. 冀晋第二专署印刷所翻印，[出版时间不详]：目次.
[2] 皇甫束玉，宋荐戈，龚守静. 中国革命根据地教育纪事[M]. 北京：教育科学出版社，1989：337.
[3] 温济泽. 高级自然课本：第1册[M]. 延安：华北书店，1944：版权页.

任兼江汉行署教育处处长。中华人民共和国成立后，任湖北日报社社长、中共湖北省委办公厅副主任、副秘书长等职。

图4—22 《历史课本》（高级第三册），谢丰编，晋冀鲁豫边区教育厅审定，太岳新华书店发行

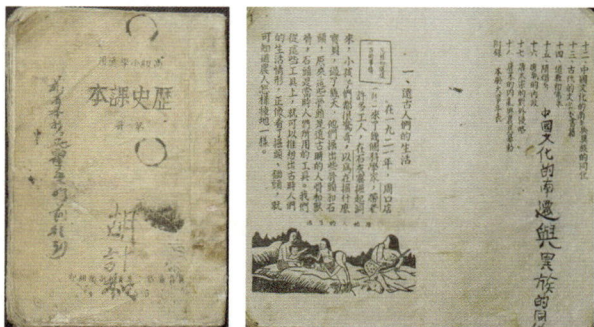

图4—23 《历史课本》（高级小学适用，第一册），晋冀边区第二专属印刷厂

《高小历史课本》（4册），彭文编写，晋冀鲁豫边区政府教育厅审定。有多种版本。

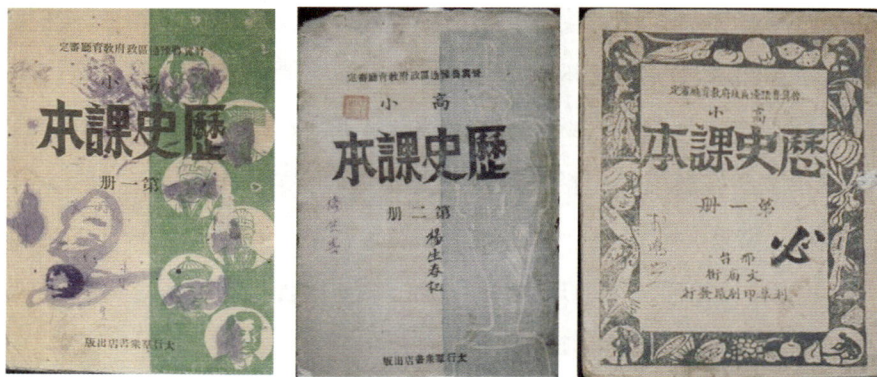

图4—24 《高小历史课本》（第一、第二册），彭文编，晋冀鲁豫边区政府教育厅审定

　　除了几大根据地的教科书建设初具规模外，当时其他一些小一点的根据地也积极发展教育，组织编写新形势下急需的教科书，为根据地的抗战和生产、宣传共产党的先进性、广泛发动民众做出了重要贡献。比如晋绥边区，其较早的教科书是在对其他根据地教科书的修订基础上出版的。晋绥边区的教科书早期由晋西北行政公署教育处印行，后来由晋绥边区行政公署民教处审定。比较多见的晋绥教科书有两套，其中一套小学课本于1945—1946年出版，另一套出版于1948年[1]。

---

[1] 石鸥，吴小鸥. 中国近现代教科书史：上册[M]. 长沙：湖南教育出版社，2012：559-560.

《历史课本》（高小用，上下册），晋绥边区行政公署民教处审定，晋绥新华书店1946年7月初版。

本书分为上下两册，根据"编者说明"，本书是据陕甘宁边区的历史课本稍加补充修改而成。"原课本第二、三册是讲中国历史，我们把它抽出来单列为历史课，分印为上下两册，供小学校高级生两学年之用。"[1]版权页还特别注明"欢迎翻印"。

图4-25　《历史课本》（小学校高级用，上册、下册），晋绥边区行政公署民教处审定，晋绥边区新华书店发行

### 4. 山东根据地的历史教科书

山东抗日根据地为抗战时期中国共产党在华北地区的四大根据地之一。1936年5月，中共山东省委成立；1938年5月，中共山东省委扩大为苏鲁豫皖边区省委；1938年12月，苏鲁豫皖边区省委又改为中共中央山东分局。1939年8月，中共中央成立山东军政委员会[2]。1940年7月，成立山东省临时参议会，参议会选举成立了山东省战时工作推行委员会（简称"战工会"）。

1940年山东省战时工作推行委员会决定设政治、军事、教育、财政经济、民众动员5个组办公，从此建立起省级教育行政机构。同年12月，成立山东省文化教育委员会，下设设计组和编审组。编审组负责编审各类学校教学大纲和教材，陆续编辑出版了小学课本和农民识字课本，为革新教育内容、实施新民主主义教育提供了重要条件。1945年8月，山东省政府成立后设教育厅，下设干部教育科、学校教育科、群众教育科、编审室、督学室和山东教育社[3]。1947年3月，山东省政府教育厅成立中学教材编审委员会，下设国文、数学、生物、地理、历史、政治6个编写组[4]，负责编写教科书。

山东根据地的教科书建设在全国应该是走在前列的，不论是抗战时期，还是解放战争时期。而其中又以胶东根据地的教科书建设尤为突出。

1937年5月，面对抗日战争的新形势，毛泽东分析了国际国内各种矛盾的变化，认为中国已进入一个新的以解决民族矛盾为主要斗争目标的时期。毛泽东认为，"政治上、军事上、经济上、教

[1] 晋绥边区行政公署民教处审定. 历史课本：上册[M]. 兴县：晋绥边区新华书店，[出版时间不详]：编者说明.
[2] 中共山东省委党史研究室. 中共山东地方史：第1卷[M]. 济南：山东人民出版社，1998：319.
[3] 董纯才. 中国革命根据地教育史：第2卷[M]. 北京：教育科学出版社，1991：461-462.
[4] 皇甫束玉，宋荐戈，龚守静. 中国革命根据地教育纪事[M]. 北京：教育科学出版社，1989：344.

育上的国防准备，都是救亡抗战的必需条件，都是不可一刻延缓的"[1]，强调了教育对于国防的意义及国防教育对于抗战胜利的意义。1937 年7 月，毛泽东发表《反对日本进攻的方针、办法和前途》，提出了实行全面抗战的八大纲领，把实施"国防教育"列为其中的第六条，要求"根本改革过去的教育方针和教育制度。不急之务和不合理的办法，一概废弃"[2]，使文化、教育、宣传等一切活动都符合国防的利益。

1938年9月至11月，中共扩大的六届六中全会在延安召开，会议提出了"实行国防教育政策，使教育为民族自卫战争服务"的方针，该方针成为各抗日根据地实行国防教育的重要政策依据。实施国防教育，必须贯彻执行教育为抗日战争服务、教育与生产劳动相结合的方针；必须改变教育的旧制度、旧课程，实行以抗日救国为目标的新制度、新课程[3]；还必须有相适应的教科书。

此时，山东根据地的"国防教科书"应运而生。"国防教科书"仅仅出现在中国抗日战争时期，是抗战时期一种特殊的突显时代特色的教科书，是最典型的抗战教科书之一。在革命根据地各种国防教科书中，又以山东胶东版"国防教科书"为最突出之代表，它由胶东根据地编纂出版。

1933年3月，中共山东临时省委指示，建立中共胶东特委，胶东地区第一个中国共产党的统一领导机构诞生。1938年5月，中共胶东特委为把中小学教育更好纳入全民抗战的轨道，特成立胶东国防教育委员会，以宣传国防教育，组织中小学教师救国会，编写中小学抗日教材，开办中小学教师训练班等为主要任务。1938年下半年，胶东国防教育委员会成立不久即编辑出版了最早的一套"国防教科书"，涵盖小学所有学科，其编纂意图是响应抗战教育的号召，改变旧教科书的不足，满足山东学校抗战教育的需要[4]。1941年3月，胶东国防教育委员会更名为"胶东国防教材编辑委员会"，更把"国防教科书"的编写出版和发行作为主要工作。为了使教科书发挥最大的宣传效果，根据地教科书允许各地翻印，所以"国防教科书"的样式很多，版本复杂。胶东革命根据地的共产党人，在艰苦卓绝的环境中，充分利用教科书这一有效武器来宣传抗战和革命，取得了独树一帜的成就。

当时山东根据地实行的小学6年制有点特殊，不是传统的初小和高小2级，而是3级，"惟为适应战时环境，得暂订为二、二、二制"，每2年为一级，但每学年分3学期，每期1册，所以每一级有6册[5]。于是，胶东版"国防教科书"一般分初级、中级和高级3级，每一级6册。

《国防历史课本》（高级小学），胶东国防教材编辑委员会编，1943年初版。另有多种版本。本书共6册，每册10课，每学期1册，足供高级2学年之用。第一至第四册为中国史，第五、第六册

[1] 毛泽东. 毛泽东选集：第1卷[M]. 北京：人民出版社，1991：256.

[2] 毛泽东. 毛泽东选集：第2卷[M]. 北京：人民出版社，1991：348.

[3] 陈元晖. 老解放区教育简史[M]. 北京：教育科学出版社，1981：55.

[4] 胶东国防教育委员会. 国防算术课本：初级第6册[M]. [出版地不详]：胶东国防教育委员会，1938：1.

[5] 山东社会科学院历史研究所. 山东革命历史档案资料选编：第6辑1940.10—1941.5[M]. 济南：山东人民出版社，1982：198.

为世界史。该书采取的是历史唯物论的观点，并且依据儿童程度编辑，使儿童对于本国及世界的历史，获得正确的基本常识。在教学上，"本书教学可照一百分钟一课为标准，五十分钟教授，五十分钟复习，可以根据课文情形，得延长或缩短"，"每课均有问题数则，以便温习和帮助记忆"，"每册均附有插图，以增加学生学习趣味及了解真切之用"[1]。

而且，从目录和内容可以看出，《国防历史课本》坚持了新民主主义的革命方向，对相关的重要历史事件均作了叙述，如第四册目录：

第一课　第一次国共合作

第二课　五卅运动

第三课　北伐战争

第四课　大革命的失败

第五课　革命的低落时期

第六课　苏维埃运动

第七课　九一八事变

第八课　一二八抗战

第九课　一二九运动

第十课　七七抗战[2]

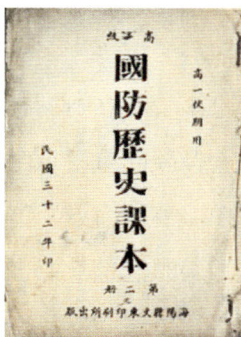

4—26

图4—26　《国防历史课本》（第二册），胶东国防教材编辑委员会编，海阳县文东印刷所

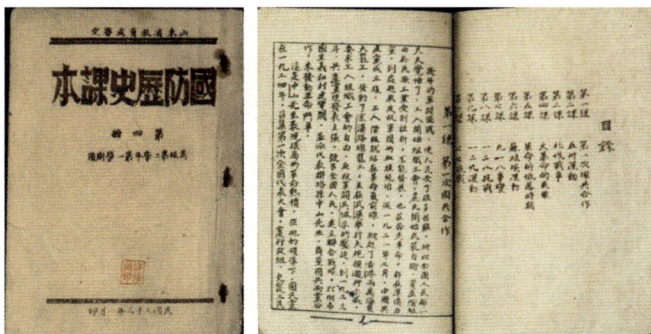

4—27

图4—27　《国防历史课本》（第四册），胶东国防教材编辑委员会编，海阳县文东印刷所

《国防历史地理课本》（6册），胶东国防教材编辑委员会编。

---

[1] 胶东国防教材编辑委员会. 国防历史课本：第4册[M]. [出版地不详]：胶东国防教材编辑委员会，1943：编辑大意.

[2] 同[1]目录.

该书是历史和地理的混合编写本，由蓬莱县政府翻印，1945年初版。

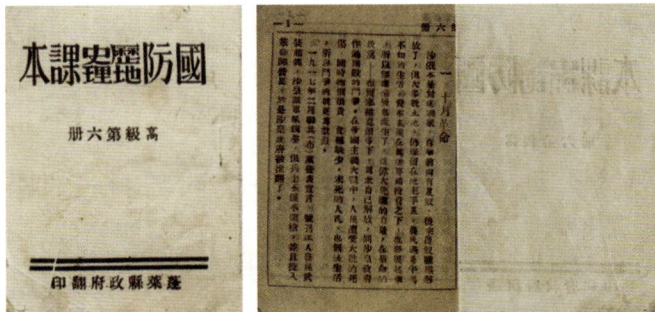

4—28

图4—28　《国防历史地理课本》（高级第六册），蓬莱县政府翻印

解放战争时期，山东解放区编辑出版了两套重要的教科书，即1946年出版的初、中、高级小学课本和1948年出版的小学课本。1946年出版的初、中、高级小学课本都有"山东省政府教育厅审定"的字样，个别课本出现编著者的名字，比如《高级小学历史》（第二册）由陶钝编写。这套课本是在胶东区行政公署组织编写的课本的基础上修订而成，胶东区行政公署教育处负责了部分课本的审定和出版。

《历史课本》（小学高级用，4册），山东省胶东区行政公署教育处编，胶东教育印刷社印，有多个版本。

本书由共产党领导的山东省胶东区行政公署教育处编写，共4册，供高级第一、第二学年使用，前两册讲中国史，第一册为古代史，第二册为近代史，涉及鸦片战争、太平天国运动、中日甲午战争、辛亥革命、南昌起义等内容，第三、第四册则是中外历史的混合，但以中国史为主，着意在世界历史的眼光下审视中国的历史，如第三册目录如下：

第一课　世界上的古老民族

第二课　欧洲资本主义的成长

第三课　鸦片战争的起因

第四课　民族的自卫战争

第五课　英法联军

第六课　太平军起义

第七课　太平天国运动的发展

第八课　太平天国失败的教训

第九课　中法战争

第十课　甲午之战

第十一课　瓜分的危局

第十二课　戊戌政变

第十三课　义和团运动

第十四课　民族革命的开始

第十五课　辛亥革命[1]

4—29

图4-29　《历史课本》（高级第二、第三册），山东省胶东区行政公署教育处编，胶东教育印刷社印，多个版本

《历史课本》（6册），孙衷文编，山东省教育厅审定，渤海行署教育处印，1946年2月初版。

孙衷文（1919—不详），山东省牟平县（今山东省烟台市牟平区）城关人。1936年12月加入中国共产党，后任济南第一师范党支部书记。1937年被派往鲁西南地区，任中共鲁西南工委委员等职。1940年5月任山东省战时工作推行委员会教育处科长，后任山东省政府教育厅科长、山东省支前委员会宣传科长。1953年底任外文出版社编译部主任。1961年调山东省临沂专区文教局工作，后任山东大学主办的《文史哲》杂志编辑部主编。

本书在"编辑大意"中提道：遵照山东省政府教育厅颁布的小学课程标准总纲草案编写而成，共6册，供小学中级（编者注：应为高级）2年之用，每学期用书1册。而且，本书采用单元体，每册40课，4课为1单元，每单元约供1星期教学之用。在每2个单元后附一复习，以增进儿童之了解，并练习填字造句。作者建议："每册约计十周可以教完，但随各校具体情形，可以斟酌增减，务以儿童能够切实接受为原则。"[2]但实际上，该册没有40课，而是10课，目前无法解释这一现象。

第一册目录：

第一课　我国人种的起源

第二课　原始人类的生活

第三课　我国的原始共产制度

第四课　商汤的立国

第五课　商代的奴隶制度

第六课　武王革命

第七课　春秋战国时代

第八课　孔子的学说

[1] 山东省胶东区行政公署教育处.历史课本：第3册[M].[出版地不详]：胶东教育印刷社，[出版时间不详]：目录.
[2] 孙衷文.历史课本：第1册[M].[出版地不详]：渤海行署教育处，1946：编辑大意.

第三节　中国共产党领导的革命根据地的历史教科书

第九课　秦始皇统一中国

第十课　秦末的农民暴动[1]

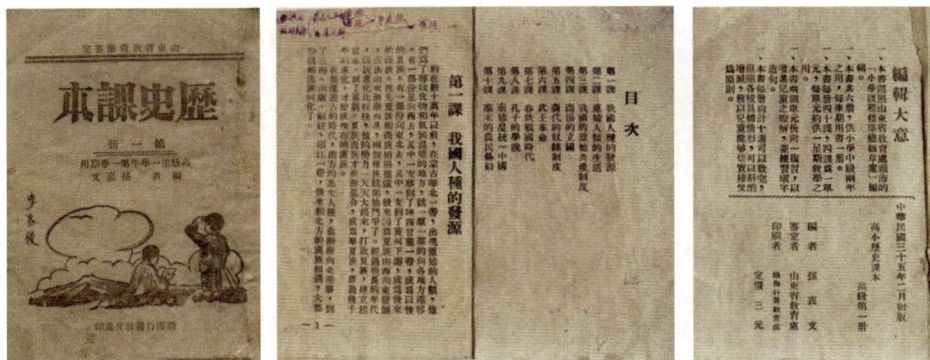

4-30

图4-30　《历史课本》
（第一册），孙衷文编，
山东省教育厅审定，渤
海行署教育处印

《历史课本》（高级小学用，4册），陶钝编，山东省政府教育厅审定，渤海新华书店印，1946年10月初版。另有威海永华印刷局版，出版时间不详。

本书作者是陶钝，经山东省政府教育厅审定出版。本书教学目的在于教授儿童正确的历史科学知识，启发其民族意识与民主思想。所以，作者建议："对于人民斗争与劳动的事迹和反外族侵略反封建迷信的思想，都应在教学时补充注入，指导儿童讨论研究。"作者在"编辑大意"中还说明：

本书编辑时以中国史话为重要参考，讲授者应把该书阅读讨论，采取其观点，并吸取其故事以丰富讲授内容。

本书共分四册，供高级小学两年之用，前两册为古代史，应于两学期讲完，后两册为中国与世界的近代史。所以这样编辑，为了养成学生在近代史讲完后，对于时事讨论，有一个全面的观念。

本书每课后附有注意点与问题，以便提起教员及学生之注意与讨论。

本书在试用期间，多发现之缺点应及时反映到省教育厅，以便及时修正。[2]

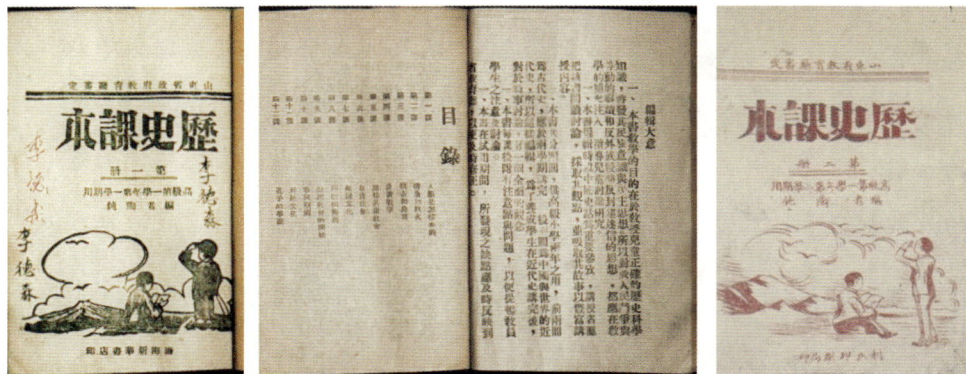

4-31

图4-31　《历史课本》，
陶钝编，山东省政府教
育厅审定，第一册由新
华书店发行，第二册由
利民印刷局发行

---

[1] 孙衷文.历史课本：第1册[M].[出版地不详]：渤海行署教育处，1946：目录.

[2] 陶钝.历史课本：第1册[M].[出版地不详]：渤海新华书店，1946：编辑大意.

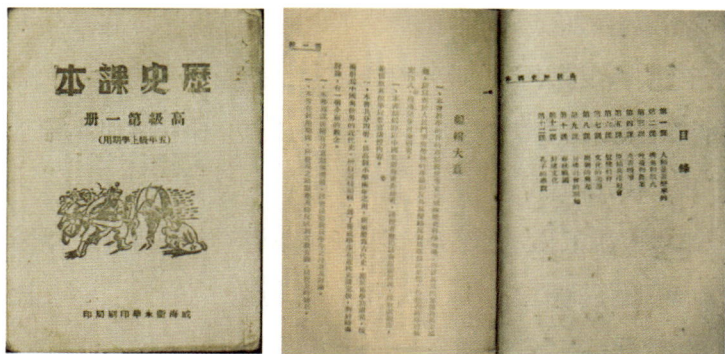

4—32

图4—32 　《历史课本》（高级第一册），威海卫永华印刷局印

4—33

图4—33 　《历史课本》（第一册），山东省教育厅审编，渤海新华书店一分店印

《小学课本·历史》，山东省政府教育厅编审，华东新华书店发行，1947年9月初版。

《小学课本·历史》（五年级用，下册）目录：

一、秦的统一

二、农民大暴动

三、两汉的内政外交

四、三分鼎足

五、两晋南北朝

六、道教和佛教

七、唐代大帝国

八、唐代文化

……

十四、中欧亚交通[1]

4—34

图4—34 　《小学课本·历史》（五年级用，下册），山东省政府教育厅编审，华东新华书店发行

### （二）几大解放区历史教科书举要

抗日战争胜利后，中国共产党领导的人民武装在原有的各根据地的基础上，又从日寇手里收复

---

[1] 山东省政府教育厅.历史：五年级：下册[M].[出版地不详]：华东新华书店，1949：目录.

第三节　中国共产党领导的革命根据地的历史教科书

了大片国土，建立起华北、东北、西北、华东等解放区。中小学教育开始朝着正规化方向蓬勃发展。解放战争时期各解放区的教育发展基本上是原有抗日根据地教育的延续，但由于客观形势的有利、党在政策方针上的统一，解放战争时期各解放区教育事业发展所取得的成就，比抗战时期更加突出。

随着解放区教育的快速发展，教科书建设也取得了长足的进步。仅1949年春季，东北地区就发行了小学教科书770余万册，华北地区发行了500余万册，华东地区发行了500万册（估计）[1]。相比于较早的根据地教科书，这些解放区教科书在质量和种类上都有所增加。

### 1. 华北解放区的历史教科书

华北解放区是以抗日战争结束后的晋察冀边区与晋冀鲁豫边区等为基础发展而成的。1948年9月26日，华北人民政府正式宣告成立，董必武任主席。

1949年4月，华北人民政府教育部成立了教科书编审的专门机构——华北人民政府教育部教科书编审委员会，代理中央政府教育部行使教科书编审职权，"是作为中央政府的教科书编审机构的基础而成立的"[2]，叶圣陶为主任委员，周建人、胡绳为副主任委员。[3]

教科书编审委员会成立后，立即着手编制全国范围内使用的教科书。他们在华北、东北、华东等解放区中挑选一批质量好、使用范围广的课本（主要是文科类课本），又从原国民党统治区挑选出一批影响较大、质量过硬的课本（主要是自然科学课本），修订、改编成一套中小学教科书，于1948—1949年，由新华书店统一出版，及时解决了全国范围内多数解放区的中小学在1949年春季和秋季开学的教科书问题。中华人民共和国成立后，华北解放区的这套小学教科书被规定为全国小学通用教科书，供各地区学校采用。随后，人民教育出版社也在此套教科书的基础上编纂了第一套统编教科书。

《新编高级小学历史课本》（4册），华北人民政府教育部教科书编审委员会修订，华北新华书店出版发行，1949年8月初版。

此书从古代一直讲到近代。书后还附有大事记。

第二册目次如下：

一、隋炀帝

二、唐太宗（唐初的发展）

三、唐的内乱外祸及农民起义

四、五代十国的混战

---

[1] 袁亮. 中华人民共和国出版史料[M]. 北京：中国书籍出版社，1995：117-118.

[2] 郑士德. 中国解放区的出版事业[M]//中国近代现代出版史编纂组. 中国近代现代出版史学术讨论会文集. 北京：中国书籍出版社，1990：239.

[3] 皇甫束玉，宋荐戈，龚守静. 中国革命根据地教育纪事[M]. 北京：教育科学出版社，1989：391.

五、宋代的集权统治和对辽战争

六、王安石的变法

七、金兵南侵与岳飞抗战

八、蒙古人的大帝国

九、元代的民族压迫

十、朱元璋

……

附录：本册大事年表[1]

图4—35　《新编高级小学历史课本》（第二册），华北人民政府教育部教科书编审委员会修订，华北新华书店出版发行

　　《初级中学外国历史课本》，原名《世界史话》，沈长虹编，华北人民政府教育部教科书编审委员会修订，新华书店出版，华北联合出版社印行，1949年9月初版。

　　《初级中学外国历史课本》各章目次如下：

[1] 华北人民政府教育部教科书编审委员会. 新编高级小学历史课本：第2册[M]. [出版地不详]：华北新华书店，1949：目次.

[2] 沈长虹. 初级中学外国历史课本[M]. [出版地不详]：新华书店，1949：目次.

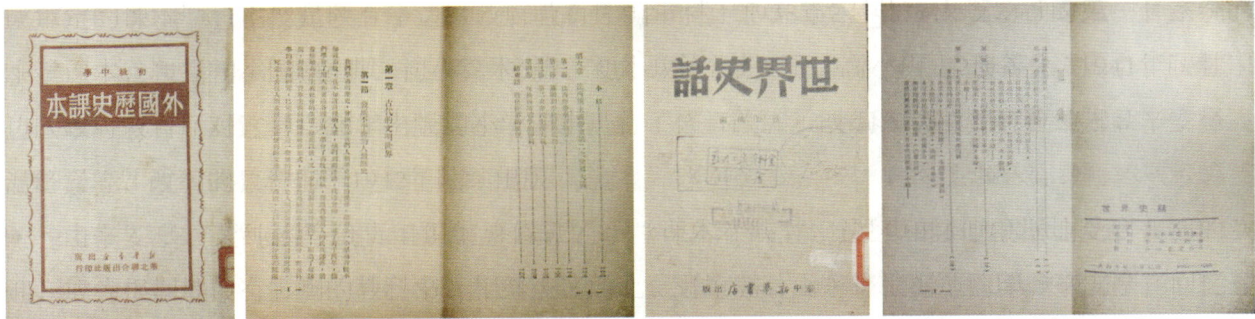

图4—36　《初级中学外国历史课本》（原名《世界史话》），沈长虹编，华北人民政府教育部教科书编审委员会修订，新华书店出版，华北联合出版社印行

《简明中国通史》（高级中学第一学年暂用课本，上下册），吕振羽编，新华书店1948年初版。

吕振羽（1901—1980），中国马克思主义历史科学的开创者之一，湖南省武冈县（今邵阳）人。中华人民共和国成立后，历任大连大学校长兼党委书记，东北人民政府文化教育委员会副主任兼东北人民大学校长和党委书记，中国科学院哲学社会科学部委员等。

吕振羽的《简明中国通史》是我国最先出版的以马克思主义为指导的通史著作。

该书在各解放区十分流行。书分为上下两册，作为高级中学第一学年暂用课本使用。竖体编排，本书"序"部分介绍如下：

本书是为一般自学青年及中学与大学一二年级学生而写的。原拟把印证的话，一律译成口语，旋以匆卒定稿，未能如愿，请读者原谅。

为叙述的简便，对本国史上许多曾引起争论的问题，都未加论辩，仅依目前多数人公认的较正确的结论来叙述。

原先拟分为原始社会制、奴隶制、初期封建制、专制主义的封建制、半殖民地半封建各篇；旋为迁就读者传统的历史观念，改成年代记忆的叙述法。但从内容上看去，阶段的脉络仍是很明白的。

全书共十五章，分上下两册，上册共十一章，下册共四章，我期望全书能在半年内与读者见面。

我的写法与从来的中国通史著作，颇多不同，最重要的：第一，我是把中国史作为一个发展的过程在把握。第二，我注重于历史的具体性，力避原理原则式的叙述和抽象的论断。第三，我尽可能照顾中国各民族的历史和其相互作用，极力避免大民族中心主义的观点渗入……不论我是否达成了这个愿望，但我认为应该以此作为写通史的基本观点。

图4—37 《简明中国通史》（高级中学第一学年暂用课本，上册、下册），吕振羽编，新华书店

《高中本国史》（高级中学适用，上下册，临时课本），中国历史研究会原著，华北人民政府教育部教科书编审委员会节录，上海联合出版社出版印行，1949年9月再版。

该书由《中国通史简编》节录而成，作为中华人民共和国成立前夕的高中临时课本使用。该书采用章节体编写而成。

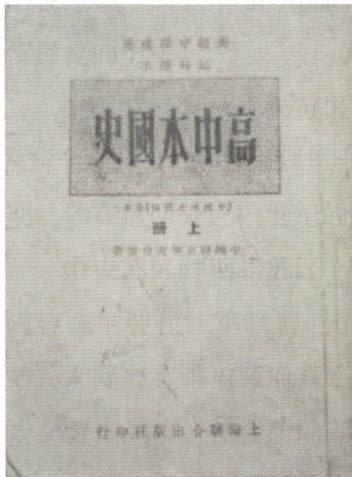

4—38

图4—38 《高中本国史》（高级中学适用，上册），中国历史研究会原著，华北人民政府教育部教科书编审委员会节录，上海联合出版社

《中国近代史》（高中第二学年上学期暂用课本，上下册），华岗编，新华书店1949年8月初版。

华岗（1903—1972），浙江衢州人。1925年8月加入中国共产党。历任青年团上海沪西区委书记、共青团浙江省委书记、共青团江苏省委书记等。1928年5月，去莫斯科出席中国共产党第六次全国代表大会和中国共产主义青年团第五次代表大会。回国后任中共湖北省委宣传部部长、中共中央组织局宣传部部长和党中央华北巡视员等职。1930年，翻译出版了《共产党宣言》，是中国出版的第二个全译本，结尾处第一次准确译出了"全世界无产阶级联合起来！"的口号。1943年初，任中共中央南方局宣传部部长。1945年重庆谈判期间，任中共代表团顾问。1946年5月，任中共南京局上海工作委员会书记。1947年解放战争爆发后，随中共代表团一起撤到延安。1951年3月，山东大学和华东大学合校，仍命名为山东大学，华岗任山东大学校长兼党委书记。

据"翻印者的话"，本书系由华岗著《中国民族解放运动史》第一册（鸡鸣书店出版）改编而成。除删去原著"自序"、第一章"绪论"后半部分及第七章"五四运动"外，其余文字照旧[1]。

本书是高中第二学年上学期暂用课本，全书分为6章，章节体编写，详细讲述了中国近代救亡图存的民族历史发展轨迹，这6章分别是：

第一章　绪论

第二章　鸦片战争

第三章　太平天国革命

第四章　中法战争与甲午战争

第五章　戊戌变法与义和团运动

第六章　辛亥革命[2]

4-39

图4-39　《中国近代史》（上册），华岗编，新华书店

《中国通史讲话》（中学课本及青年自学读物，上册），陈怀白编，苏北淮阴行政区专员公署教育处翻印，益华印刷社1949年8月初版。

本书章节体编写，竖体编排，附有插图，文后附有注解，并且有若干作业。本书开宗明义，阐明了人民创造历史的历史观：

我们中国是一个五千年文明古国，这文明的创造者到底是谁？是劳动人民！由于劳动，我们的祖先从猿人进化为人，战胜了一切的困难，创造出了光辉灿烂的文化，历史的创造者，就是劳动人民。

……现在，我们学习历史，就要对这些歪曲的记载来一个清算，站在人民的立场上来看过去的历史事实，把过去统治阶级留下来的历史记载，重新估价，认识劳动人民所创造的历史。[3]

### 2. 东北解放区的历史教科书

1946年6月，中共中央指示东北局和东北民主联军调整和充实了领导班子。随后，成立了东北解放区最高行政领导机构——东北行政委员会。1948年12月，东北全境解放。1949年8月，东北人民政

---

[1] 华岗. 中国近代史[M]. [出版地不详]：新华书店，1949：翻印者的话.

[2] 同[1]：目录.

[3] 陈怀白. 中国通史讲话：上册[M]. [出版地不详]：益华印刷社，1949.

府成立，东北行政委员会的历史使命结束。

1946年，东北行政委员会专门成立了教材编审委员会，任董纯才为主任委员。教材编审委员会决定中学教材由东北大学编写，小学教材由董纯才组织人力编写。东北大学的张如心、张松如、吴伯箫等被聘为教材编审委员，东北大学承担了编写中学教材的任务，共编写出教材9种9册，为东北地区的中等教育作出了贡献[1]。

在一年多里，教材编审委员会共编写出小学教材14种14册，中学教材9种9册，社会教育课本2种2册。这些教材是东北解放区编写出的第一批反映新民主主义革命内容的教科书[2]。这些教科书多数封面上署名"东北政委会编审委员会编"（即东北行政委员会教材编审委员会），包括初高小国语、高小历史等。有些教科书由该委员会直接编写，有些则以选用老课本以及个人著作加以编写和审定的办法解决教学用书，如历史课本选用叶蠖生的著作编写，由东北政委会编审委员会审定。教科书多由东北书店出版发行。东北行政委员会在1947年8月召开的东北解放区第一次会议上提出："中小学教科书，已由东北政委会负责编辑，委托东北书店印发，各省中小学须一律采用，不得采用其他书店的教本。"[3]1948年后，东北行政委员会又组织编写了一套教科书。该套教科书封面署名改为"东北行政委员会教育部编审"（东北政委会教育部编），主要由东北新华书店出版发行。

《高小历史》（4册），东北行政委员会教育部编审。有多种版本。从1947年到1949年不断翻印出版。该教科书的内容框架已经和中华人民共和国成立后的历史教科书很接近了。如第三册目录：

一、鸦片战争

二、太平天国的兴起

三、地主武装的建立和反攻

四、太平天国的失败

五、李鸿章的洋务运动

六、第一次中日战争

七、列强在中国的势力范围

八、康梁的变法

九、义和团与八国联军

十、孙中山与同盟会

十一、辛亥革命

十二、袁世凯

十三、工业发展和民主要求的滋长

[1] 于世军，金春一，吕品.塞北精英：东北革命文化摇篮文化名人谱[M].哈尔滨：黑龙江教育出版社，2012：7.

[2] 皇甫束玉，宋荐戈，龚守静.中国革命根据地教育纪事[M].北京：教育科学出版社，1989：332.

[3] 黑龙江省地方志编纂委员会.黑龙江省志：45 教育志[M].哈尔滨：黑龙江人民出版社，1996：438-439.

图4—40　　《高小历史》（第二册），东北行政委员会教育部编审，东北新华书店

图4—41　　《高小历史》（第二、第三册），东北政委会教育部编，东北书店

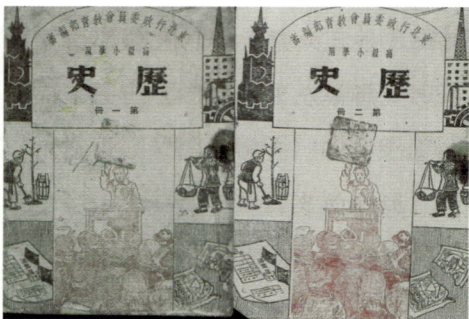

图4—42　　《高级小学用历史》（第一、第二册），东北行政委员会教育部编审，大连新华书店

　　《高级小学用历史》（4册），关东公署教育厅编审，大连大众书店，1948年3月初版。《初级中学用世界史》，关东公署教育厅审定，大连大众书店翻印，1949年1月初版。

　　当时，主流的教科书是东北行政委员会教材编审委员会和东北行政委员会教育部编写的课本，但由于交通不便，教材不能及时供应各地开学需要以及各地方实际情况不同，所以东北地区还出现

[1] 东北政委会教育部. 高小历史：第3册[M]. [出版地不详]：东北书店，1949：目次.

了各省自编的一些教科书，他们基本用旧有教材或东北统一编写的教材，加以适当改动。用得比较多的有：旅大行政公署教育厅编审的小学教科书和审定的中学教科书、松江省政府教育厅编印的教科书、辽吉区行政公署教育处审定的教科书、关东公署教育厅编审的小学教科书和审定的中学教科书等[1]。

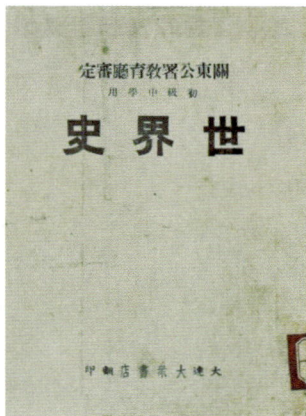

图4-43　《高级小学用历史》（第三册），关东公署教育厅编审，大连大众书店
图4-44　《初级中学用世界史》，关东公署教育厅审定，大连大众书店翻印

《历史》，合江省（解放战争时期设置的省区，后并入黑龙江省）政府教育厅编审委员会编，东北书店1946年9月初版。

学校复课伊始，仍按原来的教学进行。当时没有教材，完全由教师自己动手编写。到1946年下半年，合江省政府教育厅开始抽调部分教师，陆续编制一批统一教材，供教学使用。高小的课程设置为政治、语文、算术、自然、历史、地理、体育、音乐、图画九科。每周授课三十三节（每节四十五分钟）[2]。

《近代世界革命史话》（青年读物及中学教本），陈光祖编，大众书店1946年10月第2版。另有太岳新华书店版，1948年9月初版。

该书作者为陈光祖，书主要用作中学教本和青年普通读物使用。该书分为九讲，如下：

第一讲　资产阶级革命以前的欧洲

第二讲　十七、十八世纪的资产阶级民主革命

第三讲　十九世纪的无产阶级革命运动

第四讲　帝国主义争夺殖民地的战争

第五讲　苏联十月革命

第六讲　帝国主义对苏联的围攻

第七讲　苏联的社会主义建设

第八讲　资本主义经济危机与法西斯的产生

第九讲　第二次世界大战与反法西斯革命

[1] 石鸥，吴小鸥. 中国近现代教科书史：上册[M]. 长沙：湖南教育出版社，2012：577.
[2] 中共佳木斯市委党史工作委员会. 佳木斯党史资料：第3辑[M]. 佳木斯：佳木斯市人民政府铅印室，1986：149.

第三节　中国共产党领导的革命根据地的历史教科书

《历史》，叶蠖生编，东北政委会教育部规定初中一年暂用课本，东北新华书店1949年3月初版，附有世界大事年表、中国王朝兴亡表。

此书是《中国历史课本》的修订本。此书最早在陕甘宁边区出版使用，是抗日革命根据地使用非常广泛的中学历史教科书之一，出现过大量版本。大连大众书店1946年就以《初中历史课本》的名称出版过。

图4-45　《历史》（初中一年暂用课本），东北行政委员会教育部规定，叶蠖生编，东北新华书店

《历史》（2册，初中临时教材），哈尔滨教育局编，东北书店，1948年9月初版。

该书的前言显示，该教科书是教师们自己编写的，"本年暑假间又组织了中学教师研究班，把上学期自编的各科教材根据教学的经验重新加以讨论和修改，迄今已编撰成的，计有：初中国文（一、二、三年）、历史、地理、常识。它乃是教者大家动手初步摸索中试编写出来的东西，缺点当然不少，我也还不满意，但目前只能作到如此，至于适合新民主主义中等学校用的可作为标准教材的编出，尚待我们教育工作者们今后努力钻研的"。署名为哈尔滨市教育局，1948年9月5日。

图4-46　《历史》，哈尔滨教育局编，东北书店

《中国历史课本》，东北书店印行。

图4-47　《中国历史课本》，东北书店印行

《二千年间》（初中一年历史课参考书），东北政委会教育部规定，东北新华书店印行，1949年初版。另外还有个版本，华北人民政府教育部编订，新华书店发行，1949年初版。

本书不是教科书，而是历史课参考书，所以从体例和内容上看都比较自由灵活，富有趣味。作者一开篇，在"二千年的鸟瞰"中开宗明义："这本书的名称已经说明了它的性质：这是关于封建专制主义时代的历史的一本书。"[1]全书以阶级斗争的观点对两千年的封建专制历史进行了有力的批判，并热情讴歌各历史时期的农民起义运动。

### 3. 其他解放区的历史教科书

华东解放区是随着解放战争的胜利发展建立起来的。华东区的上海，属于经济发达、文化教育领先、图书出版力量雄厚的城市。另外，华东区的山东省是全国解放最早的省份，文化教育事业也走在前列。整个华东区的教科书编写也有很大的成绩。但主要体现在由山东和上海编写的教科书上。华东解放区教科书的一般特点是多由华东新华书店出版，由上海联合出版社（出版）印行，也有三联书店出版的。中学历史教科书多选用其他地区或个人的教科书，如吕振羽、叶蠖生等，小学教科书则由上海临时课本编委会编写或修订，或与上海联合出版社合作编写。上海版教科书多有"临时课本"字样。

西北区、西南区、中南区以及其他小一点的解放区，一则由于解放得比较晚，二来由于大多地处山区，经济贫困，文化、教育相对落后，在中小学教科书方面建树不多，影响小。从为数不多的教科书中，我们可以看到：这些地区的教科书大都采用华北、东北以及晋察冀、延安等地区的教科书，要么是直接翻印，要么是在其基础上修订、改编，当然也有自己组织力量编写的。由于解放战争期间，形势变化很快，教科书出版几乎跟不上形势的发展，所以各地编写或翻印的教科书多是零星的、不成系统的。

这些解放区的历史教科书有：

《近百年史话》，黄祖英、沈长洪、陈怀白编，华东新华书店总店1949年1月初版。该书又以《中国现代史》的名义出版发行。

《历史》（高小适用，4册），中原临时人民政府教育部规定，华中新华书店1949年9月初版。

《中国近代史讲话》（中级补充教材），韩启农著，太岳新华书店1947年1月初版。

…………

总体上看，在解放战争阶段，共产党领导的革命根据地的教科书的编纂出版进一步规范与系统化，教科书朝着全国统一的趋势发展。华北解放区、东北解放区教科书的编纂在根据地中成绩突出。教科书的科学化水平在探索中整体提升明显。如东北解放区编译了很多苏联教科书作为中学教科书。但整体上解放战争时期不长，随着形势的变化，教科书也处于不停地修订中，有计划的成套

[1] 蒲韧. 二千年间[M]. 沈阳：东北新华书店，1949：1.

的教科书还不是很多。

尽管根据地教科书包括历史教科书印刷粗糙、简陋，纸质低劣，从出版印刷技术到装帧设计，都显得落后，封面设计简单，大多由一些小型印刷厂印刷，很多教科书还是采用简陋的刻字油印，大小不一，但它们在宣传党的历史发展、鼓动民众抗战、培养爱国主义精神等方面做出了不可替代的贡献。根据地的历史教科书反映着科学的唯物史观，并且充分与时代相结合，有着强烈的革命性和抗战色彩，体现了显著的特点：

一方面，根据地历史教科书适应抗战需要，注重爱国主义、民族精神的培养。在根据地历史教科书中，岳飞的抗金运动，以及鸦片战争、太平天国运动、甲午战争、义和团运动、辛亥革命、五四运动、一·二八抗战、一二·九运动、七七事变等近代史内容被浓墨重彩地描写，目的是宣扬我国仁人志士的爱国主义和民族反抗精神，培养学生的爱国主义和民族主义情感。在世界史方面，世界各国对法西斯的联合作战，特别是社会主义苏联和苏维埃运动成为叙述的重点。这些都充分表现出根据地历史教科书的抗战和民族色彩。

另一方面，根据地历史教科书注重反映唯物主义的历史观。历史观是人们对于社会历史的根本见解。唯物史观是"社会科学的唯一科学方法，即唯物主义的方法"[1]。唯物史观认为："一切重要历史事件的终极原因和动力是社会的经济发展。"同时，唯物史观是在进化史学基础上的进一步发展，有着进化论思想的痕迹，因此也迎合并促进了救亡图存的民族意识。从根据地历史教科书来看，其根本的历史指导思想就是唯物史观，比如原始社会、奴隶社会、封建社会、资本主义社会的形态划分，对古代近代生产力与生产关系变化的叙述，对农民起义、工人运动等阶级斗争形式的描述，以及对历史人物事件的阶级分析等，这些内容的描述都是唯物史观的反映。唯物史观强调人民是历史的创造者。就像《中国通史讲话》中的呐喊："我们中国是一个五千年文明古国，这文明的创造者到底是谁？是劳动人民！""现在，我们学习历史，就要对这些歪曲的记载来一个清算，站在人民的立场上来看过去的历史事实，把过去统治阶级留下来的历史记载，重新估价，认识劳动人民所创造的历史。"[2]因此，唯物史观的强烈的革命性和实用性也是根据地历史教科书的一大优势，"使学生能够用马克思列宁主义的精神和方法去分析中国历史与当前的具体问题，去总结中国革命的经验"，教科书"除了教授马克思列宁主义的理论之外，又要教授中国历史与中国情况，党的历史与党的政策，使学生既学得理论，又学得实际，并把二者联系起来"[3]。

[1] 中共中央马恩列斯著作编译局. 列宁全集：第1卷[M]. 北京：人民出版社，1984：181.

[2] 陈怀白. 中国通史讲话：上册[M]. [出版地不详]：益华印刷社，1949：序言.

[3] 教育上革命[N]. 解放日报，1942-01-13.

# 后　记

　　"文革"结束后，教育界乃至全社会最重大的事件之一当推恢复高考。这一年我作为湖南第一批成绩上线者（当年采取分两批成绩上线者录取的政策，第一批没有招录满，则再选一批考生，实施录取），满怀喜悦的同时，也因为家庭在"运动"期间的沉浮而心有余悸，遂选择报考了南北两所知名大学的考古系，结果可想而知，落榜了。第二年高考成绩仍然不错，再次落榜的心有余悸导致了"服从调剂"的志愿决定。终于在中共十一届三中全会之后，被当年第二批"扩招"录取，上了大学，踏入了高等学府。专业上却远离了考古领域。一年两年，十年二十年，八竿子打不到一起的两个学科，硬生生在我个人身上牵连在一起了。我是学教育学的——这是面对年轻人、面向未来的学问，却喜欢上了旧东西、老东西、古东西，喜欢上了收藏，而且这种喜欢越来越窄、越来越收敛、越来越专一，直接指向老教科书，这是面对旧事物、面向过去的学问。"老字号"的东西自然是历史领域的人喜欢的，教育应该求新。

　　没错，教育应该求新，教育为未来培养人。但也许它可以通过寻旧来求新，通过寻找前人走过的路来启迪我们下一步应该走什么路，应该如何走。比如，我们是不是可以了解一下，我们那些杰出的先辈们——胡适、陈独秀、竺可桢、冯友兰、茅盾、郭沫若等——是读着什么样的教科书成长起来的？又比如，我们是否可以梳理一下，我们的先辈们读的教科书到底是什么人编写的？这些教科书到底编写得怎样？如此，我们也许能够找到一些建设优质教科书，通过优质教科书助力合格公民的养成、助力杰出人才脱颖而出的启迪或智慧。于是，我的收藏开始服务于学术研究，开始联通现实教育，职业与爱好融为一体了，过去与未来打通了，旧东西与新要求链接上了。

　　之所以职业与爱好要融为一体，是因为生活与生命需要这样，需要专注于那些真正让你兴奋、使你止不住好奇的研究。你的职业生涯将是你生活中的重要部分，而你的生活是你一天天、一年年唯一执着不变、一往无前的创造，没有办法回头重建，你应该拥有使你喜悦的职业和充实的生活。教育的使命并不仅仅是培养学生找到一份好工作，而是教育学生在这份职业中享受兴奋，引导学生去创造有爱好有幸福感的生活。这是生命美好的基石。即便生命如此短暂，也要过得充实、开心、优美，甚至高贵。而职业与爱好能够融为一体至少是良方之一。

　　之所以要打通古今未来，要链接新旧事物，是因为教科书本质上既是传承过去又是指向未来的文本，它是跨界的，对它的研究也需要跨界。有意思的研究更容易发生在不同专业领域的"边界"上。在我看来，"游走边界"的研究未尝不是更有意义的研究，没有必要以嫉妒的心情守卫自己赖以为生的学术疆界。也许，超越边界更是一方新天地。盯住老课本做教育学研究，与盯住老课本做考证研究，本质上都是拓展领域的跨界研究，是构建学问的研究，当然，都是人才培养的研究，本质上是一回事。本书算得上是我的又一次"边界游走"（《边界游走》，人民出版社，2019）的研究结果。

教科书文本是培根铸魂的文本。教科书研究是最不可忽视的研究。我们的动力就是助推研究这一独特文本的学问的产生，就是助推教科书学、教材学的产生。而教科书的历史梳理和研究是教科书学建立的必备基础。恰如华勒斯坦所言：学科是历史的产物，并以一定的措辞建构起来。怀特也说过："我们所谓的历史，其实是借助一类特别的、写作出来的话语而达到的与过去的某种关系。"在他看来，"过去不等于历史，历史只是一种叙述"。又如詹明信所说，"历史不是一个文本，可除了文本，历史无法企及"。正因为这样的认识，我和我的团队在一段时期里，对我国教科书发展的历史进行了艰苦而比较系统的探究整理。比如《新中国教科书图文史》（广东教育出版社）、《民国中小学教科书研究》（湖南教育出版社）、《中国教科书发展史丛书》（知识产权出版社）等。此刻，摆在我书桌上的是即将付印的《百年中国教科书图文史：1840—1949》（13册）之"历史"。它和《百年中国教科书图文史：1840—1949》（13册）的其他各册是我们团队多年来梳理与研究成果的重要呈现。

教科书研究本质上是一门文本的学问，占有和研究第一手文本——尤其是那些古旧的文本——是第一要务。在教科书研究中，教科书文本的地位不可动摇。必须回到教科书本身，让教科书文本自己说话，而不是以观点裁剪文本，这是本书的叙述特点。近代以来的教科书种类繁多，修订频繁，版本混乱，盗版横行，使得我们的梳理如履薄冰。因此，我们更加坚持团队的一贯研究作风：不见文本不下笔，不见文本慎下笔。我们特别强调对教科书原始文本的呈现，让教科书文本"自己说话"是我们的学术传统。尽管有些学者不喜欢读教科书原始文本，但却仍然能够有声有色地研究教科书。尽管有些人只见概念就可以大胆动笔，研究成果也很不错，可我们还是不敢，或没必要。我们有优势。我们有全国最丰富、最系统，且珍稀度高的文献基础。看着特定空间那珍稀的老课本构成的连续画面，仿佛看到百年教科书发展的历史一帧一帧地从我们眼前滑过。正在碎片化的老课本在召唤我们，召唤我们去重温它们、记住它们。

摆在我们面前可资借鉴的教科书遗产异常庞杂，而教科书史的研究又非常贫瘠，使得我们要想在庞杂与贫瘠的双重现实下，理清楚近代教科书变迁路径、与社会政治经济的关联以及作为独特作品的教育意蕴和美学风格，需要花费很大的精力。在这一意义上，为清末民国历史教科书写历史很需要勇气。

需要勇气。除了上述原因外，最重要的现实原因是它太敏感，历史太敏感，历史教科书太敏感，研究历史教科书的书太敏感。人们"头脑里的剪刀与涂改液"一直在不歇气地工作。

即便如此，我们还是无知无畏，迎难而上。原因太多了，有些还非常"高大上"。这里我只想说一个原因，一个站位不高的原因：记住那些在我国近代启蒙中做出了贡献的"边缘人"。清末民国有些教科书作者名不见经传，至今还找不到对他们像样的回忆和怀念，别人没有为他们，后人没有为他们，他们自己也没有为自己留下多少记忆。他们不是叱咤风云的革命家，不是领袖人物，没有站在历史舞台的中央，他们只是小课本的作者和编者，他们的使命只是为孩子们留下大量书页。在1840—1949年的乱世，他们用一页一页的书，为孩子们、为民族的未来凿开了一扇一扇天窗，让光进来。中华民族的复兴也一页一页地不断翻开新篇章。遗憾的是，乱世的启蒙之光因他们而入，人们都迎向光，却忘记了他们。可喜的是，他们自己不知道，当他们为孩子们留下记忆时，当他们把智慧之书——最早国人把"textbook"翻译为"益智书"——捧给孩子们、为孩子们引来光时，他们也在历史上留下了有关自己的记忆。

总有一些人会发现他们，会还原对他们的记忆。我们乐意做这样的人，甚至以做这样的人为骄傲。某种意义上，我们的研究就是发现，就是记忆。这常常是令人兴奋的探索。《寻梦环游记》昭示了一个真理：一个人生命的长短和意义在于对他人的影响。在这一意义上，孔子最长寿，苏格拉底最长寿。当然这些教科书的作者也活着，因为还有人一直在记着他们，即便这些记忆是复杂的。

最后，想要说明两点：一是本丛书的出版，了却了我的一个心愿，即近现代教科书发展史打通了，它接续了《新中国中小学教科书图文史》（广东教育出版社，2015）。一段历史结束了，另一段历史开始了。二是本书研究历史教科书的历史，本书也成为历史教科书的另类历史。由于我们自身素养的缺陷，也由于我们"头脑里的剪刀与涂改液"的作用，本书不完整的地方比比皆是，在此向读者致以深深的歉意。好在怀特给我们些许安慰："过去不等于历史，历史只是一种叙述，叙述不见得能被完全理解。"叙述更不可能完全客观公允。

感谢广东教育出版社的领导和本项目的编辑人员。他们一如既往的支持与细致入微的工作，为本书的完成创造了条件。特别要感谢丛书的负责人林俭妹编辑，以及负责此卷的编辑。真的，如果不是他们，很难想象我们的书稿何时能够完成！甚至能否完成！

感谢我的团队，这是一个热情、高速运转、高度专注的团队，团队里那些迷人的、充满魅力的、勤奋的小伙伴们，张学鹏博士、周美云博士、张美静博士、关成刚博士、孟珂、予佳、雅娴、湘平、世佳博士，还有他，还有她，还有他们以及她们……这是一个让人不想退出也不会退出的团队，和他们在一起论辩在一起研究，简直就如耳旁响起音乐*Victory*，止不住激情澎湃，精气神迸发。

　　感谢时任教育部教材局局长、现在是我的同事的田慧生教授，他对教材建设和教材研究有着令人感佩的担当，对我们团队的研究给予了持续的关注与热情支持，这是一种期待、一种鼓励，也是一种鞭策。我们唯一能够呼应的就是永远前行。

2024年5月1日于童书阁

（石鸥，首都师范大学教育学部教授、博士生导师）